双赢

提升项目管理者的职业高度与情商

郭致星 著

曹艳平 鲁束 审校

WIN-WIN

DEVELOP CAREER AND EQ OF PROJECT MANAGERS

中国电力出版社

CHINA ELECTRIC POWER PRESS

内 容 提 要

人的问题是项目管理的难题之一。PMI将一名合格的项目经理需要具备的能力定义为三个方面，即技术项目管理、领导力、战略和商务管理的能力，而人的技能直接影响项目的成败。本书与"项目管理实践三法"系列三本书一脉相承，侧重理论、方法在实践中的应用，延续朴实、真实、务实的写作表达方式，主要关注项目管理者心理学实践和情商的提升。

本书内容分为两部分：第1部分（第1~5章）是项目生命周期中的心理学实践，这部分也是全书的主体；第2部分（第6~7章）着眼于管理者的个人修炼与职业提升。

图书在版编目（CIP）数据

双赢：提升项目管理者的职业高度与情商 / 郭致星著. —北京：中国电力出版社，2020.12
ISBN 978-7-5198-5245-0

Ⅰ. ①双… Ⅱ. ①郭… Ⅲ. ①项目管理 Ⅳ.①F224.5

中国版本图书馆 CIP 数据核字（2020）第 263827 号

出版发行：中国电力出版社
地　　址：北京市东城区北京站西街19号（邮政编码100005）
网　　址：http://www. cepp. sgcc. com.cn
责任编辑：李　静（1103194425@qq.com）
责任校对：黄　蓓　朱丽芳
装帧设计：九五互通
责任印制：钱兴根

印　　刷：三河市百盛印装有限公司
版　　次：2020年12月第一版
印　　次：2020年12月北京第一次印刷
开　　本：710毫米×1000毫米　16开本
印　　张：17.75
字　　数：279千字
定　　价：86.00元

谨以本书怀念离开我们 15 年的父亲。我在年少时就逝去了母亲，是您用微薄的收入将我们 6 个孩子养大并有所成。您一直告诉我们"没有近路"。

时至今日，我想我是真理解了您的意思。想念您!

This book is for the memory of my father, who had died for fifteen years. When I was young, Mother left us. Then you raised all our six brothers and sisters with very slender incomes by yourself. You always told us，"there is no shortcut in life"．

To this day, I think I really understand your meaning. Miss you so much.

让工作更愉悦　让生活更幸福

技术方案明显复杂且不可靠，成本还高，但客户不可理喻地坚持；

团队成员不服从工作安排，这种安排并没有什么实质性的问题；

有人坚决反对你提出的解决方案，你感觉这种反对只是情绪性地针对你；

……

有经验的项目管理者都会遇到各种印象深刻的难题，大家也越来越有一种共识——项目难做，不仅仅在于业务和技术有多难，很多时候是因为复杂，而且这些问题很可能都与人有关！刨根问底，这些问题都是"非理性"的人搞出来的。事实上，即便自认为没有任何偏见，非常理性的人，其实也不自知地被环境所影响，服从于晕轮效应，不自觉地被互惠原理影响，以至于作出完全不理性的决定。换句话说，人类根本上就是"不靠谱"的！常听人说，人的问题是项目管理的最大难题之一，还有人更直接地说没有什么之一，就是最大难题！

遗憾的是，以往的项目管理著作主要讨论用于记录、跟踪和量化项目的各种技术技能。技术技能固然重要，但对项目成功而言，与人有关的技能更加重要。研究表明，项目是否成功，80%取决于项目经理的情商。仅仅依靠专业技术不足以使项目走向成功，你需要很强的人际关系能力和处理微妙情感的能力。在《项目经理能力发展框架》（第 3 版）中，（美国）项目管理协会（PMI）将一名合格项目经理需要具备的能力定义为三个方面，即技术项目管理、领导力、战略和商务管理的能力，这就是 PMI 人才三角 ™。其中，领导力特指指导、激励和带领团队的能力。

如何做到有效激励？如何科学地管理情绪？怎样获得他人更有力的支持与帮助？有哪些常见的误区和陷阱？这就必须抓住"人"这个核心，只有充分洞悉人性，才能善而用之。麻烦的是，关于人的问题，并不能从纯理性的科学框架中寻找答案。心理学是研究人心理现象发生、发展的一般规律的一门科学。经过一百多年的发展，到今天已经衍生出了不同领域的许多分支。将心理学应用于项目中，不仅可以改进项目过程、提升项目成功率，同时也是一个自我修炼的过程，从而提升工作的愉悦感和生活的幸福指数。

在这里，我必须要提醒你的是，项目管理中可不是只有心理学，影响他人，使用一些技巧帮助"搞定"客户或各相关方自然必要，但作为有效的项目管理者，最重要的仍然是"在给定的范围、时间和成本内达成可接受质量的目标"。

为帮助你更乐于阅读并引发思考，本书延续我所钟情的朴实、真实、务实的表达方式。在我授课时，这种表达方式是很多人真心喜爱和渴望的。

本书共两部分：

第 1 部分（第 1~5 章）是项目生命周期中的心理学实践，这部分也是全书的主体。

第 2 部分（第 6~7 章）着眼于管理者的个人修炼与职业提升。

这本书看上去是我写的，其实是很多人共同智慧和经历的结晶。近年来，我接触了许多企业、不同层面的管理者，他们的很多经验、教训都给了我很大启发。在此，我要感谢他们。如果本书中有些观点甚至表达方式让你感同身受，这绝不是巧合。当然，如果其中一些观点与你的观点不吻合，也不要感到意外。我希望你有选择地采纳，也可以边批评边采纳，或只批评不采纳，我想在批评过程中激发你的思想火花也是一种收获。

曹艳平女士是本书最有效的"助产士"，她的工作实践为本书进行了有效性验证。感谢她的无私分享！

在这里，我要感谢我的学生裘芸女士，她对本书部分案例绘制了精彩的漫画，使得本书增色不少。此外，我还要感谢我的好友陈利海先生、祁彬女士和我的助手章湘袭女士，他们为本书的面世做出了富有成效的努力！

最后，我必须感谢我的太太和孩子，他们是我潜心工作的动力。他们让我感受到了工作的价值和生命的意义！

郭致星

2020 年 8 月 10 日

目 录

第 2 部分　自我修炼与职业提升

第 1 部分

生命周期中的心理学实践

理论脱离实践是最大的不幸！

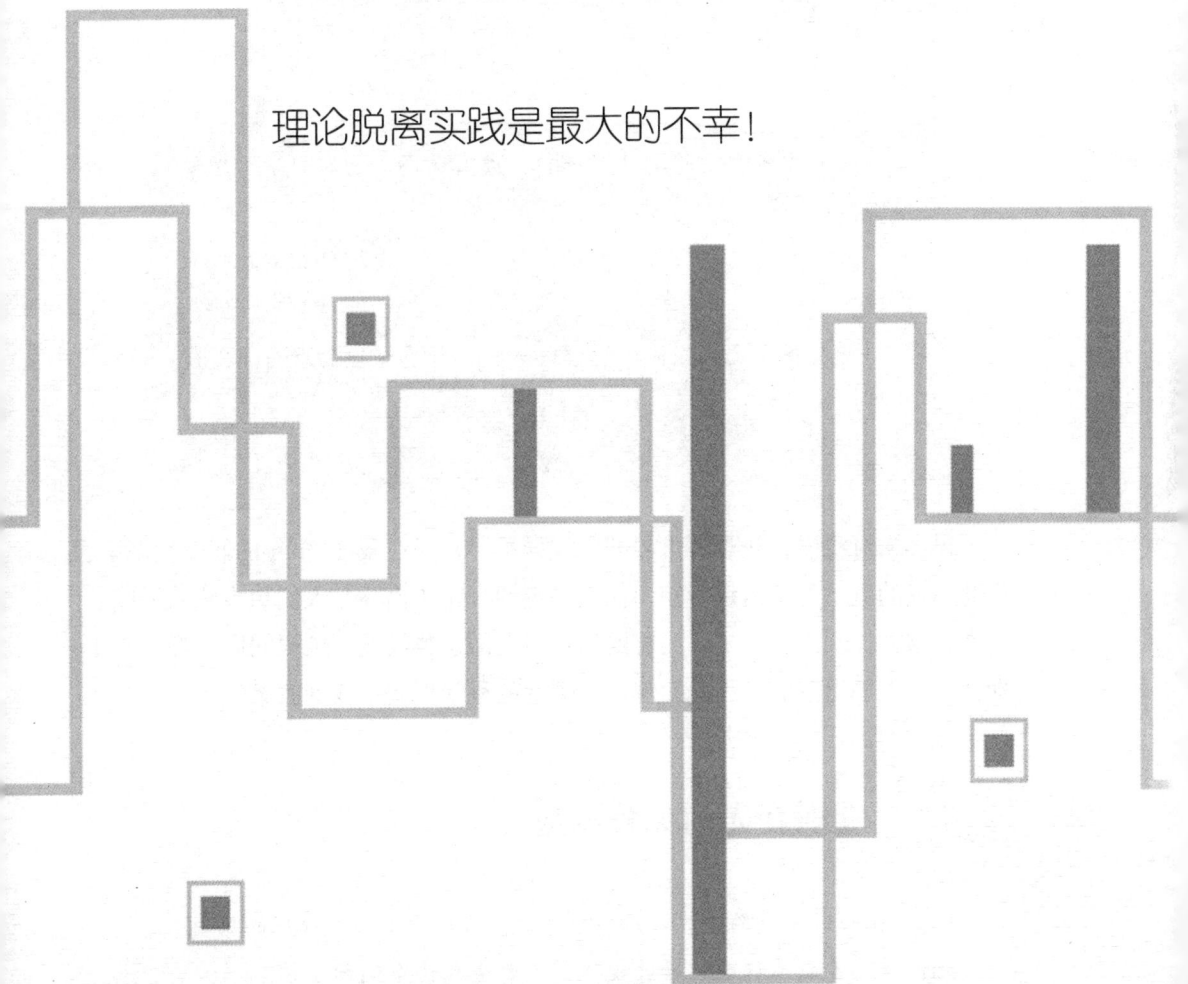

第 1 章

启动与准备

不变只是愿望，变化才是永恒。

> 技术方案明显复杂且不可靠，成本还高，但客户不可理喻地坚持；
>
> 团队成员不服从工作安排，这种安排并没有什么实质性的问题；
>
> 有人坚决反对你提出的解决方案，你感觉这种反对只是情绪性地针对你；
>
> ……

很多人对我说，我观察世界的方式异乎寻常。在我 20 多年的职业生涯里，乐此不疲的就是要搞清楚影响人们做决定的真正（而不是人们想当然的那些）因素，这种探索给我带来了无穷的乐趣。上面这些问题，刨根问底，都是"非理性"的人搞出来的，因此，难以从理性的科学框架中找到答案。

1.1 规则在先的免疫效应

"在长达一天的会议之后，他的自我意识出现一定程度的损耗。因此，他决定采用标准的操作规程，不再去想这个问题了。"

1.1.1 遵从直觉还是刻意思考?

心理学是一门研究人类心理现象及其影响下的精神功能和行为活动的科学，这是一门元思维的学科，也就是去"思考"人类如何去"思考"的学科。每个研究者既是心理学现象的旁观者，又是心理学现象的参与者。因此，现代哲学有两句最为经典的话。

（1）人类一思考，上帝就会发笑。

（2）当人类思考的时候，人在哪里。

1. 系统1和系统2

多年来，人们一直想弄清楚人类大脑的运行机制，心理学家基思·斯坦诺维奇（Keith Stanovich）和理查德·韦斯特（Richard West）将大脑的运行分为两个部分[①]，即系统1和系统2。

（1）系统1的运行是无意识且快速的，不怎么费脑力，没有感觉，完全处于自主控制状态。

（2）系统2将注意力转移到需要费脑力的大脑活动上来，如复杂的运算。系统2的运行通常与行为、选择和专注等主观体验相关联。

系统1和系统2这两个概念广泛应用于心理学领域。系统1的自主运作诱发了极其复杂的理念模式，但只有相对缓慢的系统2才能深度思考并按部就班地构建想法。

系统1的运作较为简单，其共同特征是：所有运作都是自发的，基本上依据复杂性进行粗略预估。

系统1引发的自主行为的例子：
- 确定两件物品孰远孰近；
- 提到中国首都就不由自主地想到北京；
- 确定突然出现的声源；
- 察觉语气中的不友善；

① 丹尼尔·卡尼曼. 思考，快与慢[M]. 北京：中信出版社，2012.

- 看到恐怖画面后做出厌恶的表情；
- 理解简单的句子。

以上列出的大脑活动是完全无意识的。不刻意学习便可领会一些母语中的简单句子；听到突然的一声响后会自发地确定声源；看到"1+1"就知道等于2。

系统2的运作是高度多样化的，但所有这些运作方式都有一个共同特征：所有运作都需要集中注意力，如若注意力分散，运作也会随之中断。

系统2刻意思考的例子：
- 在一列嘈杂、拥挤的地铁上关注某个人的声音；
- 审视自己在某个正式场合的做法是否得体；
- 进行一次复杂的计算；
- 审阅、校对一篇文稿的错别字；
- 在狭小的空间里停车；
- 进行一次复杂的高等数学计算；
- 比较两款手机的总体性能。

在上述各种场景中，你都必须集中注意力。若是没有准备好或者没有将注意力集中到正在做的事情上，你的表现就会差强人意，甚至一塌糊涂。在上述所有事例中，没有哪件事情是水到渠成的，你会发现始终如一地保持某种状态需要付出持之以恒的努力，至少要一直耗费精力。

系统2具有某些改变系统1运作方式的能力，通过控制注意力和记忆力的一般自主运行功能的方法可以实现这些改变。例如，在繁忙的北京南站（高铁）接人时，你若是刻意寻找一位白发苍苍拄着拐杖的老者，即使隔着一段距离你也很可能发现他/她。

2. 看不见的大猩猩

心理学家克里斯托弗·查布里斯（Christopher Chabris）和丹尼尔·西蒙斯（Daniel Simons）在学生的协助下，利用哈佛大学心理学系的教学楼，拍摄了一部两队传篮球的短视频，其中一队穿的是白色球衣，另一队穿的是黑色球衣。观看短片的人需要数出白衣球队的传球次数，忽略掉另一队传的球。这个任务比较困难，需要完全投入才行。短片播到一半时，一个套着大猩猩服装的人出现了，他穿过球场，捶着胸，然后继续走动。这只"猩猩"出现了9秒钟。数万人看了这部短片，其中约有一半人并未注意到有什么异常①。

　　之所以这样，是因为这个计数任务——尤其是那个忽略黑衣球队的要求——造成了这种屏蔽。若没有那项任务，所有观看短片的人都会注意到那只"猩猩"。观看和定位是系统1的自动功能，但在执行时需要将一些注意力分配给相关的刺激物。

　　在这项研究中，最值得注意的是人们在知道结果后的吃惊反应。那些没有看到"猩猩"的观众刚开始就确信场上没有"猩猩"——他们很难想象自己会错过如此吸引眼球的事实！

"看不见的大猩猩"证明了一个事实：注意力是有限的，如果注意力透支，人们会忽视显而易见的事，也会忽视自己屏蔽了这些事的事实。

　　通常情况下，系统1自主运行，系统2则处于放松状态、只有部分参与。系统1不断为系统2提供印象、直觉、意向和感觉等信息。如果系统2接收了这些信息，则会将印象、直觉等转变为信念，将冲动转化为自主行为。通常情况下，一切都会顺利进行，系统2会稍微调整或是毫无保留地接受系统1的建议。因此，你一般会相信自己的最初印象，并依自己的想法行动。通常情况下，这样挺好的。

　　当系统1的运行遇到阻碍时，便会向系统2寻求支持，请求系统2给出更为详细且明确的处理方式来解决当前问题。系统2在系统1无法提供问题答案时，就会被激活，这好比你碰到了一个复杂的逻辑推理（比如一道高中生的几何证明题），系统1无法给出答案，系统2便被激活来解决问题。

---

① 克里斯托弗·查布利斯，丹尼尔·西蒙斯. 看不见的大猩猩[M]. 段然，译. 北京：机械工业出版社，2011.

1.1.2　最省力法则

通常情况下，系统 1 和系统 2 的分工很有效，因为系统 1 很善于完成自己的本职工作：它在熟悉情境中采取的模式是精确的，所做出的短期预测是准确的，遇到挑战时做出的第一反应也是迅速且基本恰当的。但是，系统 1 时常将原本较难的问题作简单化处理，对于逻辑和推理，它并不擅长，从而易犯系统性错误。更麻烦的是，系统 1 还有一个更大的局限——无法关闭它。

图 1-1 是一个非常有意思的例子，说明了两个系统间的冲突。

> 研表究明，汉字的序顺并不定一能影阅响读，比如当你看完这句话后，才发这现里的字全是乱的。

图 1-1　冲突与自我控制

在这个图中，你（准确地说是系统 1）一眼便读懂了整段话的意思；最后，你（准确地说是系统 2）还发现了其中的问题。通过这个试验中，我们可以得出两个结论。

（1）系统 1 是自主运行的，几乎无法随意停止；系统 2 需要强有力的控制和积极运作才能发挥作用。

（2）系统 1 的速度远快于系统 2，系统 1 几乎是"脱口而出"，而系统 2 则要经过理性判断得出结论。

实际上，人类的大脑总是遵从最省力法则来管理我们的思维活动。遇到问题时，系统 1 立即自动给出答案，如果系统 1 无法处理并做出判断才会启动系统 2；系统 1 省力，系统 2 则比较费力。换句话说，系统 1 是感性的、自发的自我，系统 2 才是理性的、自觉的自我。

人们在放松状态下，会接受系统 1 的判断和决策，此时的想法相对随意、肤浅。当人们感到紧张时，更可能警惕、多疑，会对手头上的事情投入更多精力，感觉局促，较少犯错，但直觉相较平时会下降。

> 特别说明，为方便起见，从这里开始我们把系统1称为感性自我，相对地把系统2称为理性自我。

遵从最省力法则的结果是，我们大多数时候是感性的（自发的），而非理性的。如果要刻意保持理性，就需要付出努力进行刻意控制，这是一个挑战。因为强迫自己去做某事，你就会很不情愿或是根本做不到，这就是自我损耗（ego depletion）[①]。在自我损耗状态下，人们更有可能给出负面的判断、做出自私的抉择和表现出负面的状态。比如，爆粗口，用带有性别歧视的字眼，或者做出肤浅的评价。

《美国科学院院报》曾报道过一项关于损耗对人们行为影响的研究。在这项研究中，8位不知情的受试者全部是以色列的保释官。他们每天都要审阅保释申请，而且不是按这些保释申请的时间顺序审阅的，保释官在每份申请上平均用时只有6分钟。大量的统计发现，只有35%的申请能获准通过。保释官做出每个决定所用的时间都有精确的记录，也包括他们的一日三餐和餐歇时间。

研究结果发现，每次用餐过后获得批准的申请数量都会增加——达到了65%。在保释官下一次用餐前的约两个小时内，批准率开始稳步下降，在用餐之前刚好达到零。

这种结果令人难以接受，甚至令人绝望——长时间自我控制、自我损耗的保释官容易否定保释申请。

1.1.3 在项目启动阶段定规则

1. 规则先行

任何项目的开始阶段都为项目结果埋下了伏笔，在开始阶段，提前制定好可预见问题的处理规则，当事人在面对实际问题时的配合程度将大大提高。因

---

① 自我损耗是一种自我进行意志活动的能力或意愿暂时下降的心理学现象，包括控制环境、控制自我、做出抉择和发起行为等能力或意愿的下降。

为在疲劳的情况下，人们都不太情愿于费力思考以避免自我损耗——这就是最省力法则的作用。

当然，在启动阶段到底要树立哪些规则？这要视项目的类型、周期和人员规模等情况而定。实践中，在启动阶段必须明确的规则包括沟通方式、绩效考核、文档管理、变更管控等。这些规则并不一定都以项目制度的方式公布出来，因为成为制度可能会给某些人带来压力，会比较敏感。但是，即使不能用制度的方式呈现，项目管理者也要正式地提出关于这些规则的建议。

需要说明的是，在项目启动阶段人们对这些规则并不敏感，一般比较容易建立。遇到问题时再讨论建立规则，因其针对性过于明显，极易引发争议和冲突。

一个需要注意的问题是，在启动阶段确立规则会让人觉得项目管理者比较教条、刻板，常有人以"项目时间紧、任务重，先干起来再说"等说法搪塞！对此，你要顶住压力，不必过多解释，因为你解释的理由往往会成为别人反对你的靶子。

记住，没有规则在前，后面全是坑，吃亏的是你自己！

2. 用免疫效应干扰对方的直觉反应

先说出对方实际中会遇到的情况，尤其是那些不愉快的情况，同时说出他们在这些不愉快的情况下可能要做出的心理反应，而改变对方的固有"程序"。当事情真实发生的时候，也就是固定的"程序"触发条件产生时，对方的固有"程序"便会失去原有效用。在心理学中这叫免疫效应（inoculation effect）。

人们通常会接受系统1的判断和方案，因为这是最省力的。在自我损耗状态下，人们更倾向直觉的系统1的意见。我们可以通过一定的方法改变这种状况，这就是应用免疫效应。许多沟通的障碍就像某种依靠其神秘性吓人的妖怪，你说出它的名字它就会被消灭。

你可以马上试试免疫效应的神奇作用。

可以这样和你的家人沟通："我知道你听了我的想法之后会感到生

气，但是我真的很想要那部越野车！"

也可以直接走进你的老板办公室对他说："我知道这个要求会让您十分不快甚至产生各种失调现象，但是我真的想要加工资。"

还可以对你的客户这样说："我知道您可能抓狂或者愤怒，但是我不想骗你，因为项目的确不能按时完工！"

这样说虽然可能并不会让对方满足你的请求，但是你会发现，至少对方不快的情绪会大大降低。

2013年9月，我的一个项目组遇到了困难，军方领导对项目组的工作进展很生气，项目经理已无法与对方沟通。我被迫和军方一个比较强势的领导进行沟通："我知道这样说您可能会很抓狂甚至会发怒，但是我还是要请求，删去这个系统中的那个数据挖掘功能来保证项目进度。"这位领导听完之后大笑道："我不会发怒的！我也理解这个进度要求的确对你们很难，但我还是要你们想尽办法来完成。这是一个政治任务。"

他态度和气得让我们每个人都十分惊讶。他坚持了原有的工作任务，但至少双方可以更加理性地沟通了。请注意，气儿顺了一切都会好起来！

1.2　没形象，怎么管项目？

随着年龄的增长和工作经验的积累，你一定有这样的体会：在项目工作中，良好的内外部关系和个人形象很重要，特别是在与外部相关方打交道（如拜访客户、需求调研等）时更明显。很显然，给人正面印象的人，人们就更乐于信任他、亲近他，给他以支持和帮助；相反地，给人负面印象的人，人们更倾向疏远他、厌恶他，对他的要求和需要也往往做出消极、被动的反应，甚至直接拒绝。

对于项目管理者这个特定人群来说，个人形象的重要性不言而喻，能够直接影响到项目工作的效率和效果。

1.2.1 第一印象很重要

1. 艾伦和本你更喜欢谁？

你认为艾伦和本这两人怎么样？

艾伦：聪明——勤奋——冲动——爱挑剔——固执——忌妒心强

本：忌妒心强——固执——爱挑剔——冲动——勤奋——聪明

如果你和大多数人一样，就会更喜欢艾伦。前几条列出的性格特征会改变后面出现的特征的含义。我们认为聪明人有理由固执，并且还会尊重他这一点。然而，一个忌妒心强又固执的人如果还很聪明的话，人们就会觉得他很危险。

上面这个测试是社会心理学家所罗门·阿希（Solomon Asch）曾经做过的堪称不朽的心理学实验。

这个实验还有第二部分。研究者先向受试者展示了描述艾伦的前3个词，然后又再提供剩余的另外3个词，但研究人员告诉受试者，后3个词是用来描述另外一个人的。随后，当受试者根据这些描述假想出两个人时，研究人员问他们，这6个词是否有可能用来描述同一个人，大多数受试者都认为不可能！

2. 首因效应

美国社会心理学家洛钦斯（A. S. Lochins）1957年以实验证明了首因效应（primacy effect）的存在。首因效应也称优先效应，指交往双方形成的第一次印象对今后交往关系的影响，也就是"先入为主"带来的效果。

我们对一个人性格特征的观察顺序可能是随机的，但是，首因效应告诉我们这个顺序很重要，人们注重第一印象，而后续信息在很大程度上被消解掉了。

2011年6月，我参与了D核电站项目风险管理工作的阶段性评审。在这次评审会议上，我认识了D公司的工程部总经理李某，鉴于这次会议的正式性，作为专家学者身份的我语言较为正式。晚上聚餐，认识了该公司运营部总经理夏总，席间气氛轻松活跃，大家都较为随意。

时至今日，与李总的交往方式一直保持着正式、彬彬有礼的风格，而和夏总的交往却始终是轻松随意的。

不排除两个人的个性差异，初始阶段的交往风格产生了长期的影响。而且，这种风格一旦建立，后期难以改变。

作为项目管理者，在首次客户拜访、参与比较正式的会议时，一定要特别注意"首因效应"的作用。因为是第一次出现，个人的言谈举止、穿着打扮，都会最直接影响自己在对方心中的印象。试想，一个头脑清晰、谈吐文雅、衣着得体的项目经理和一个思路混乱、口无遮拦、不修边幅的项目经理同时出现在你的面前，你更愿意和谁打交道、更倾向信任谁呢？

1.2.2　你真能做到不以貌取人？

普林斯顿大学的心理学家亚历克斯·托多罗夫(Alex Todorov)向他的学生展示了一些人脸的图片，学生们并不清楚图片中的人物都是什么人，这些照片出现在学生们眼前的时间很短，有的还不到 0.1 秒。照片展示完毕，他让学生们按不同属性对这些图片中的人进行评价，这些属性包括可爱程度和做事能力。

结果显示，学生们对这些图片中的人物的评价竟然高度一致。

实验还不止于此，托多罗夫所展示的那些人脸图片并不是随意的，而是即将参加竞选的政治人物的照片。大选结束后，他把选举结果和学生们的评价做了比较，更加令人吃惊的结果出来了：约有70%的参议员、国会议员和地方长官的竞选活动的胜出者正是那些获得学生们较高评价的人。

在后续的研究中，这一惊人结果在芬兰、英国、澳大利亚、德国和墨西哥的众多选举中得到了证实。

1. 刻板效应

对各类人持有的一套固定的看法，并以此作为判断评价其人格的依据，心理学上称为社会"刻板印象"。在认知他人，形成有关他人印象的过程中，由于各种环境因素，很容易发生这样或那样的认知偏差。如果这种偏差发生在对一类人或一群人的认知中，就会产生社会刻板印象。

由于刻板效应，人们对某一类事物进行判断时，不用探索信息，直接按照已形成的固定看法即可得出结论，这就简化了认知过程，节省了大量时间、精力，使人们能够迅速了解某人的大概情况，有利于人们应对周围的复杂环境。

2. 好的名字的确会带来好的运气

实际上，认知偏差会通过你的职业背景、籍贯、学校、你的衣装打扮甚至姓名等因素被触发。

想象一个场景：在北京地铁里，你听到一个年轻人被另一个同行的年轻人称为托尼（Tony）。请问你的第一反应这个被称呼的年轻人是做什么工作的呢？

这个实验我做过多次，结果表明，大部人第一反应都是理发师。这就是关于名字的刻板印象。

别人对我们的态度决定了他们具体的选择，例如，到底是否和我们合作，到底要提拔哪个人成为领导，谁更不可靠一些等。在社会中，这些选择很大程度上决定了我们的命运。实际上，一个好的名字的确会带来好的运气，这已经被证实。在中国古代，有着一套完整的给孩子命名的理论方法，叫作五格起名法。这应该是人类最早研究姓名对命运影响的一套理论了，只可惜，在当时没有科学实证的传统，不能像现在科学那样做对比试验，进行科学统计，否则会产生更大的影响。

3. 别装了，你也是以貌取人！

统计表明，在跆拳道等比赛中，两名队员水平相当，裁判给红方队员的分数比蓝方队员分数高出 13%。心理学上，红色被人感知为强势，如果你的客户喜欢强势的风格，红色是好选择；要显示专业，选择黑、白等冷色系颜色；要让人觉得亲近，要选择橘黄等暖色系。这就是衣服颜色也会对人的心理造成的影响。

在很多人的印象中，男人常常谈论的话题多数是科技、财经、时事、军事、建筑、汽车、体育等领域；而女人关注的话题就比较生活化，比如娱乐、生活、时尚、旅行、美食、养生等，这种说法实际上是我们对男女性别差异所形成的刻板印象。

不管你是否愿意接受，在用户眼里，那些穿西装打领带的人是职业型的雇员，而身穿高尔夫休闲衫的人可能是企业的老板或者投资人。戴眼镜的人总是给人爱读书、喜欢各种学术理论的印象。你的装扮反过来也可以影响你自己的言行。同样一组人，在穿西装打领带的情况下，行为更加绅士和谦让。而一身运动装则会让你自己感觉更有活力。到底应该穿什么样的服装，要看具体你想给用户什么样的印象。

托多罗夫教授的研究发现，方下巴是可信和力量（能力）的信号，面部表情（微笑或皱眉）是对陌生人意图的判断提示，如果方下巴加上瘪嘴唇常预示着麻烦（这在我曾经的一个同事身上屡被证实）。

近些年的研究已经证实，外貌、身高是人们判断的重要依据。事实是，一个漂亮的外表、高大的身材，的确会给别人留下更可信、更成功的印象。虽然有好多人列举了拿破仑、丘吉尔、蒙哥马利等众多伟大人士身材都十分矮小的例子，但是这看上去更像一种对于身高不足的人的一种安慰。如果有人继续纠缠，用马云的例子反驳那句"不一定"，那我还是那句话——你说的很对！

统计数据表明，身材高大的人的确更容易比他们的同辈获得更大的成功。上面列举的那些矮个牛人可以看出来有个共同点，他们比普通人更加强势，甚至会走向性格的一个极端。在实际生活中也就意味着他们需要克服更多的阻力才能成功。

1.2.3 准备好墨镜，请美女同行

多年来，很多文艺作品塑造的"军阀"形象是"粗俗+留点小胡子+骂脏话+不识字+穿军装"。问题是，历史上的军阀果真如此吗？

有位美国纽约的小伙曾在接受采访的时候，表示自己很害怕中国人，因为"如果他们愿意，可以在3分钟之内把美国从地图上抹去"。

实际上，在很多欧美人眼里，中国人擅长数学，中国人都会功夫。

因为刻板效应，人们总是在有限素材的基础上做出带普遍性的结论，会使人在认知某些事物时忽视个体差异，从而导致知觉上的错误，造成先入为主，难以做出完整的评价。

我们无力改变别人刻板效应的认知（实际上，我们都无法改变自己的这种人性缺陷），也可能没有办法增加自己的身高，但是，我们可以适当地修饰，让自己看起来更好看、更挺拔、更有精神一些。

1. 你可能真的需要一副墨镜

心理学家埃克哈特·赫斯（Eckhard Hess）曾做过一个实验，他把同一个漂亮女性的两张照片展示给不同的被测试对象，结果大家普遍认为其中一张照片中的她要比另一张中的更漂亮。实际上，造成这种差异的唯一原因是：在更漂亮的那张照片中，这个女生的瞳孔更大一些。

在被测试者观察照片的过程中，他们自己的瞳孔变化也在被记录。结果显示，当被测试者面对漂亮的照片时，他们的瞳孔平均扩大了25%。

人们经常说"眼睛是心灵的窗户"，更确切地说，应该是"瞳孔是人类心灵的窗户"。

面对一件心仪的商品，瞳孔不会骗人，在与精明的商家的谈判中，你将处于不利的地位。聪明的人到商场购物时，常常戴着墨镜，这样就能隐藏自己对商品的兴趣了。现在看来，我们还真的需要准备一副墨镜。

有趣的是，赫斯在论文中提到了一种可以使人瞳孔变大的物质，后来被强生公司用作美瞳。

2. 请一个美女同行真的更容易

到此，也到了必须告诉你一个重要秘密的时候了。

心理学研究表明，人们会本能地认为和一个美女在一起的男人更成功些。

这是人类从远古进化而来的一种本能。那些可以得到漂亮异性青睐的雄性往往更加强壮，更加迅捷。这种现象在人类自己定义的社会规则更多地主导了人类社会的行为之后被掩盖了。不过这种远古的法则却仍然影响着人类个体对别人的认知。因此，如果有可能的话，尽量挑选一个美女一起去见客户吧，这样的话，会有更多人相信你，你会更容易成功。

看来，男女搭配，_____——下面半句你自己填吧！

1.3 做个局外人，直击痛点

1903 年之前，亨利·福特（Henry Ford）在创建福特汽车品牌之前，并不知客户需要什么样的产品，只知道想出一款产品，于是就找人做市场调研，去挖掘社会公众到底需要什么。

在汽车没有诞生之前，人类社会最主流的交通工具是什么呢？是马和马车。不出意外，社会公众给出的需求也的确是"想要一匹跑得更快的马"，这就是所谓的客户需求。

人类有一个错误：人总是用之前自己已经见过的东西，来描述一个未来还没见到的东西。也就是说，用户基于他们的阅历与认知，他们习惯给自己的需求套到现实可实现的方法或物质中。在这里，社会公众见过马但没见过汽车，于是人们用"已经见过的马"来描述"还未见过的更快交通工具（汽车）"。所以，他们回答"一匹跑得更快的马"。

很多时候，客户描述的只是一个现象，而非真实的问题，因此，当用户提出很多意见时，往往夹着他们给这个问题的定性与解决方案。所以，我们往往听到的是"你在这里加个××按钮""这不行的，那样才行"。请务必记住："项目是一个业务过程，而不是技术过程。"这是一个重要的项目思维！在这里，客户的真正业务是需要"快"，所以福特并没有给他们提供"马"，而是一辆福特汽车。

实际上，针对业务的解决方案才是客户的真实需要。项目管理者也应该是一个业务层面的管理者。项目的业务思维方式，能帮助你快速理解客户的痛点，明白客户"真正的需求"，在此基础上你再给出专业的反馈，并提供解决方案。

人都生活在自己世界中，每个人都会从自己的立场来描述需求。如何整理需求，识别出需求后面的业务动机，并给出相应的解决方案，是项目管理者不可回避的挑战。

1.3.1 找准业务痛点

每个人都活在自己的系统里，都在自己的情感世界里面喜怒哀乐。因此，每个人对世界的看法都带有鲜明的系统结构属性，尽管表面看起来貌似其个性。人的需求一定存在某个"痛点"（pain point）令其不舒服，只有找到了痛点，才能明白其所有观点的真正由来。现实中，痛点表现出来就是其最担心的方面，能否找到其痛点（或者说看清其最担心的事）几乎决定了项目的成败。

1. 分析其结构属性

李彬是 L 公司的项目经理，负责某银行信息系统的建设。在给客户的建议书中，他建议采用一个低成本技术方案，并从技术上论证了该方案完全可以满足客户的业务需求。但客户的信息中心主任蒋向阳强烈要求采用成本更高的硬件系统："成本不是问题，关键是性能要好，要可靠。"

58 岁的蒋向阳即将退休，他最大的担心是项目出现任何问题，也就是，他只是坚持一种对他自己最"安全"的做法。

人在社会系统中的结构属性是决定其痛点的根源。刚入职的大学生担心就业、升迁、成长，临近退休的人担心职业生涯与养老的顺利过渡。在信息系统建设项目中，甲方信息中心的人担心业务人员不配合，业务部门担心自己对新系统的适应，管理者担心项目不能实现其战略目标。

如果一个公司的信息部门负责实施公司的某个信息化项目，可以从系统结构上分析该结构下的矛盾，确定该系统中各元素的结构属性，从而更好地进行相关方管理。实践证明，在不同领域、不同行业，处于同一结构位置的相关方其表现高度一致，甚至连抱怨的话语都如出一辙[①]。

项目经理常与信息中心和业务部门的人打交道，那么如何处理好与这两个部门的关系呢？

（1）信息中心。信息中心的人常强调项目的重要性，声称项目将影响到每个人的日常工作和行为，但又抱怨高层领导对自己的授权不足。这种结构属性导致自己在项目中没有太多的决定权，凡事要看业务部门的脸色。令人头疼的是，在前期收集业务部门的需求时，业务部门的人往往借口托词，不积极配合。项目实施过程中，又往往提出新的需求和变更。特别是在项目即将上线时，他们会提出很多反对意见。

对此，项目经理应和甲方信息中心的人拉近关系，取得他们的理解和配合。多和他们讲为提高系统稳定性、安全性、可维护性，项目团队所做的努力。还应强调，为了保护甲方在信息化上的投资，系统设计的开放性（比如，系统使用了很多可替换的组件组成）。私下里，要适当表示对他们获得的授权不足而惋惜。一个颇为有效的小锦囊是，适当的时候可以给他们带一本与项目相关的书，告诉他你本人从这本书中收获很大，供他参考。当然，可能的话，请自己公司的老总在书上写上一段话会起到意想不到的效果。

一个事项必须提醒你，千万不要鼓吹你的项目包含了什么先进管理思想，人好像都很排斥别人的思想——每个人都活在自己的世界里！

（2）业务部门。业务部门的人常抱怨自己实在是太忙了，几乎没有时间来参与这个信息化项目。他们总会说（甚至是嘲笑）信息部门的人不关心业务，不了解真正的业务需求。当然，还时不时抨击一下以前的信息系统有多差劲，总是出现各种 Bug（缺陷、漏洞），公司为什么不能针对实际情况定制一套适合自己业务的系统。必要时，还会补上一句："公司总是花冤枉钱！"

对此，项目经理在和他们交流时，一定要注意不要宣称自己系统

[①] 高茂源. 项目管理心理学[M]. 北京：机械工业出版社，2014.

的先进性，这是首要条件。需要这样讲："我们的系统不敢说是最先进的，但有一点我们可以肯定地说，我们在理解你们的业务需求上所花费的时间比其他公司都多。"

切记，不论已经实施过了多少类似项目，也无论他们的业务需求如何，项目经理千万不能说他们的业务流程其实很简单。相反，任何时候都可以说："你们的业务是独特的！"

一个实用的技巧是，根据公司实际情况，可以邀请他们来做项目组的业务顾问，进行业务指导。在系统实施时，可以邀请业务部门有影响的人来做内部讲师，帮助项目组给其他人培训。当然了，项目团队需要单独给他们先培训一下。

2. 关注其最近负面消息或最新动态

你可以看看下面这两个不完整的单词 W_ _H 和 S_ _P 是什么。如果有人近些天想起了自己某个难以启齿的举动，这些人往往会把这两个不完整的词填成 WASH 和 SOAP（"洗"和"香皂"），而很少会填成 WISH 和 SOUP（"希望"和"汤"）。

心理学早就证实，只是想到背后中伤某位同事就会使人更想去买香皂、消毒剂或清洁剂，而不是去买电池、果汁或者糖果。当人们感觉自己的心灵受到了玷污，往往也会引发他们清洗自己身体的想法，这种冲动被称为麦克白效应（Macbeth effect）。

人们清洗的身体部位往往是那些令他们深感罪恶的部位。一项实验要求受试者通过电话或者电子邮件对一位假想中的人"说谎"。在随后对不同产品的需求测试中，那些通过电话说谎的人更想要漱口水，而不是香皂；而那些通过电子邮件说谎的人更想要的则是香皂，而不是漱口水。

麦克白效应告诉我们，人的决策极可能受新近发生的事的影响。

韩盈是 R 公司的项目经理，在某电信运营商项目的售前阶段，他了解到客户近期遭遇一件投诉，客户被一个手机客户告上了法庭。

韩盈分析了这件事对客户的影响，在方案中有意识地提到了项目

中对客户投诉情况的处理，方案引起了客户的极大重视。在几家竞争
单位中，R公司的方案最终胜出。

客户网站主页或移动客户端的App上的最新动态或者最新政策性发文里，
常包含客户高层的最新决策和工作动向，项目管理者应该关注这些信息。满足
高层的最新要求是下属的关心所在，常是其工作重点，也往往是项目的痛点。

3. 重复的就是痛点

寻找痛点的一个更简单方法是关注对方的重复语言，人担心的事情喜欢在
对话中重复提到。此所谓："喋喋言此事，定然此事缺。频频问原因，其中定有
缘。"算命先生深谙此道，是我们在此方面的好老师（但愿读者没有把我当成算
命先生）。

这个方法很简单，但大多数人却没有用好。是什么限制了大家的使用呢？
究其原因，是因为每个人都生活在自己世界中，站在自己角度看问题。项目管
理者们在同相关方讨论问题时常犯的错误就是总站在自己角度表达问题。一个
常见的例子是，项目的本质是业务问题，而技术背景出身的项目经理常将项目
看作技术问题。

某电子商务项目中，项目的售前经理范博拜访一个著名玩具生产
厂商。范博希望客户把自己的产品放到其平台上销售。

会谈中，玩具厂市场部总经理多次询问平台的安全性和价格，特
别是产品样式、设计会不会被抄袭，价格会不会被压得很低。范博反
复强调通过平台可以进行产品的全方位展示、提升销售量等诸多优点。

如果不能在客户的重复关切中认清客户的痛点，偏离与客户沟通
的"频道"，失败则是必然！

1.3.2　我是一切的根源！

一位年轻的妈妈抱着孩子乘地铁，车厢中的乘客满满当当。一个
不合时宜的场景是，一个小伙子跷着二郎腿靠在座椅上睡觉。孩子哭
着闹着要坐，并用手指着年轻人。但是，年轻人假装没听见，依旧眯

着眼睛。

这时，孩子的妈妈用安慰的口吻说："哥哥太累了，让他睡一会儿吧！他睡醒了就会给你坐的。"

几分钟后，年轻人睁开了眼，一副刚睡醒的样子，然后站了起来，让孩子坐了下来。

1. 谁能不在意别人的看法？

密歇根大学的社会学家查尔斯·霍顿·库利（Charles Horton Cooley）研究发现，一个人对自己的认识来源于其他人对自己的看法，个体的自我感觉是由别人对自己的态度决定的。总之，每个人都是另一个人的一面镜子，反映着另一个过路者。简而言之，他人如何评价和对待我们，是我们认知自我、建设自我的重要参考，在此基础上，我们也会维护自己的形象，这就是现在人们所说的"人设"。

小孩子哭闹着要坐，年轻人不理不睬，妈妈的一句安慰之语却让年轻人客气地让座，其中的奥妙就在于年轻人对自己的"自我评价"变了。

可想而知，一开始，年轻人对自己的认知也许是"我就占着座位，你们能拿我怎样"的无赖心理。但是，当他听到那位女子对自己的评价后，他对自己的认知也悄然变成了"我是一个通情达理的人，只是太累了，需要休息一会儿"。

他的"自我观"变化了，其相应的行为也就随之改变。可见，个体与社会如此相关，个体往往需要通过社会中其他人的评判，才能完成对自我的认知。

每个人对他人都是一面镜子，其行为和态度都是他人形成自我观念的参照。用库利教授的话来说，人与人之间相互可以作为镜子，都能照出他面前的人的形象。这就是镜像效应（mirror effect）。可见，我们是什么样的人，很多时候是由社会反馈决定的，别人认为我们是什么样的人，我们就可能成为什么样的人。可见，不要在意他人的看法几乎是不可能的。

2. 别人以你看待自己的方式看待你

美国科研人员曾对人的自我认知做了一个实验。实验者对参与实验的志愿者宣称，实验的目的是观察人们对身体有缺陷的陌生人做何反应。

每位志愿者都被安排在没有镜子的小房间里，由好莱坞的专业化妆师在其左脸做出一道血肉模糊、触目惊心的伤痕。志愿者被允许用一面小镜子照照化妆的效果后，镜子被拿走了。

关键的最后一步，化妆师表示需要在伤痕表面再涂一层粉末，以防止它被不小心擦掉。实际上，化妆师用纸巾偷偷抹掉了化妆的痕迹。对此毫不知情的志愿者，被派往各医院的候诊室，他们的任务就是观察人们对其面部伤痕的反应。

规定的时间到了，返回的志愿者竟无一例外地叙述了相同的感受——人们对他们比以往粗鲁无理、不友好，而且总是盯着他们的脸看！

事实上，他们的脸上与往常并无二致，没有任何不同；他们之所以得出那样的结论，是错误的自我认知影响了他们的判断。

这就是著名的伤痕实验。实验说明，一个人内心怎样看待自己，在外界就能感受到怎样的眼光。有什么样的内心世界，就有什么样的外界眼光。一个人若是长期抱怨自己的处境冷漠、不公、缺少阳光，其真正出问题的是自己。

3. 充分冥想与自我暗示

伤痕实验和镜像效应非常有价值，我们可以通过冥想和自我暗示，进行良好的人际互动。比如，在做需求访谈之前，你一定要先打造自己的形象，脸上要学会挂着微笑，在头脑中一定要想象一下和对方会谈十分愉快的场景，不要先入为主地假设甲方有多么不配合。要想象一下对方被你的态度和专业素养所征服的感觉，反复想象，直到那种感觉十分清晰，你甚至能想象出具体说话时你的表情和你的动作等细节时为止。

1.3.3　警惕反移情效应，看戏不入戏

1．小心选择性知觉

在一家出版社的选题讨论中，要求编辑们列出他们认为最重要的一个选题。编辑 A 正在参加成人教育以攻读第二学位，他的选题是《怎样写毕业论文》；编辑 B 的女儿正在上幼儿园，她的选题是"学龄前儿童教育丛书"；编辑 C 是围棋迷，他的选题是《柯洁棋路分析》。

因为选择性知觉的存在，经常导致一个最常见的问题，项目管理者在需求调研前已经形成了一套解决方案，在双方会谈时往往根据内心的方案来听对方讲述，从而忽略了对方语言中真正的"痛点"信息。

为了防止自己选择性知觉，需求调研人员可以利用录音笔把访谈对话录下来（前提是征得被调研者的同意），回头组织项目组共同分析其中含义，获取真实需求，挖掘痛点。

2．警惕移情效应

《甄嬛传》是一部 2011 年出品、上映即大热的古装宫斗剧集。

2015 年 9 月，电视剧《芈月传》的 26 分钟片花曝光后，不到 48 小时，线上播放就突破了 1 200 万次，堪称未播先热的剧集代表。

《芈月传》由《甄嬛传》原班底合力打造，一样的导演，一样的女主角，一样的古装宫廷题材。

我国古代早就有"爱人者，兼其屋上之乌"之说，意思是说因为爱一个人而连带爱他屋上的乌鸦，所谓"爱屋及乌"。心理学中把这种对特定对象的情感迁移到与该对象相关的人或事物上来的现象称为"移情效应"。比如，一个人喜欢某个明星，往往也会喜欢上他所代言的商品；一个人讨厌某个人，对其讨厌人的行为也持否定态度。

2016 年，某研究院的项目经理韦琼带领团队为某军方科研机关实施装备研制项目，需要到该军种下属的几个团做需求调研。到某团后，负责装备的处长态度不冷不热地将项目组晾了 2 天。第 3 天，处长把

项目组带到该团的装备修理厂，指着一个落满灰尘的老系统说："照这个系统再做一套就行了！"

各团装备处有自己的合作单位，新系统的研制将不可避免地影响到他们的利益。他们对项目组的不满和对抗是典型的反移情效应。

处长的行为激怒了韦琼，他说服自己研究院的主管副院长，动用军方机关高层资源下达指令。"挟天子以令诸侯"的行为直接导致了各团的对抗。这无疑是一种风险最大、实施成本最高的方案。项目不可避免地陷入了困境，居然中期验收都没能通过，后期结果不得而知。

需求调研时，消极相关方对项目持否定态度，他们把这种心理映射到调研者身上，这在客观上给项目工作带来了困难。在项目中，甲方的业务人员预感到项目可能会给他们带来负面影响，以至于在需求调研时给人不太配合的感觉。此时，项目管理者应该将项目工作与人本身分开，避免对抗情绪。一句话，他们是对项目不满而非对你不满。

我必须敬告你，不要介入甲方的政治斗争，看戏不入戏。遗憾的是，对抗的事情天天发生，人很难做自己生活的局外人！

1.4 不管产品特性多耀眼终将被视为正常

需求收集是项目经理首先要做的，也是很具有挑战性的任务，而项目团队将在项目的生命周期的全过程中面对需求收集问题。

常有人用"有效地进行需求收集既是一门科学，又是一门艺术"这样自嘲的、毫无信心的说法来解释需求收集工作的困境。这是一句外交辞令，更是一句正确的废话。它反映了尽管有关需求管理的书籍汗牛充栋，但很多人在实践中仍然不知道怎样有效收集需求这个现实。

1.4.1 自我欣赏的是艺术，他人接受的才是商品

我在课堂上多次做过一个案例讨论，这个案例的背景是：我出差

很长时间后回到家里，一进家门太太就上来跟我说："你终于回来了，但家里有 3 个工作需要完成：擦窗户、切菜、拖地！"

如图 1-2 所示，这 3 个工作放在一起就是一个项目。需要说明的是，这 3 个工作每个工作对应着一个工具，也就是：擦窗户只有一块抹布，切菜只有一把菜刀，拖地只有一个拖把。而且，使用这个工具保质保量完成对应工作都分别需要 30 分钟。

30 分钟？ 45 分钟？
60 分钟？ 90 分钟？
哪个答案更好呢？

● 擦窗户需要30分钟，只有一块抹布

● 拖地需要30分钟，但是只有一个拖把

① ② ③

● 切菜需要30分钟，只有一把菜刀

图 1-2　多长时间完成？哪个答案更好呢？

那么，满足以下 6 个条件，完成这个项目需要多长时间？哪个答案更好呢？

（1）每个工具只能干对应的工作。不提前说明，有人会拿着抹布擦地去了，咱们的人很容易搞出这种发明来！

（2）不可以破坏工具。不制止的话，有人会把抹布一撕两半。

（3）工作的质和量都不可以降低。

（4）家里只有我和太太两个人参与工作。不可以引入第三人，引入第三人算是外包。

（5）我和太太二人的工作能力相同。也就是，我们两人都具备完成这 3 个工作的能力，而没有能力上的差距。

（6）工作可以拆分互换。比如，我先擦窗户 10 分钟，10 分钟后我去拖地；而太太前面 30 分钟都在切菜，然后再花 20 分钟把我剩余的擦窗户工作完成。

到底多长时间完成呢？参考选项包括 4 个：30 分钟、45 分钟、60 分钟、90 分钟。现在，给你 5 分钟时间，你自己也测试一下。在没有给出答案之前，请不要阅读下面的内容。

……

我在各地讲学的过程中，这个案例讨论过不下百次，几乎每次结果都是 45 分钟！偶尔也会出现 60 分钟的情况。

请注意，我问的是"需要多长时间？哪个答案更好？"。事实上，回答 45 分钟的人，他们追求的不是"好"，而是"快"。有人会辩解说："我认为好就是快！"甚至还有人强词夺理："赶紧做完了就可以出去看电影啊！"

其实，这里面有两个问题。

首先，我给大家出题，你不问我什么算是"好"，你知道我的需求是什么？你有没有考虑我和太太两个当事人的感受？这个问题的实质是以己度人（专业术语叫"投射效应"），你拿着自己的标准往我身上套，拿着你能给什么来给我，而不是拿我想要什么来给我。很多人常说"我以为"，就是典型表现。为什么很多产品设计出来没有市场呢？就是因为这些设计者总是"我以为"，他们以为自己喜欢的产品客户也喜欢！

其次，很多人一旦给出一个答案，下面的一切工作就是，努力维护自己的答案来证明自己是正确的。试想，别人不接受，客户就不会为你的产品买单，你的工作就无法实现商业价值。维护这个答案有什么意义呢？项目只有别人接受、愿意为其买单才能实现商业价值。

实际上，自我欣赏的叫艺术，他人接受的才是商品。请注意，项目是以业务为导向的，业务导向的本质就是项目要实现其商业价值，项目过程是基于业务的面向人的过程！

1. 投射效应提升了项目实施的难度

　　心理学家向 80 名大学生征求意见，问他们是否愿意背着一块大牌子在校园里走动。结果，48 名大学生同意背牌子在校园内走动，并且认为大部分学生都会乐意背；而拒绝背牌的学生则普遍认为，只有少数学生愿意背。可见，这些学生将自己的态度投射到其他学生身上。

投射效应（projection effect）是指以己度人，并强加于他人的一种认知障碍。投射效应是一种心理定式的表现，它以评价人自己的心理特征作为认知他人的准备，作为认知他人的标准。其主要表现是，认为他人具有与自己相同的特性，把自己的感情、意志、特性投射到他人身上。比如，一个心地善良的人会以为别人都是善良的；一个经常算计别人的人就会觉得别人也在算计他；等等。

人们总是相信"物以类聚，人以群分"，认为同一个群体的人总是具有某些共同的特征。因此，在认识和评价与自己同属一个群体的人的时候，人们往往不是实事求是地根据自己的观察所得到的信息来判断，而是想当然地把自己的特性投射到别人身上。

　　在日本，洋娃娃代表着小女孩希望自己长大后的形象。芭比娃娃在日本刚推出时，在青少年眼中，胸部太大，腿也太长，蓝眼睛一点儿也不像日本少女，因此销售不佳。公司修正了芭比娃娃的胸部和腿，也将眼睛改变成咖啡色。两年内芭比娃娃卖出了近 200 万件。起初公司的失败之处就在于公司假定了日本市场和美国市场具有相似性，在美国受欢迎的芭比娃娃在日本同样会受到欢迎，结果却没有如期所至。这是忽略投射效应的后果。

虽然人有一定的共同性，有相同的欲望和要求，在很多情况下，人们对别人做出的推测都是比较正确的，但人与人之间既有共性，又各有个性，如果投射效应过于严重，总是以己度人，那么人们将无法真正了解别人，也无法真正了解自己。

2. 时刻记住项目是业务导向的

人们总是把自己的认知投射到他人身上。也正因为如此，客户提的多是自己期望解决的需求，而对于最基本的需求往往不说，因为他认为你就应该有。例如，做一款手机，手机打电话的功能客户是不用说的；又如，智能面包机，做面包的功能也是不需要说的，他只会说如何智能。每个人都活在自己的世界里，所以，项目管理者务必详细调研用户的背景、项目的使用环境，深入了解其业务过程，得到用户的真实需求。

投射效应加大了项目需求获取的难度，为项目实施制造了障碍，对项目管理者是一个严峻的挑战。每个相关方对项目的目标都不尽相同，项目管理者要谨防投射效应的负面影响，不要以自己的认知和喜好定义项目的需求和目标。

> 缪骅是 L 公司负责自动包装检测系统的项目经理。在给一个客户的建议书中，他建议采用一个低成本技术方案，并从技术上论证了该方案完全可以满足客户的业务需求。但客户的包装事业部经理柳玉振强烈要求采用更加复杂的技术方案，缪骅和他的团队与客户就这一问题进行了激烈的争论。
>
> 柳玉振："成本不是问题，关键是性能要好，要可靠。"
>
> 缪骅："这个方案是不必要的，而且会带来潜在的技术风险。"
>
> ……
>
> 项目陷入了困境！姑且不讨论和客户"争论"是否有问题（我不认为不能"争论"），关键是客户为什么坚持更加复杂的系统呢？
>
> 一周后，市场部经理通知缪骅"必须使用客户建议的方案"，这位经理不愿意在其公司内部尝试采用缪骅及其团队建议的方案；而他建议的是此前他们公司最先了解到的方案，公司上下的领导们都清楚。他担心在项目实施过程中出现任何意外，因为他们公司引入了"问责制"。也就是，他只是坚持一种对他自己最"安全"的做法。

国内的项目管理者一般都出自较好的技术背景，技术视角往往会成为某种局限，而且技术背景越深厚越容易把自己的想法、思路强加给对方，因为他们对自己的经验、能力较为自信。关键是很多项目上的问题本身并不是技术层面的（见图 1-3），一定不要试图仅从技术层面讨论问题，项目管理者是业务层面的管理者，项目是基于业务导向的，技术仅仅是完成业务目标的手段。

图 1-3 项目的很多问题并非技术层面的

1.4.2 谨防虚假共识，区分想要的和需要的

如果你不知道你要去哪里，那你也就不知道什么时候能到达。我多次发现项目的失败是因为对需求的完整性或成熟性没有记录下来，也未在相关方之间达成一致。

1. 谨防虚假共识

20 世纪 60 年代，美国人哈维根据自己生活中的一次经历描述了项目需求的一个陷阱——阿比勒尼悖论。他和太太及岳父岳母在40℃的高温下，坐在位于得克萨斯州科勒曼城的家中的门廊里。岳父建议开车去德州的另一个城市阿比勒尼①的一家餐厅吃饭。哈维作为女婿觉得这个主意很疯狂，但感觉也没有任何反对的必要，因此附和了该提议，太太和岳母也附和了。4个人上了没有空调的老式轿车，冒着尘暴驱车抵达阿比勒尼。他们在餐厅吃了一顿乏味的午餐，然后回到了科勒曼，他们燥热难当、筋疲力尽。大家对这次经历普遍不满意。直到他们到家后，才发现原来没有一个人真的想去阿比勒尼，他们只是附和，因为他们认为其他人都很想去。同时，他们担心如果自己提出反对意见会被认为是"很难相处"。

哈维将此命名为"阿比勒尼悖论"。组织中常会出现类似的荒唐现象，即组织采取的行动往往与真正的意图相悖，不能达到理想的结果。因为人们不愿意自己被贴上"很难相处"的标签！

项目中类似的事件并不罕见。人们常常不会直接否定别人的建议，即便是自己有不同的想法或需求。所以，项目中的真实需求经常收集不到。

一家软件开发公司近年发展得很好，吸引了许多优秀毕业生，公司有一套严格的招聘制度和程序。按照公司规划，今年只招聘软件工程和市场营销两个方向的人才。一个偶然场合，总经办主任的大学同学向他推荐了一位管理专业的应届毕业生，虽然主任觉得不能违背公司的招聘计划，但希望由人力资源委员会的成员来做出决策，于是将被推荐人的资料转给了人力资源委员会。

人力资源委员会的5位成员开会讨论这位被推荐人的申请。起初没有人发表意见。过了一会儿，其中一位委员说："这位申请人知识面很宽，应当很有潜力。"其他人纷纷赞成，最终决定录用她。这位被录用的大学生来公司上班后到总经办道谢。总经办主任很惊诧，为什么人力资源委员会违背招聘正常，将一个素质平平且公司并不需要的人

———————
① 科勒曼距阿比勒尼约85千米。

招进来？大家开始指责那位首先发言的委员，而这位委员则说："我看你们在会上都不发言，而我还要去主持另外一个会，而且我们既然开会，就要达成共识、做出决策，所以我才率先说出那样的话。如果我的想法不对，你们怎么没有一个人站出来提出不同意见呢？"

怕得罪人或从众的心理，很多人会人云亦云，揣测别人的心理和顺从别人的想法，模糊自己的责任，亦步亦趋，使其做法往往与真实想法相违背，有效地落实责任也就无从谈起。

很多时候，大家都会或多或少地意识到自己公司存在一些问题，却很少有人会主动提出来。直到问题严重到纸包不住火，必须要追究责任的时候，大家便争先恐后找证据指责那个失责的人，大有"墙倒众人推"之势。

> 开会时，老板追究某件事情的责任，没有人开口说话。老板问参会者的意见，大家相互推脱责任。
>
> "我不知道，这不是我的责任。"
>
> "这好像不属于我的工作范围。"
>
> 老板费尽精力找到了责任人与处理方案，众人突然都变成了事后诸葛亮。
>
> "我早就知道是这小子没有落实责任。"
>
> "我早就发现是这个部门没有负起责任。"
>
> "我早就觉得该这么做了。"
>
> ……

许多项目经常会出现类似场景，往往该落实的责任就在这种阿比勒尼悖论的作用下被不知不觉地模糊了。

作为项目经理，面对需求必须谨防表面上的一致，必要时可以到客户的现场进行观察和对工作、业务进行实地跟踪。获得真实需求是一种责任，更是项目成功的必要条件。

2. 切忌"鸵鸟心态"

H公司为客户开发一套OA（Office Automation）系统，客户要求在系统上线后对内部人员进行系统应用的培训。显然，这并不是一个过分要求。但在需求分析过程中，项目经理刘宏发现客户希望培训大量的一线员工，麻烦的是这些员工中的很多人是刚入职的新员工。客户希望对这些员工从 OA 应用到相应岗位业务知识进行系统培训。因为合同里没有关于培训的条款，刘宏和他的团队经过讨论，决定将此问题留待项目后期再来同客户讨论。

对于这种培训要求，答应与否都不能说错。但明知道客户有这种需要，而不加以明确，让这个问题"悬"着就是一个严重的问题。这是一种逃避现实的"鸵鸟心态"（见图 1-4），是一种不敢面对问题的懦弱行为。其结果只会使问题更趋复杂、更难处理。就像鸵鸟被逼得走投无路时，就把头钻进沙子里。

图 1-4　切忌"鸵鸟心态"

另一种情况，客户没有想到而你意识到的问题，是否应该拿出来和客户讨论呢？多数人不想过早地和客户纠缠一些问题，只是因为怕麻烦。问题不谈的话，眼前还可以走下去，一谈就可能会变得复杂……说实话，有时谈清楚是"技术"，不谈清楚是"艺术"。的确存在一些"只可意会不可言传"的东西，这真是一个非常麻烦的问题。

从现实角度而言，如确实有问题存在而且早晚躲不掉，假如争吵不可避免，早吵也会比晚吵好。一方面，问题在早期解决代价会比较小，后期就会付出很大的代价；另一方面，尽早暴露问题，吵完了大家也就可以安心地做事了。

3. 需求是要确认的

筱钧是 T 公司的项目总监，负责为一家客户开发 CRM（Customer

Relationship Management）系统。经过一个月努力，筱钧和他的团队终于把需求文档整理好，拿给客户的工程部经理马杰："马经理，这是描述项目的需求文档，包括验收规范，您看看有没有问题？没有问题的话麻烦您签个字……"

　　马杰："你们先做起来吧，有了雏形后我们再看。"

　　筱钧没能得到客户的签字，只好按照客户的要求先干……

在国内，这种不肯签字的情况很常见，不知你是否遇到过。他们为什么不愿意签字？根据我的经验，最有可能的情况是他们还没有完全思考清楚。

但是，我必须告诉你，不管他愿不愿意签字，你务必逼他签字。记住：拿不到签字，下一阶段就不能开始。如果他们不愿意，为什么还要逼他签字呢？其实，我们真正想要的并非他们的签字，而是逼他们认真考虑项目问题。很多时候你不逼，他们就不会深入思考和讨论；一旦妥协，倒霉的最终还是你。

在需求确认这件事上，你需要"强势"一些，用各种可能的办法"逼迫"他们把目标或需求考虑清楚。不管是客户还是老板，不要被他们的强势压住。只要你是为了把项目做好，一般情况下，他们是会理解的。

总之，不管用什么方法，在项目开始前，主要的项目人员必须对项目目标、需求达成一致。当然，请注意一个原则：对事要硬、对人要软！

1.4.3　少即多，增加更多功能须慎重

在项目中，甲方希望获得数量更多、质量更优的交付成果，乙方希望用低代价完成最低程度质和量的交付成果。显然，这是一种结构性矛盾。

1. 少即多

芝加哥大学的奚恺元（Christopher Hsee）做过一个有意思的实验，他让受试者在当地一家商店清仓大甩卖时为两套餐具报价（见表1-1），当地餐具的价位一般在30~60美元。

表1-1　哪套更值钱？

餐具名称	A套：40件	B套：24件
餐盘	8件，全部完好	8件，全部完好
汤/沙拉碗	8件，全部完好	8件，全部完好
甜点盘	8件，全部完好	8件，全部完好
杯子	8件，有2个破损	无
杯托	8件，有7个破损	无

　　他将受试者分成3个小组，其中的两组只看了两套中的一套，就给出了相应的报价，这被称为"单一评估"。另外一个组则被完整地展示了A、B两套，再给出相应的报价，此所谓"综合评估"。

　　很显然，A套包括B套所有的餐具，另外还多出7件完好无损的餐具，所以A套"必然"更值钱。的确，综合评估组的受试者宁愿多花点钱买A套餐具也不愿买B套，A套报价为32美元，B套报价为30美元。

　　在另外两个单一评估组中则出现了令人吃惊的结果，对B套的报价（33美元）竟然比A套（23美元）高很多！

　　为什么会出现这一结果？当A套餐具作为一个整体出现在人们面前时，你会立即感觉到它的价值较低，因为没有人想买破损的餐具。也就是说，如果以平均价值引导估测，人们会认为B套更值钱。奚恺元将这个结果模式称为"少即多"——从A套中拿走16件餐具（有7件是完好无损的），它的价值反而提升了。

从经济学角度，一套餐具的经济价值是一种总体变量，给任何一套添加一个有价值的物件都能提升它的价值。竟然如此，这个结果简直令人沮丧！

　　给贵重的产品附赠一个档次不足的小礼物，整套产品的高级感将大大降低。生活中，当你拆开网购包裹的那一刻，却发现商家奉上的赠品质量低劣或者已经破损，那么你对主商品的心理价值必将受此拖累，拆箱的幸福感也瞬间崩塌。

附赠更多功能、提高性价比本是为客户着想的，但一不小心，增加的功能不尽完美或有些许缺陷就很糟糕。人们不会因为你增加了部分功能而满意，这些不完美的部分反而降低了产品的整体价值感。所以，在做项目的过程中，不要追求多，而要追求少而精，因为基于人性，无论满足了多少需求，客户都会觉得是不够的。

奥卡姆剃刀定律（Occam's Razor）[①]说："如无必要，勿增实体。"换句话说，简单有效最重要。

2. 人们终将会习惯的

一天，老公起了个大早，给太太做了一顿丰盛的早餐，太太非常惊喜。

第二天，老公又起了个大早，又给太太做了同样丰盛的早餐，太太感觉算是一个小惊喜。

第三天，一如前两天，太太开始习惯于老公的早餐。

一周下来，太太开始感觉老公做早餐是应该的了！

……

一个月后，老公突然停止不做早餐了。太太质问老公："你外面是不是有人了？"

向往某事物时，情绪投入越多，第一次接触到此事物时情感体验也越为强烈，但是，第二次接触时会淡一些，第三次会更淡……人们接触该事物的次数越多，情感体验也越为淡漠，一步步趋向乏味。这种效应就是边际效益递减（the law of diminishing marginal utility）。

在项目中，人们经常会增加一些额外的性能，这些功能虽然与项目成果的特征与特性无太大关系，但会使客户更愉快、更满意，通过附赠这些新功能以期望来赢得客户（所谓提高性价比）。现在看来，这是一个误区！作为项目管理者，你不得不面临的骨感现实是大多数客户总是对项目的结果不满，为什么？

---

① 奥卡姆剃刀定律由14世纪英格兰的逻辑学家奥卡姆的威廉（William of Occam）提出，被认为是产品设计的最重要法则。

因为人的欲望是无穷的，不管你的项目增加多少功能，用户总是会提出更多的需求。而且，当面对这些附加的性能时，客户的惊喜和满足感会越来越低，不管产品特性多么耀眼，他们终将会视其为正常。

用户的需求变更和上面的情景完全相似，不断蔓延的客户要求即便被满足，可是这种满足带来的收益却越来越差，请无论如何千万不要"随意"答应。客户的第一次变更被同意，他们往往还比较满意；伴随着接下来的每一次被满足，满足感递减，甚至一些可做可不做的工作也成了你该做的了！

另外，增加功能还时常会造成工期拖延、成本超支，果真如此的话，届时不仅是公司高层对项目不满意，客户同样会对项目不满意。客户不会因为你所做的额外工作而抵消对整个项目延期的不满。

关于如何拒绝这种变更，关键是"较真第一次"。这个话题我们会在第 4.2.3 节专题讨论。

3. 客户的嘴，我信了你的鬼

前些年，索尼公司开发了一款新的音箱，于是公司的市场部邀请一部分客户做了一次访谈。在谈到大家对音箱颜色的偏好时，大家纷纷表示，自己喜欢青春靓丽点的颜色，如蓝色、绿色、黄色等。这些说法得到了在座的各位客户的认同，于是这次访谈在愉快的氛围中结束了。会后，索尼市场部的同事宣布赠送每人一个音箱作为答谢，有各种颜色，大家可以自行挑选。

最后的最后，客户们都带走了黑色的音箱。

很多人在第一次听到这个故事后哑然失笑，而我却更多地感受到了一种戏谑和无奈。

> 这是最好的时代，也是最坏的时代。
>
> ——狄更斯

如今的时代，是一个开口称产品、闭口谈用户的时代，无数项目从业人员把"用户至上"当作至高无上的信条，把用户说的每一句话奉为圭臬。他们有着千变万化的用户调研手段，手里拿着各式各样的行业报告，但是往往在面对用户的七嘴八舌时乱了方寸。

我们能相信用户的判断吗？我们该怎样分辨用户的需求呢？面对用户各种各样矛盾的建议，我们该怎么做呢？

（1）你想要，拿钱来。客户期望总是比能交付的要多。区分需要的与想要的一个最佳实践是：客户愿意付钱的是真正需要的，否则就不是其需要的。

（2）少关注用户说什么，多关注用户真实发生的行为。很多时候，用户说话既没有认真思考，更不用付出代价。

（3）时刻记住项目是一个业务过程。

4. 莫斯科法则

莫斯科法则（MoSCoW）来源于短句"Must or Should, Could or Won't"，是用于需求排序的工具（见图1-5）。通过技术价值和业务价值的高低形成4个组合，从而确定需求的真实性。

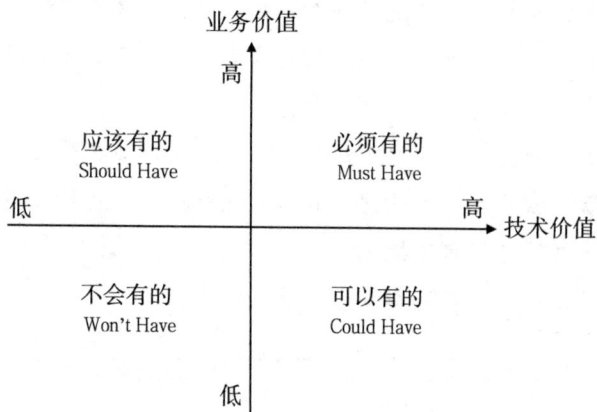

图 1-5　莫斯科法则

（1）必须有的（Must Have）。被标记为"必须有"的需求对于当前的项目而言是至关重要的，如果不提交这些功能，就意味着失败。常用的判断方法包括：

- 如果没有，则项目没有意义；
- 如果没有，则不合法；

- 如果没有，则不安全；
- 如果没有，则不能提供可行的解决方案。

（2）应该有的（Should Have）。对于当前项目，重要但不是必须的，往往是因为在时间上不是关键的特性或有其他的替代方案，因此可以暂时不提供，可以在下期项目中提供。常用的判断方法包括：

- 重要但不是生死攸关的；
- 没有的话可能会很痛苦，但解决方案仍然可行；
- 用一些临时的权变措施解决，如管理期望、牺牲一些效率、提供替代方案等。

（3）可能有的（Could Have）。如果有的话，会提升一些商业价值或用户体验，时间和资源允许的话将会提供这些功能。常用的判断方法包括：

- 想要或期望有，但是重要性较低；
- 没有的话影响较小。

（4）不会有的（Won't Have）。各相关方一致认为技术和业务价值不足的特性，这种特性本次项目不考虑，未来项目是否考虑届时再说。

关于需求管理的更多探讨，请参考"项目管理实践三法"之《技法：提升绩效与改进过程》。

1.5 用好方案赢得相关方支持

很多人对写方案非常没有信心，一涉及方案的事情，就束手无策。写方案不难，知道怎么写才难。这里只总结一点，其核心是结构化地组织思想。有结构就有思路，有思路就有方案。

1.5.1 关于解决方案的常见问题

写过方案的人，对自己写过的方案总是感觉不够满意！当然，也只有不满意水平才会提升。总结发现，方案常见问题有如下方面。

1. 不成体系

一旦客户要求提供解决方案，很多人大脑是一片空白，完全不知道从哪里下手。很多人说起自己的项目来，好像知道不少卖点，不过真要写出来，又觉得无从下笔。

这种情况一般是写方案者不熟悉自己产品体系造成的，知道一两个甚至更多的卖点不难，但难在形成体系。知识是一系列的点通过体系构成的网，而不是碎片化的点或一句一句离散的话。对于解决方案而言，只有形成良好的体系后，才能够写出完善的方案。不客气地说，大部分国人对做较为重视，总结提炼不够。

要写好方案，首先要把项目的来龙去脉、功能模块、适应领域、优点缺点、典型客户的实施情况等做全面了解，在此基础上建立完整的知识体系，唯有此才能形成系统的方案。

2. 没有主体思路

很多客户看多了同质化的方案后，很关心方案的个性化内容。此时就到了你彰显自己优势的时候。遗憾的是，很多人对此束手无策！

从根本上讲，还是需要方案撰写者要对项目业务足够熟悉。针对性方案不仅要求了解企业的需求，而且要知道这些需求背后的业务背景，找到了背景就会理解问题根源，其针对性解决思路就会出现。有了思路，自然可以很好地写方案。

所以，一个人要写好方案，需要了解客户的业务。了解业务的最有效方法是亲自做几次详尽的业务调研，可能的话还要到现场去看看甚至体验一下客户的业务场景。在调研过程中把握客户关注的重点和难点，就容易形成较好的思路和方案。实际上，解决方案是客户利益和项目特性之间建立逻辑的桥梁。

3. 素材不丰富

不经常写方案的人在写方案时，即使有想法、有思路，往往也会很累。造成这种情况的原因是缺少足够的素材。大多数招投标项目，不同客户要求也不同，很难用一个方案通吃所有客户。因此，每个方案中都有一些需要准备的内容。如果没有足够积累，每次编制方案就需要花费大量时间去准备，造成方案完成周期过长。

4. 没有层次

很多人刚和客户接触没有多久，为了表现自己对客户的重视，答应很快提供方案，结果拍胸脯易、落实方案难。无法提供好的方案，只能按模板套，时间紧自然导致质量不能保证，其结果是给人一种不够专业的感觉。

我的经验是不要轻易提供方案，在不同阶段采用不同策略。刚开始接触时，可以提供项目合作建议书（类似可行性报告），以让客户普及相应知识、了解相关技术。经过前期调研，再提供详细的专业方案，并做相应的演示。提供方案也是一个循序渐进、逐步明晰的过程。请注意，切忌多次提供一样的方案，这会让人感觉你不够认真，降低了在客户心中的专业度。

好方案给人耳目一新的感受，糟糕方案的问题各不相同，统计发现其常见错误有以下几个方面。

（1）只有论点，没有论证。

（2）业务解决方案成为功能列表。

（3）结构不清晰。

（4）口语书面语混杂，遣词造句不严谨。

（5）没有认真检查，存在大量硬伤。

（6）过于突出自我。

（7）没有体现技术的最新进展。

总之，写好方案必须具备这4个条件：一是方案编制者对业务要很熟悉，二是方案编制者对项目本身要非常熟悉，三是方案编制者手上有丰富的素材库，四是方案编制者应当注重层次。

1.5.2　套用知名公司的文件格式

20世纪60年代，著名心理学家罗伯特·扎伊翁茨（Robert Zajonc）在密歇根大学和密歇根州立大学做了一个著名的实验，他在这两所大学校报的头版征用了一个板块，类似广告，上面写着以下某个土耳其语单词（或像土耳其语那样发音的单词）：kadirga，saricik，biwonjni，nansoma，iktitaf。这些词语重复的频率各不相同，其中一个只出现过一次，另外一些分别出现过 2 次、5 次、10 次和 25 次不等。一个原则是，在其中一所大学校报上出现得最多的单词在另一校报上出现的频率则最低。没有人就这个问题做出任何解释，如有读者询问，统一答复："买下这个板块的人不愿透露身份。"

当这一系列神秘的广告结束后，研究人员在校园内散发调查问卷，询问学生对每一个土耳其语的印象，是有"好感"还是"反感"。结果令人惊奇：相比只重复了一两次的词，受试者对那些重复次数较多的词更有好感。

在后续的进一步实验中，通过使用汉字、人脸和任意形状的多边形所做的实验也都再次证实了这一发现。

扎伊翁茨把这一发现称为曝光效应（exposure effect），用以表示人们会偏好自己熟悉的事物。曝光效应告诉我们只要经常出现就能增加喜欢程度，因此也被称为多看效应（看来，"日久生情"和"办公室恋情"在心理学上也有证据！）。

这种只要不断重复接触就能增加喜欢程度的现象，是一个极其重要的生理现象，可推及所有动物身上。要想在一个危机层出不穷的世界生存，一个有机体对新奇刺激应该谨慎回应，随时保持警惕和逃离的状态。若一种动物对新奇的事物没有心存戒备，其生存概率就会很低。然而，如果了解到这个刺激物是无害的，最初的谨慎便会渐渐消失。扎伊翁茨称，曝光效应的产生是因为一个刺激的重复曝光并没有产生不好的影响，这样的刺激最终会成为一个安全信号，而安全的就是好的。显然，这适用于所有物种。为了证实这一点，扎伊翁茨的一个助手给处于孵化状态的鸡蛋放不同的音乐，随后，孵化出来的小鸡在听见孵化期间所听到的音乐时，发出的哀鸣要少得多。

扎伊翁茨的结论是：重复曝光的结果有益于机体适应其所处的环境。

　　互联网的发展使得信息获取变得十分容易，人们会不断接触其他公司的方案。那些知名公司的文件被传播的速度相当惊人，他们的解决方案类文章常被其他人员引用或者转载。甲方公司的人也会出于各种原因听过这些公司的演讲，在这种情况下，人们会不知不觉形成一种心智模式——采用类似文档结构的方案更专业、更正规——被他们看到的次数多。

　　图 1-6 所示的方案结构就是一个常见的业务构架图，该结构有多个变种，但大的结构不变。这种划分方法已经被广大公司所采用，尤其是华为、微软、IBM、Google 等大家耳熟能详的公司。

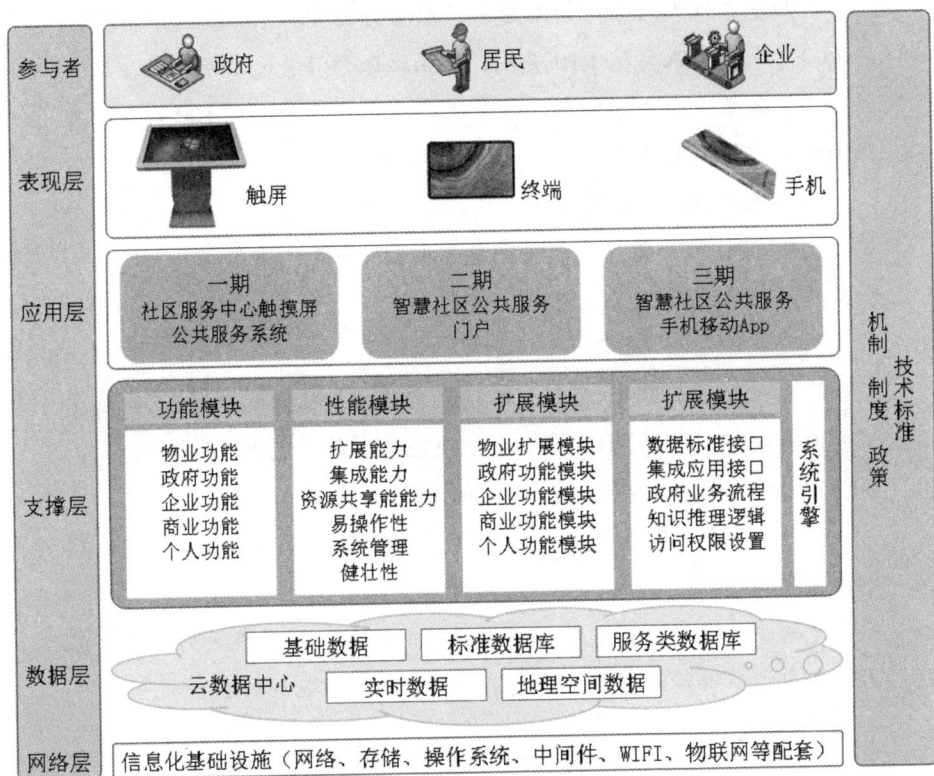

图 1-6　常见的业务构架图

需要注意以下两个问题①。

（1）可以用自己独创的结构图形，但要注意的是，无论你想得多么精妙合理，客户只会按照自己习惯的思维方式来看待你的方案，而他们看起来并不想花费太多的学习成本（还是最省力法则）。

（2）不要直接套用办公软件，例如 MS Office 中的模板图形，因为这常会给人一种不专业、不成熟的感觉。

1.5.3　反差要大、篇幅要多、要点重复

下面是 3 道相对简单的难题——别费力去分析它，请凭直觉回答！

（1）球拍和球共花 1.10 美元，球拍比球贵 1 美元。问球多少钱？

（2）如果 5 台机器能在 5 分钟生产 5 个零件，那么 100 台机器生产 100 个零件需要多长时间？100 分钟还是 5 分钟？

（3）湖中有一片睡莲叶子，这片叶子以每天增长一倍的速度向外扩散。如果 50 天后莲叶就能覆盖整片湖面，那么其覆盖湖面一半的面积需要多长时间？25 天还是 49 天？

不要看答案②，先看一个实验吧。

研究人员召集了 40 名普林斯顿大学的学生来做这个测试，被试学生分为人数相同的 A、B 两组，A 组使用清晰的黑色大字印刷的问卷，B 组使用模糊的浅灰色小字印刷的问卷。

测试结果是：A 组中 90% 的学生至少会犯一个错误，B 组的错误率为 35%。

是的，你没有看错：字体模糊不清时，学生的表现更好。这是因为，在自己不够清晰时，理性自我（系统 2）开始接管我们。

为了让你的方案更可信，一定要印刷在质量好的纸上，并且文字和背景间的反差要达到极致。如果使用彩色字体的话，反差大的色调更容易让人相信文

---

① 高茂源. 项目管理心理学[M]. 北京：机械工业出版社，2014.

② 3 个问题的答案分别是：5 美分、5 分钟和 49 天。

字内容的真实性。

页数很多、足够厚度的方案给人以信任感，也表示方案撰写者认真思考了各个方面的要素关系，其背后隐含着撰写者的认真、专业等（与客户初次接触、尚在项目可行性论证阶段的建议书除外）。

一个不容忽视的常见现象是，甲方人员在拿到方案时真正认真看的就几页纸，其他往往是粗略翻翻。研究发现，人们在看方案时，大部分注意力都会集中在有图表的页面，特别是整体解决方案示意图的页面。

一方面，方案要面面俱到，尽可能多占篇幅；另一方面，读者只会注意有图表的几页。这的确是一个麻烦！对此，需要注意整个方案的阅读线索，要站在阅读者便于理解的角度而不是方案本身的逻辑角度来撰写方案。先做一个图形化的方案整体示意图，说明方案的整体构成，接下来按照示意结构展开。

为方便阅读，要在前面对方案的关键点有所论述；结束时，还要重复这些关键点。最好把这些关键点用图形表示出来。

1.5.4 定一个容易上口的主题

在一项实验中，我们要求受试者通过两份经纪公司的报告去评估几家虚拟的中东公司的发展前景。每家公司都有两份相关报告，其中一份来自一家名字上口的经纪公司（比如 Artan），另一份则来自一个名字很拗口的经纪公司（比如 Taahhut）。两份报告有时会持不同意见。观测者能采取的最佳方法就是对两份报告进行综合评估，但他们并没有这样做。相比名字生涩拗口的经纪公司的报告，他们更相信名字朗朗上口的经纪公司的报告。

记住，系统 2 是非常懒惰的，它不愿付出努力。如果可能的话，消息的接收方会离所有需要付出精力的事物远远的，包括名字复杂的信息源。总之，如果你想让方案更可信，选择一些容易上口的名字准没错。

"复方氨酚烷胺片"及"小儿氨酚黄那敏颗粒"是什么药？相信能回答上来的人不多，如果告诉你它们分别是"感康"和"护彤"，很多人就会恍然大悟。细心的你一定会发现，如果去药店买药的话，药品一般都有两个名字，一个通用名和一个商品名；通用名是它的成分，商品名是基于消费者的需求包装出来的有含义、有吸引力、容易记忆的名字。比如，"感康"的含义就是从患者的角度出发，告知患者感冒可以康复；"护彤"也是从儿童患者家长的角度，用谐音告诉你和千万家长一样，药企致力于保护儿童。

同样，每一个方案和报告也需要通过设计出一个贴切且富有创意的商品名才更有冲击力[①]。比如"用结构思维准备工作汇报"就是通用名，"你的报告也可以价值百万"就是商品名。当然你还可以发挥你的想象力呈现得更好。

爱词霸网站曾测试了两个文字链接：一个是"90天突破英语！绝对保证！"，另一个是"为学英语付出太多？（点击见对策）"。前者点击率0.8%，后者高达3.6%。

如此巨大的差别，你觉得其中的秘诀是什么？前者看似也很有吸引力，但却没能从对方的角度出发引发思考。一个人在英语网站上，头脑中最大的痛苦就是，为英语付出的太多，得到的太少。所以，"为学英语付出太多？"正是他所想，括号内还标明"点击见对策"，这个标题就像在与他对话，听到问题，就想知道答案，于是标题点击率非常高，花了同样的广告费，却吸引了3倍的流量。

1.5.5　善用结构化和关键词

1973年，麦肯锡的咨询顾问芭芭拉·明托（Barbara Minto）发明了金字塔原理，旨在阐述写作过程的组织原理，提倡按照读者的阅读习惯改善写作效果。

一个明确的方案线索，可以让读者知道自己的当前位置，也对接下来的部分有所预期，这样更容易对方案产生深刻印象。麦肯锡的金字塔原理（见图1-7）是一个很好的组织方式。

[①] 李忠秋. 结构思考力[M]. 北京：电子工业出版社，2014.

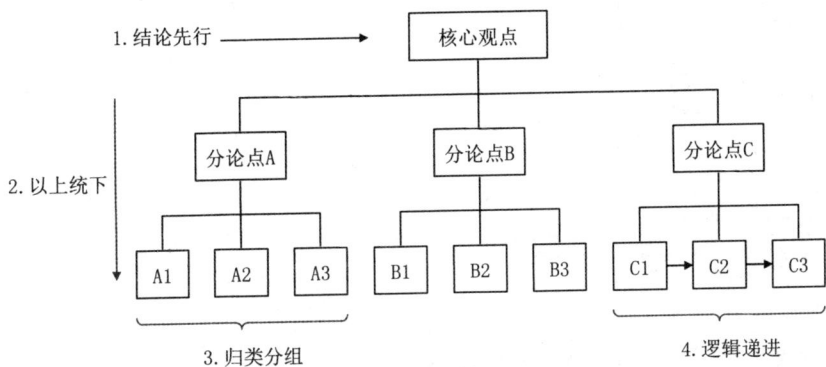

图 1-7　金字塔原理

实践中，主要思想总是从次要思想中概括出来的，文章中所有思想的理想组织结构必定是一个金字塔结构——由一个总的思想统领多组思想。在这种金字塔结构中，思想之间的联系方式可以是纵向的也可以是横向的。纵向方式下任何一个层次的思想都是对其下一层思想的总结；横向方式下多个思想共同组成一个逻辑推断，从而并列地组织在一起。

在方案的开始，一定要用一句话总结方案的特点，最好能直击客户痛点。因为，你不总结，阅读的人也会自己试着去总结。麻烦的是，读者总结出的结论却未必是撰写者希望的。所以，主动用一句话来强调方案特点会给人留下十分深刻的印象。

与什么特征都具备相比，那些有着自己独特突出特点的方案，更容易让别人接受。要化繁为简，给方案更准确的定位，必要的话，用一个关键词给自己贴一个标签。一个没有标签的产品等同于没有定位，一个有多个标签的产品也等同于没有定位。在这方面，互联网巨头给我们做了很好的示范，百度的标签是"搜索"、腾讯的标签是"社交"、阿里巴巴的标签是"电商"。这点也可以参考独特卖点（Unique Selling Proposition，USP）理论。

在如今竞争激烈的市场环境中，企业的营销思路需要发生转变，由过去以产品为中心转变为以客户为中心。客户需要知道：企业到底擅长什么，与其他企业的区别在哪里。撰写方案时，必须明确方案的独特卖点是什么，试着用一句话、一个关键词总结出来，在方案中进行适当的重复加强，这样才可以让你的方案脱颖而出。

第 2 章

规划与落实

让具体做事的人参与到计划的制订中来。

2.1 用生命周期模型把握主要矛盾

相信你一定有这种经历：初次到一个陌生的地方，去的时候总感觉路很远，迟迟到不了目的地！回来时，却又觉得好像没有那么远……为什么？当存在不确定和未知时，这种不确定和未知会让人感觉痛苦，是一种煎熬。在返程时，不确定性和未知性的减少，降低了人们的痛苦。

实际上，不确定性和未知性也恰恰是项目管理的痛苦来源之一。有没有办法来减少这种不确定性，从而降低项目管理的压力和痛苦呢？

2.1.1 项目需要阶段化管理

1984 年东京国际马拉松锦标赛，日本人山田本一出人意料地获得了冠军。记者请他发表获奖感言。山田只说了一句："我靠的是智慧。"对山田的这个回答，许多人觉得他是在故弄玄虚。

事实上，在此后的比赛中山田拿到过多次冠军。你可能会觉得，山田本一是一个身体条件特别好的人，那你就想错了，山田的速度、耐力、爆发力等指标，在运动员中很一般。

山田到底是怎么成功的呢？10 年之后，谜底被揭开了。山田本一在自传中这样写道：每次比赛前一天，他都会开着车把比赛的线路走一遍，并把沿途比较醒目的标志记下来，比如第 20 分钟要到一个银行、第 45 分钟要到一个酒店、第 66 分钟要到一个公园门口……40 多千米的赛程，被分解成几个阶段目标进行管理和控制（见图 2-1）。

图 2-1　充满智慧的山田本一

这就是，把项目的整个生命周期划分为几个阶段进行管理与控制的思维。

山田本一通过阶段管控，在长距离田径运动中，不受别人影响，完全按照自己的步调进行，简直就是"阶段化管理控制"应用的楷模，值得所有人学习！

反观某些运动员，比赛中情绪跟着别人跑了，还怪别人"带节奏"！还有人在足球场上，铲断了别人的腿，我一直想：祖国是派你来参加比赛的，你把人家的腿铲断干什么呢？

1. 用阶段化把握主要矛盾

人的一生通常划分为儿童、少年、青年、中年、老年等多个时期，这是人的生命的一般发展规律。项目如同人一样有出生（启动）和死亡（收尾），单个人的一生虽然不可重来，但是后来者无非以不同的方式在重复前人的过程，说明虽有独特性但规律性（周期性）也很明显，项目同样是这样的道理。

把人生分成多个阶段来谈论往往就容易说清楚、好把握，每个时期的任务不一样。例如，儿童期只要会吃、会玩、会卖萌就行，少年期的主要任务是求学，青年期完成学业适应社会，中年要负责养家糊口等。项目在分成多个阶段后，更加清楚地展现其规律性，也更加容易把控项目的发展，增加项目成功的可能性。通过划分阶段对工作按照时间进行分类，也容易搞清楚每个时期的主要矛盾是什么。

项目阶段化还有另外一个好处，就是可以减轻痛苦、降低不确定性，从而增强项目成功的信心。同样的道理，在去一个陌生的地方之前，先在途中设定几个标志点，到一个地方庆祝一下，人们的痛苦和煎熬会明显降低。一个实例是，古人在给皇帝送信的漫长路程中设置了很多驿站。

> 在古代，人从一个阶段过渡到另一个阶段往往会有一些仪式，如女子十五而笄、男子二十而冠。现代人中学毕业、大学毕业、参加工作、结婚等也都是标志性事件。在项目中，我们把项目阶段的这些标志性事件，叫作里程碑。这样看来，山田本一通过阶段控制，不仅降低了不确定性，还在每个阶段目标实现时得到了激励，拼的的确是智慧！

那么，项目生命周期在项目管理中是如何发挥作用的呢？具体而言，我们可以借助它对项目过程做如下规划和控制。

（1）确定各阶段需要完成哪些工作。

（2）明确各阶段的可交付成果何时产生，如何验证和确认。

（3）确定各阶段需要哪些人员参加。

（4）确定如何控制和验收各个阶段。

这就相当于将一段漫长的马拉松分成了几个短距离长跑，从而使得项目进展在掌控之内，降低了不确定性带来的压力。

需要特别说明的是：阶段评审为项目决策提供了一个很好的机会。在一个阶段末，通过将项目的绩效与项目的目标进行比较，可以做出业务上的决策，包括：是否继续进入下一个阶段？如果有问题，需要改正后进入下一个阶段吗？如果问题很严重，是否需要终止这个项目？……所以，在每个项目阶段加入评审环节，非常有必要。

2. 两种生命周期模型：瀑布型和敏捷型

虽然每个项目都有明确的起点和终点，但具体的可交付成果及项目期间的活动会因项目的不同而有很大差异。实践中主要有两种项目的生命周期：瀑布型和敏捷型。不同的生命周期有不同的风险处理方式。

什么叫瀑布型？比如一个装修项目，先做甲方的需求收集，然后测量房子、绘制图纸，采购、施工、验收，这些工序分阶段一步步完成，像瀑布一样一个阶段完成后再进入下一个阶段。图 2-2 是瀑布型生命周期的一个实例。

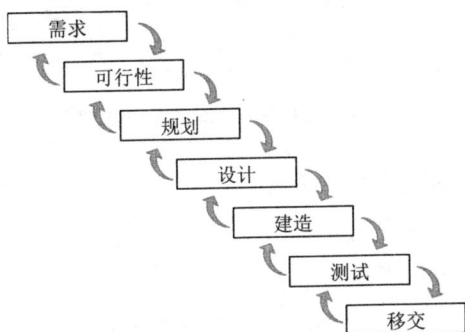

图 2-2 瀑布型生命周期

瀑布型生命周期需要项目管理者及其团队可以完全预测项目未来，否则不可能估计到未来要知道的每件事情。

以下情况优先选择瀑布型生命周期。

（1）充分了解拟交付的产品。

（2）有厚实的行业实践基础。

（3）整批一次性交付产品有利于每个人。

敏捷型生命周期是通过一系列重复的循环活动来完成项目，通常又有两种实现方式：迭代和增量（见图 2-3）。迭代的本质是一个由模糊逐步变清晰的过程，增量方法则是通过渐进增加功能的方式实现项目。特别说明一下，通常把迭代和增量统称为敏捷，除非个别专业人士，一般不做区分。

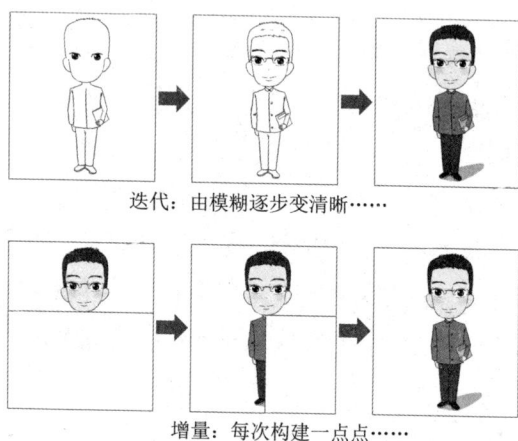

迭代：由模糊逐步变清晰……

增量：每次构建一点点……

图 2-3　两种敏捷方式：迭代和增量

以下情况优先选择敏捷型生命周期。

（1）需要应对快速变化的环境。

（2）需求和范围难以事先确定。

（3）能够以有利于相关人员的方式定义较小的增量改进。

敏捷越来越成为一种趋势，以应对快速变化的环境。不同的生命周期有不同的风险处理方式，适用于不同的项目。遗憾的是，人们经常采用互相鄙视、非此即彼的割裂方式来看待敏捷方法与瀑布方法。

喜欢敏捷方法的人对于传统方法的误解常有以下几个方面。

（1）过多的文档工作。

（2）一堆检查表格。

（3）繁重的流程。

（4）人被流程管理而不是人管理流程。

同时，与之恰恰相反的人们对于敏捷的误解常有以下几个方面。

（1）完全抛弃流程。

（2）无序的，失控的。

（3）不适用于复杂项目。

（4）不专业。

必须说这些大部分都是误解，然而在这些误解背后，也存在一定的真实性。

关于敏捷和瀑布的更多探讨，请参考"项目管理实践三法"之
《技法：提升绩效与改进过程》。

2.1.2　警惕生命周期模型的误区

越来越多的国人开始对项目管理产生兴趣，很多组织正在投入时间和资源对项目管理人员进行培训。我也常奔波于各地进行项目管理传播、推广和咨询。遗憾的是，项目问题仍然比比皆是。一位好友用"没有我们完不成的项目，但我们也没有按时完成的项目"自嘲——他所工作的单位可是被人仰视的"高大上"的研究院！

1. 方法与工具的困境

很多项目管理者学习了关键路径法、工作分解结构（Work Breakdown Structure，WBS）和挣值管理方法后，并没有将这些方法成功运用到他们正在管理的项目中去，甚至有些人对这些方法反而产生了怀疑——项目管理方法有用吗？常有来自企业的学员向我索要一些具体的项目管理方法和工具，我提供了帮助甚至将全套项目管理工具/表格复制给他们。但我仍然坚持认为，不解决体系（人、方法、工具等）的问题，仅依赖于工具是难以取得实效的。

项目管理是一套系统的管理方法和思维方式。良好的项目管理不仅需要开阔的思路和视野，更需要系统化的思维方式。不解决问题关键仅强调方法或工具，很容易导致口是心非、貌合神离，只做表面文章、摆花架子。

因此，要使管理工具承担起其使命，管理人员首先要做好改变自己的充分准备。

2. 正规程序是效果和效率的保证

S 公司慕名华为的项目管理效率已久。后来就从众多咨询公司中选出一家咨询公司为其做咨询，选中这家咨询公司的主要原因是该公司的专家有多年华为工作经验。

咨询的结果是，S 公司几乎完全照搬了华为的项目管理方法。在对公司全体员工进行培训后，开始实施。当然，考虑到"公司的特殊

情况"（请注意，正确的废话），根据咨询人员建议，S 公司改进了原来华为项目管理中比较"严苛"（S 公司人员语）的部分。

严格的管理规定是华为对项目管理方法的保证，一旦"灵活处理"（不遵守程序），项目人员将会受到物质上的惩罚。这种管理制度饱受诟病，基于此，S 公司改成一种更温和的手段来推广这套方法。

然而，项目的实施并没有想象中的那样井井有条、高质高效，反而陷入了比以前还严重的混乱中，市场部、研发部、计划部和质量部相互推诿。各环节都认为"问题不是自己的，问题都是别人的"，项目原有的绩效制度也已无法实施。项目管理人员顶着巨大的压力来协调各方面的关系，最后也被员工指责为了管理而管理，官僚主义作风严重。以至于有员工说出了"上班有上坟的感觉"。

在这种情况下，咨询方和管理人员又开始使用那个最方便的借口：员工素质太差！他们认为，同样的一套体系，必须要有高素质的员工才行。

我是在这种混乱状况下介入的，压力可想而知。

首先，重新定义了一些程序的名称，增减部分文档，合并几个程序，并强化配置管理（configuration management）。实质上对项目管理方法并没有进行本质变动。

其次，在我的建议下 S 公司增加了一个新岗位：程序巡检员（process patrolor），为形象化，我将这个岗位简称"PP"，PP 的任务只有一个，即专门负责检查在项目中各项程序和规定的落实情况。该职位独立于项目组，定期将检查结果汇报给管理层。管理层根据检查结果来实施奖惩。补充一下，我是受质量管理中审计员角色的启发而提出的建议。

经历了开始阶段的抵触，效果很快显现了。5 个月后，各项目组从过去频繁吵架的困境中走了出来。实践再次证明，按照正规的程序进行，效果和效率都能保证。

经过几次类似的案例，后来我自己也形成了一种心智模式——只要有公司来咨询项目管理程序方面的实施情况，脑海中第一个解决方案便是：PP！

众所周知，由休哈特提出并经戴明完善的 PDCA 循环（Plan-Do-Check-Action，即计划—实施—检查—行动循环）是一种科学的工作思路。从控制论的角度来看，PDCA 循环是一个一阶控制循环。计划作为执行的输入，在众多干扰下执行，通过对输出的检验来制定改进措施，重新修订输入，进行下一轮循环。这是一个典型的闭环负反馈控制系统，这种闭环负反馈的控制可以保证项目在各种干扰下，达到预期目标。

上例所说的 PP，相当于系统的反馈角色，没有该角色的系统是开环的[见图 2-4（a）]，会失去控制。除非项目是在没有干扰的理想环境下进行，没有变更、没有意外，一切尽在掌握……显然，你永远也找不到这种环境。PP 的作用就是建立反馈，让系统闭环[见图 2-4（b）]。

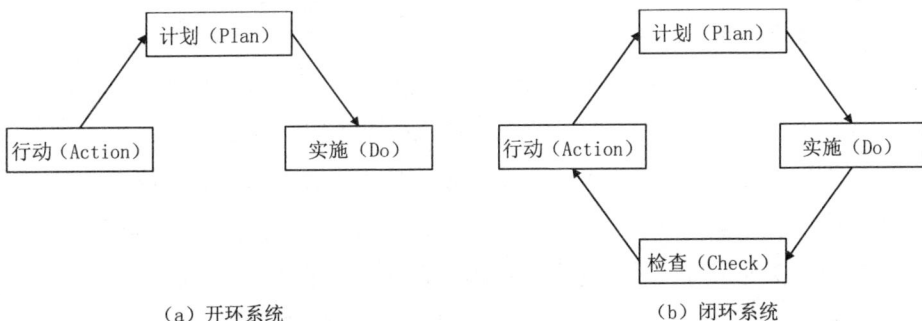

（a）开环系统　　　　　　　　　　　（b）闭环系统

图 2-4　让系统闭环

3. 警惕"敏捷"成为不规范做项目的借口

我见过很多小型项目，由于涉及人员较少，不认真评估项目难度，草率地定一个计划就开始了。结果，实际完成时间与计划相距甚远！ 很多人重视干而忽视管，更不去讨论采用哪一种生命周期，往往是几个人碰一下头，稍微讨论便分头去做各自的工作了，甚至连一份正式文档都没有。我经常听到一种声音——先干起来再说。这时，一句话也常挂在某些人口头上："管理流程、项目文档这些东西太烦琐！"

事实是，如果不做这些事，项目就得花更长时间才能完成。很多项目效率低下，就在于没有按照规范程序来实施，这是一个根源。更糟糕的是，有些人借口"项目复杂多变、难以统一制定流程"，干脆就放弃了程序和规范。

有一家软件公司在业内很有名，总部在美国圣何塞。他们为了节约成本，成立了上海分公司，并把一部分研发工作转移到了上海，上海分公司招聘了几百名研发人员，项目管理制度和程序也完全照搬美国总部。

令人遗憾的是，新组建的团队项目实施效率极差，工期拖延、成本超支、返工频繁，部分忠实的老用户也开始投诉了。

我受他们邀请，参与了他们的项目复盘和总结工作会议。面对项目的运行情况，有人得出的结论是"员工素质不够"——你一定似曾相识！上海分公司的总经理来自美方，他不同意这个说法，也不允许就此止步。要求必须详细调查，找到其中的真正原因。

最终的结果出来了，中国员工的效率与在美国的同事相比，并没有什么差别，最大的差别是什么呢？竟然是中国员工重复犯错的次数更多。也就是说，项目完成以后没有太多的长进。再去仔细检查流程的执行情况，发现绩效的考核体系也有不同。在美国总部，对项目里程碑进行评审的规定非常严格，可是在上海分公司，某些"经验丰富"的项目人员认为这并不符合中国国情，便采用了"灵活处理"方式。当然，用这些人的话来说就是："为了符合管理规定，评审还是必须的。"结果就是，这种评审逐渐成了一种形式，其效果你可以想象。

鉴于此，公司加强了在生命周期中的阶段评审，并纳入项目的绩效考核当中。很快，情况开始发生改变，项目实施的效率逐渐提升，也没过多久就达到了与美国同行相当的水准。

很多人或多或少都有试图绕开程序的想法，以至于不太喜欢按照程序做事。你务必要记住，一个正规的程序，可以保证项目稳定运行在正确的轨道上，不管采用哪一种生命周期模型，程序和文档都是必不可少的。

敏捷项目管理越来越成为一种趋势，但敏捷对项目团队的要求更高，需要团队成员能做好自身工作的自我管控。遗憾的是，很多人没有完整理解敏捷的核心思想，却把"敏捷"当成了少写或不写项目文档的借口，这应该引起警惕。

2.2 理性计划，不做乐观主义烈士

管理项目是个复杂的过程，计划充当着这个过程的地图。该地图需要回答诸如图 2-5 所示的一系列问题。制订一份周密可行的计划是项目管理者优秀能力的体现。遗憾的是，计划的管理过程经常失效。

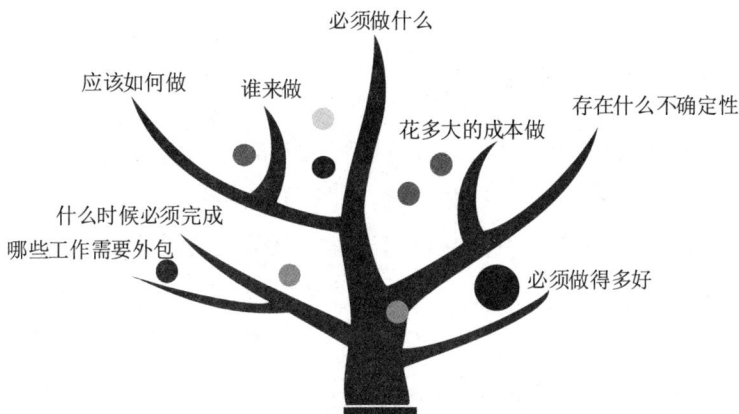

图 2-5 项目开始之前必须回答的问题

2003 年，我主导的一个团队启动一项新技术的研发项目（暂且称为 W 项目），我们向研究院和相关部委申请立项，在开始阶段我们所有人都很乐观，大家都认为 2 年内可以顺利完成。在高层组织的评审会上，有专家对我们的计划感到担忧，我们极力辩解，项目组都认为这个专家简直是杞人忧天，甚至是成心找茬。因为他给出的项目大概需要 6 年的估计，与我们在开始阶段取得的重大进展的直接体验相左。我们动用高层做工作，项目最终获得了立项。

2010 年，W 项目在经历了种种磨难后终于结束！那时，我已经离开了原来的部门，几个主要项目成员也不再负责相关工作，研究院和相关部委对这个项目的热情在漫长的时间里消退，人们都不想再提这件事！

这个令人尴尬的项目经历让我终生难忘，也悟出了三点。

（1）外部专家的预测（姑且称其为外部意见）有着出奇的准确性，极具参考价值。

（2）我们是过度乐观的。

（3）当听到不同意见时，我们坚持了自己的意见（我将这一点称为非理性坚持）。

2.2.1　乐观主义是柄双刃剑

自信是指个体对自身成功应付特定情境的能力的估价。自信与否原本是描述人在社会适应中的一种自然心境，即人尝试用自己有限的经验去把握这个陌生世界时的那种忐忑不安的心理过程。但我们必须清楚，信心只是成功后的良性情绪，自信不是自大、自傲，过度自信（overconfidence）则多是负面的。

在这里，我并非暗示乐观是不好的情绪。大多数最杰出的贡献都是建立在某些拥有大量乐观精神的人身上的，是他们克服了各种不可逾越的困难才取得如此成绩。没有了乐观精神，就没有对工作的坚持，也就很难取得进步。

大量的认知心理学研究发现，人是过度自信的，总是系统性地低估某类信息并高估其他信息，尤其对其自身知识的准确性过度自信，即对自己的信息赋予的权重大于事实上的权重。

在国内，中小型企业能够生存 5 年以上的概率是 35%，但它们的创始人并不认为这些数据适用于自己。调查显示，创始人容易相信他们的事业正处于上升期：他们对"任何类似你们公司"的成功概率的平均估值为 60%——几乎是正确数值的一倍。当他们评估自己公司的胜算时，偏见就更为明显。有 81% 的创始人认为他们的胜算达到 70% 甚至更高，有 33% 的人甚至认为他们失败的概率为零。

我曾经多次询问创始人一个问题：公司取得的成绩在多大程度上取决于你在公司的作为？这明显是个简单的问题，人们很快就能回答出来，而且在我所抽取的小样本中，认为自己与公司成功的关联度没有低于 80% 的。即使他们并不肯定此时自己是否成功，这些有胆量的人也都认为自己的命运掌握在自己手中。

国内一家公司的老总在飞机上偶遇另外一家公司老总，飞机落地之后，一个 500 人的部门已经被转手，并在几年后成为国内著名的并购失败案例。大型企业的领导有时会在投资巨大的并购上下很大赌注，他们错误地以为自己可以比该公司现任管理层更好地管理其资产。

MBA 二年级的学生会高估获取工作机会的数量和开始的薪酬水平。大多数吸烟者认为，和其他吸烟者相比，他们染上与吸烟相关疾病的风险要小。大多数新婚夫妇都会认为他们的婚姻会持续一辈子，尽管他们对离婚状况统计数字一清二楚。

心理学研究表明，人们对于计划好的行动结果都会过于乐观，这远不止于项目问题。事实上，一些创业公司的失败标志着市场需要更有能力的竞争者，每每看到此景，我想到了一个词——乐观主义烈士！他们对经济繁荣有益，对投资者有害。

过度乐观是一种非理性误区，这样的项目比比皆是。一个实例是，我们每一个项目都会比计划周期更长、成本更高，貌似从未例外！

在对软件项目进度与成本估算时，开发者对自己工作的估算比现实要乐观，大多数项目实际完成时间超过估算进度的 25%~100%，少数的进度估算精确度达到了 10%，能控制在 5% 之内的项目十分罕见。

1997 年 7 月，爱丁堡规划中的新苏格兰议会大楼预计的最高预算是 4 000 万英镑。到了 1999 年 6 月，建楼的预算就变成了 1.09 亿英镑。2000 年 4 月，规划者将"成本上限"修改为 1.95 亿英镑。到 2001 年 11 月，他们又将"最终成本"预估为 2.41 亿英镑。这个最终成本在 2002 年年末的时候又上涨了两次，成为 2.946 亿英镑。到 2003 年 6 月，预算又增加了 3 次，达到 3.758 亿英镑。这栋大楼最终在 2004 年建成，最终耗资约为 4.31 亿英镑。

2002 年，针对改造厨房的美国有房者进行的一项调查发现，他们预估的厨房改造费用平均为 18 658 美元，但实际上他们最后的平均花费是 38 769 美元。

决策者的过度自信，是项目管理中最常见的非理性心理误区之一，其结果是项目分析往往并不能很好地完成，也常表现为对理性分析结果的漠视。

一个不容忽视的问题是，即使一个项目已经临近截止日期且并不能如期完成任务，过度乐观还是会导致管理者做出报告，声称这个项目会像计划中那样如期完成。

2.2.2 跳一跳、够得着：基于愿望的计划必将破产

徒弟：在项目中，看到别人在加班熬夜，就能断定这个项目很忙，工作量很大吗？

师父：未必！很多的加班现象都是项目管理不当造成的。管理者们工作的计划性很差，摸着石头过河，还强加给项目团队一个不切实际的工作计划。问题是，你可以哄骗一个老实人来接受一个不合理的期限，但你不能逼迫他满足该期限的要求。

徒弟：为什么项目团队不把问题提出来呢？

师父：项目团队成员们眼看着原定目标与计划不可行，可谁都不敢出面得罪老板，把问题暴露出来，就这么拖着，挺着——大家的做法不是按可行的去做，而是通过做来证明这种安排的不可行……因为如果你直接说不可行，领导不接受，还可能会给你贴上一个消极的标签！

1. 基于愿望的计划必将破产

经理们希望团队在预定时间内完成 50 个功能以满足市场需求，尽管项目团队清楚地知道完成 30 个功能才是更现实的做法。许多管理者把压力作为一种激励技巧，让员工满负荷地工作似乎是他们最广泛使用的方法之一。

许多公司计划方面的能力很差，计划常常不是基于能力，而是基于愿望。

一些行业文章中有关项目成功的光鲜故事使得经理们坚信只要他们的团队足够努力，就会非常卓越。通常，这种激励的把戏最终导致团队不仅没能提高绩效，反而功能失调。

在基于愿望的文化中，愿望总是凌驾于评估之上，因此评估得再科学也不被认可。人们漠视超越极限和完全不合理的差别，随着时间推移，超越极限的计划就成为不理性的、基于愿望的计划。自然，问题也就随之而来。

首先，计划建立在期望大大超过能力的基础上，团队被迫接受。但是，他们并非发自内心认可，于是在后续工作中不是努力去实现这个目标，而是用行动来证明你们的安排是错的，从而表现出习得性无助。

> 1967 年，美国心理学家马丁·塞利格曼（Martin Seligman）做了一个著名的实验，他把一只狗关进一个笼子里，只要蜂鸣器一响就给以难受的电击，狗在笼子里难以逃脱，只能在笼子里四处狂奔、哀嚎。经过多次电击后，他把笼门打开，当蜂鸣器再响时，狗不但没有逃，而且不等电击出现，就倒地哀嚎、浑身颤抖，本来可以主动地逃避却绝望地等待痛苦的来临。塞利格曼把这种状态称为习得性无助（learned helplessness），用以表示个体经历了失败和挫折后，面对问题时产生的无能为力的心理状态和行为。

其次，如果目标不切实际，就必然忽视进度、成本、质量和功能等因素，然而，不能按时交付就会被认为是"绩效"问题而不是计划问题，从而导致人们对团队能力失去信心。当愿望再次战胜现实，人们不是把精力提高计划能力，而是继续下一轮的基于愿望做目标。各方之间产生不信任，使得下一轮计划工作时产生更有争议的想法。

最后，不可避免地，组织会尝试通过产生问题的方法来修复问题。最常见的解决方法是引入大量管理表格和工具，然后导入很多名称新奇的激励方法。许多组织投入大量的资金用以提高估计和计划能力，却无济于事，因为他们缺乏解决这些问题的意志，也就是接受现实。

遗憾的是，这个破产过程一再上演。

一个常见的实例是装修房子项目，很多人一开始定的目标是"多快好省"。过一段时间，这个目标根本就实现不了，怎么办呢？目标降一降——能尽快做完就好了。又过一段时间，项目已经延期，目标再降一降——只要能做完就行。再过一段时间，项目已经拖了半年了，目标还得降一降——只要能收场就行！

2. 团队功能失调，消极文化螺旋式强化

基于愿望的、不切实际的计划安排，时常会导致团队功能失调并呈现螺旋式强化。

首先，"狼来了"和"掩耳盗铃"从此相伴相生。在基于愿望目标的情况下，项目团队也并非没有过错。他们的做法经常比较低劣，尽管有时很难区分低劣的技能和强加的非现实主义。加之，他们总是喊"狼来了"，结果导致更低的信用度，这也是罪有应得。他们不停地说"不可能"，从而将自己置于不利境地。但这种消极态度也并非总是项目团队的错。如果有人不断地让你做不可能的事，你不断地说"不"，于是你就被贴上消极的标签，但那些人也必须佩戴上"不切实际"的标识。

其次，会干的往往搞不过会说的。项目团队往往缺乏良好的谈判技能。许多管理人员和商务人员拥有久经磨炼的谈判技巧。实施团队试着与这些技艺娴熟的谈判专家沟通项目目标，结果往往是草草达成协议。人们总是将这句话挂在嘴边——"我不知道是否能做到，但我会尽力"。实际上，只盯着目标，而不关注实现这样的安排有多困难，这就从一开始注定不可能取得成功。

接着，自欺欺人的激励方法。另外一个有关计划的大问题是，计划总是被当作"激励"团队的手段。一个经过认真估计和合理目标从而判定周期是9个月的项目，有人也许会说："给他们6个月的时间吧，这样能激励他们。"这样做的后果是导致项目终会出现问题。而当公司中多个工作都受到影响并且团队间合作消失时，这个问题会被放大数倍。最好的激励是激发内部动力，而不是外部强加。不现实的安排强加给项目，不但起不到激励作用，反而会起到反作用。

最后，奖励任劳任怨却惩罚灵活应变。为了使现实满足愿望，上述所有的

这些因素都致使团队在项目后期才开始做调整。自然，这种做法成本高、效率却非常低。项目结束了，有人受到了奖励，有人受到了惩罚。那些没提意见，只是毫无怨言地执行的人，经常会因为他们的辛勤工作而最终获得奖励，所谓"没有功劳也有苦劳"嘛！而那些在一开始就试图反对不现实目标的人会被认为是"阻挠者"和不具备团队合作的精神。奖励错误的行为会导致下一轮的不切实际。能力与期望的不平衡产生螺旋动态使得组织深陷功能失调的行为中。

3. 一张懒得再看一眼的精美图表

项目中，我们经常会听到如图 2-6 所示的上司和下属关于工期的对话。

上司："小张，你那项目需要多长时间才能完成？"

下属："80 天左右吧，王总。"

上司："别跟我说'左右'！准确一点，究竟多少天？"

下属："那就 80 天。"

上司："80 天太长了，给你 50 天吧。"

下属："50 天实在太短了，王总。"

上司："那就 65 天吧。别再讨价还价了，就这么定了！"

下属："好吧。"

图 2-6 一个"精确"项目时间的诞生

这是一种典型的工期谈判场景。项目经理给出的 80 天时间工期是怎么给出的呢？拍脑袋！发起人的 50 天又是怎么来的呢？也是拍脑袋！最后的 65 天呢？还是拍脑袋！

　　其结果是，下属的奉献和上司的恩赐导致了一个"精确"项目时间的诞生。这种时间限制会转化为一个复杂的图表（如网络图、甘特图等）挂在会议室里。然而，人们在项目过程中一般对它视而不见，因为没有人再对这个美丽的图表当回事。项目究竟什么时候完工，取决于项目团队的努力和某些外部的因素。

　　大学刚毕业、初入职场的下属也许会如实回答项目的工期，因为他还比较单纯（"单纯"这个词的意思，似乎现在也有点不单纯）。但是上司有"经验"，他就会先挤一挤水分——砍 5 天！有了这次经历，下属开始总结经验教训，他"成长"了——下次多要 5 天！上级很快发现了问题，就会多砍几天。自然，下属就会增加宽裕度……于是，双方开始了挤水分的游戏，问题不出所料地越来越严重！

　　最后，上司心里想："为什么我砍你？是因为你多报我才砍你的。"下属得到的结论是："为什么我多要？是因为你砍我才多报的。"总之，大家都以受害者自居！实际上，这是很多社会问题的根源。在这种谈判游戏中，也许各方都没有认真对待项目的时间问题，深层次原因可能是社会心理中的"信任缺失"。不得不说的是，在这个"连爸爸都怀疑是不是真的"的社会现状下，每个人都难逃困境。

　　当然，这也让人们得出了以下结论：不管你制订出什么样的计划，老总们总是希望项目能更早完成。你只会发现：老总们对你提出来的每一个截止日期都不会认同——你的计划总是离他们的期望值很遥远。

　　问题的另一面也值得思考。项目的工作量并不会因为当事人之间的谈判而减少，但是这种"挤水分"游戏本身却需要时间。

　　当相互之间失去了信任，一切问题就都来了。可见，实事求是、说真话是多么重要！

4. 跳一跳，够得着

　　1968 年，美国马里兰大学的心理学教授埃德温·洛克提出了著名的目标设置理论：当目标能够达成、指向未来又富有挑战性时是最有效的，这就是洛克定律。

以篮球架为例，篮球运动能吸引那么多人参与，其中一个原因就是篮球架的高度设置合理。假如把篮球架设计得像两层楼那样高，就很难进球；反过来，要是篮球架只有一个普通人那么高，进球就太容易了。

正是因为篮球架有着一般人跳一跳就够得着的高度，挑战性跟合理性达到了完美平衡，才使篮球运动能如此吸引人。

洛克定律认为，目标并不是越高越好，更不应该不切实际。"跳一跳，够得着"才是最好的目标，就像一个像篮球架一样，这样才是最能激发人们积极性的。在项目中，只有不断给员工定出一个"篮球架"那么高的目标，才能收到好的效果。

2.2.3 是自信还是非理性坚持?

2020 年 3 月 11 日晚上，一场 NBA 常规赛即将上演，比赛双方是主场作战的俄克拉何马城雷霆队和犹他爵士队，但就在比赛即将开哨前半小时，犹他爵士队球员鲁迪·戈贝尔（Rudy Gobert）被确诊新冠肺炎，比赛被暂停，NBA 联盟宣布暂停赛季所有赛事。

之前的 3 月 9 日，在爵士队与多伦多猛龙队的比赛前，戈贝尔完成采访后即将离开，突然又转身回去故意用手触碰了自己面前的每一个麦克风和录音设备，他借此嘲讽人们对新冠肺炎疫情的过度反应。此前，面对新冠疫情的全球蔓延，NBA 联盟下发了一系列规定，其中就包括要求球员、教练在接受采访时要保持 6~8 英尺的距离。

1. 无知让人更自信

著名的心理学阿莫斯·特沃斯基（Amos Tversky）是斯坦福大学的教授，他曾带着他的两名研究生做了一个著名研究。他让受试者看一个法律案例，案例背景的完整陈述如下：

43 岁的被告戴维·桑顿（David Thornton）是工会界代表。9 月 3 日，他来到了"平价大药房"168 号进行例行视察。到这家药店还不到 10 分钟，一名驻店经理就过来告诉他不能再站在店里和员工们说话，他只能利用员工休息时间在一间密室里会见他们。在工会与"平价大药房"的合约中，这一要求是得到允许的，但从未执行过。当桑顿拒绝这个要求时，经理告诉他，要么遵守约定，要么离开药店，否则他将被逮捕。此时桑顿暗示经理，在不妨碍生意的情况下，他一直以来都是在店里与员工交谈，每次谈话时间也就是10分钟左右，从来也没有人反对过这一做法，他宁愿被抓也不愿改变例行的视察程序。于是，经理叫来了警察，警察以非法侵入的罪名逮捕了桑顿。在桑顿留了案底并被关押在拘留室一段时间后，所有的指控都被取消。现在，桑顿准备起诉"平价大药房"非法拘留。

受试者被分为3组，所有受试者都阅读了上述背景材料。不同之处在于，一组受试者听了控辩双方代理律师所作的陈述，而另外两组受试者只听取了控方或辩方中的一方辩词。自然，工会方的律师将逮捕视为恐吓行为，药店方的律师则认为在药店进行谈话扰乱经营秩序，经理的行为是合理的。

所有受试者都认为自己已经充分了解了整个过程。那些只听到其中一方辩词的受试者感觉很轻松，而且明显比掌握了双方证据的受试者更自信。

事实上，在信息匮乏时人们反而更容易下结论，无知比知识更容易产生自信。那些对事确信无疑的人时常存在问题，而那些富有想象力和理解力的人，却总是不敢急于下结论，甚至看起来显得优柔寡断。此便是所谓的"无知者无畏"。

2. 一句正确的废话

遗憾的是，在W项目上，我们没有能力作出合理预测，却又听不进去被人的意见！这是一个常见模式：了解个别案例的人很少会认为自己有必要了解与这个案例同类别的其他案例。当"苍白无力的"统计学信息与个人对案例的印象相冲突时，这些信息总会被舍弃。在与内部意见的竞争中，外部意见丝毫没有取胜的机会。

　　李总是我的一位同事，也是我的挚友，更是一位出色的项目总设计师。我曾经问过他一个与项目计划有关的问题，他立马回答："每一个项目都是独特的！"李总说这话时的眼神相当坚定，不容置疑。

　　规划者与决策者的乐观心态并不是造成拖期和超支的唯一原因。我经常听到项目的承包人说，因为最低价中标等客观问题的存在，他们时常通过扩充最初计划而获取最大利益。客户们无法想象他们的意愿会随时间的推移而逐渐增多，而没能预测到这些情况的事实也恰好反映出这一点。如果他们制订一个较为现实的进度计划和成本预算并严格执行，情况可能就会不同。

　　另一个问题也值得关注，最初的估计并不总是无知的。制订计划的人都希望自己的计划能得到上级和顾客的认可。通常也正是这种愿望的驱使，他们才制订出了不切实际的计划。他们这样做还因为仅仅由于拖期或超支不太可能会导致项目被中途叫停。在这些项目中，避免过度乐观规划的最大责任落在了批准计划的高层决策者身上。如果这些决策者没有意识到外部意见的必要性，他们就会犯错。

3. 多听听外部意见

　　丹麦著名的规划专家本特·弗林夫伯格（Bent Flyvbjerg）的建议是："看轻或是忽略大量事件的普遍性而过分强调自己的独特性，是预测谬误的主要原因。在预测时使用相似团队的数据信息，也就是采纳'外部意见'，是应对规划谬误的有效方法。"

　　弗林夫伯格给出了预测方法，步骤如下。

　　（1）识别项目的参考类型。

　　（2）获取参考类型的统计数据，个体项目的数据很少偏离基准很多。

　　（3）真有特殊原因，可以在数据基础上做适当调整。

　　弗林夫伯格的研究卓有成效，给出的建议也非常中肯，总结为一句话就是"多听听外部意见"。每次说到这里，我都深感祖先们的英明——"不识庐山真面目，只缘身在此山中。"

　　尽管这些建议看起来如此简单，但我几乎可以肯定地告诉你，如果你在公司践行这个方法仍然困难重重，一句"我们有自己的特殊情况"就足以噎死你。很显然，这是"每一个项目都是独特的！"的一个最常见变种！

2.3　让项目充满爱

　　2016年4月3日，一女子在北京市如家旗下的高档品牌和颐酒店，被陌生男子跟踪后强行拖拽，后被抓住头发用力撕扯，在大声呼喊后，安保人员却没有阻止，保洁人员只是围观。围观者逐渐增多后，陌生男子却在众目睽睽下逃走。

　　我们从小接受的教育就是"学习雷锋好榜样"，按理来说发生这种事情的时候应该会有人出来制止才对，可为什么偏偏就没有一个人出来，任由事态发展下去？

2.3.1　避免旁观者效应，明确每个人的责任

1. 旁观者效应

　　1964年3月13日夜晚3时20分，在美国纽约郊外某公寓前，一位叫朱诺比白的年轻女子在归家的途中，遇到了意欲行凶之人，她绝望地喊叫："有人要杀人啦！救命！救命！"顿时，附近住户纷纷亮起了灯，打开了窗户，凶手被吓跑了。

　　当一切恢复平静后，凶手又来到了朱诺比白的跟前，女子再次喊叫，附近的住户又亮起了灯，凶手仓皇逃跑。就在朱诺比白以为逃过了一劫，坦然地回到自己的公寓上楼时，凶手再次突然出现，朱诺比白拼命地叫喊，她的邻居中至少有38人到窗前观看，但没有一个人见义勇为，结果朱诺比白死在了楼梯上。

　　心理学家对这一社会案件进行了仔细的研究，将这种众多在自家的旁观者见死不救的现象称为"旁观者效应"。旁观者效应又称责任分散效应，是指对某

一件事来说，如果是单个个体被要求单独完成任务，责任感就会很强，会做出积极的反应；但如果是要求一个群体共同完成任务，群体中的每个个体的责任感就会很弱，面对困难或遇到责任时往往采取退缩的态度。

当看到朱诺比白自身处险境的时候，每一个邻居都认为即使自己不出手相救，肯定会有其他人挺身而出，结果所有的人都只是倚窗相望，导致朱诺比白死于凶犯手中。

换一种情境，如果旁观者只有一个的话，朱诺比白获救的概率会大一些，因为如果只有他一个人能提供帮助，他会清醒地意识到自己的责任，从而对受难者给予帮助。如果见死不救，他会产生罪恶感、内疚感，这需要付出很高的心理代价。

事实上，当人数越多时，人就越会感觉"我只不过是其中一分子"，于是随着人数的增加，个人的贡献就逐渐衰减。旁观者效应导致在群体中每个人的责任被稀释：人越多的情况下，人越感到这件事与我无关。正所谓"鸡多不下蛋，人多瞎胡乱"。

德国心理学家林格曼做过一个著名的拔河实验也验证了这一点。当拔河的人数逐渐增加时，每个人所用的力量反而越来越少。因此，旁观者效应又称为"林格曼效应"和"社会性逃逸"。

置身于团队中，团队成员能不能全力以赴，取决于组织成员被要求承担什么样的责任。旁观者效应对团队合作有很大的启示意义，如果管理者没有为团队成员规定明确的责任，很多成员都会怀着"我不做，有人做"的搭便车心理。从而导致团队合作出现相互推诿的现象，团队绩效远不如单个成员工作绩效的累加值。

为了规避这种心理效应对于团队绩效的损害，管理者在将一个具体的工作项目分配给团队成员时便要合理分工，明确告诉每个成员他们各自所需承担的责任，使其各司其职，集结成合力实现团队绩效。

2. 警惕"人在曹营心在汉"的现象

实践中，矩阵型结构占到了项目组织的绝大多数，故矩阵型组织通常被当作项目组织的同义词（如不做特殊说明）。矩阵型组织结构试图在稳定性的职能型组织与临时性的项目型组织之间取得平衡。但这种复杂的结构导致各项目团队与各职能部门关系多头，协调困难；更重要的是，项目团队多是非常设机构，有工作时来、没工作时回的工作模式致使项目成员工作很不稳定，也导致他们往往缺乏对项目的责任感和归属感。

另外，在中国的人文环境下，"官本位"和"层级权力"根植在骨子里，真正的职能经理才是长期的"官"，而项目经理充其量只是个临时的"官"而已。在矩阵组织结构下，现实也的确如此，真正的权力常常掌控在部门经理手中，这就导致项目组成员"人在曹营心在汉"的现象难以消除。

显然，要落实每个人在项目中的责任是一个挑战！

3. 使用 RAM 明确每个人的责任，做好"三落实"

为了确保每个人承担其对项目的责任，避免"旁观者效应"的影响，实现项目成功，必须落实每个人承担其对项目的责任。为此必须确保做到以下三点：任务落实、人员落实、组织落实。

（1）任务落实。为了防止相互推诿、扯皮和责任不清的情况，每项任务必须有且只能由一个人对其负责。如果出现一项工作由两个人负责，应该对该任务进一步分解落实。

（2）人员落实。相关人员会对项目产生影响，必须确保每个具体工作责任落实到具体个人，避免是一个组织、一个部门、一个小组。不能让任何一个人对项目只有权利而没有义务。

（3）组织落实。从组织项目的层面，确保在项目组织和实施方面的人员、流程和使用管理平台、技术、工具之间的协调一致，建立相应的激励措施等。

责任分配矩阵（Responsibility Assignment Matrix，RAM）是实现上述"三落实"的有效工具，如图 2-7 所示，正确使用 RAM 可以明确项目活动负责人、制定每个人已知的项目责任，可以有效降低项目工作无人负责的风险。

活动	A君	B君	C君	D君	E君
活动1					
活动2		R			
活动3					
活动4	R	I	C		
活动5	R	A	R	C	I
活动6	C	C	A	I	R

这不是一个项目活动 → 活动1

正确（检查是否仅涉及一个责任人）→ 活动2

活动需要细分 → 活动3

正确 → 活动4

错误！一个活动只能有一个责任人 → 活动5

正确 → 活动6

注释：R、A、C、I是4个英文单词的首字母，分别是：
① Responsible（负责、执行责任）
② Accountable（批准、最终责任）
③ Consulted（提供咨询意见）
④ Informed（知悉）

图 2-7 责任分配矩阵

关于和颐酒店女生遇袭事宜，我的建议是：遇到突发事件时，喊救命不如喊失火，因为救命是大家的责任，救火则是每个人自己100%的责任。

2.3.2 强化相似性和共同感

1. "我们"是一伙的

心理学家设计了一个实验。实验对象是英国一所大学的大学生，事先他们承认自己是曼联或利物浦的球迷。大学生们被要求引导一些参与实验的人到指定的实验室。一位实验助手正在慢跑，他身上穿着曼联球队的球衣。突然，他摔倒在大学生身边的草坪上，装作扭伤了脚踝，并发出痛苦的呻吟。有意思的现象出现了：那些事前声称是曼联球迷的大学生有超过80%的人伸手相助，而利物浦球迷出手的，却只有20%多一点儿的比例。

还是类似的场景，心理学家让大学生们对自己的认知稍稍调整了一下。事前，这些大学生被告知，这是一个针对球迷的测试，目的是找出他们作为球迷的优点，以区别于那些少数的足球流氓。在这个背景下，实验助手不论穿哪个球队的球衣，都得到了超过60%的大学生的帮助。而如果他只是穿一件普通 T 恤，得到帮助的比例却不足20%。

这个试验告诉我们：人们有帮助和自己是同一类人的倾向。不论是狭隘的范围（我们都是曼联的球迷）还是更广义的范围（我们都是球迷），只要找到相似性和共同感，人们就更倾向主动提供帮助。因为相似性容易唤起喜欢的感觉，而喜欢又会引发帮助行为，所以我们更多地对那些与我们相似的人产生同理心，也更乐于帮助他们。

在项目中，如果能让团队成员建立一种天然的相似性和共同感，就能大大提升项目的成功率。

微软的 IE 项目小组乐于给自己的团队打造一个比较有冲击力的名称，设计团队标志（logo）并印在 T 恤上，还要创意富有团队气质、属性的口号等。

你一定有这种感受，在海外旅行时，听到熟悉的中国话甚至本地方言，则会感到莫名的亲切。一件同样的 T 恤、一个特定的标志，都可以提升团队成员的相似性、增强团队身份的认同感，从而提高相互帮助的愿望。如果你的项目曾经涉及外部的合作单位，我相信你对这种"我们在一起"的感觉会更强烈。

2. 重要的事得有仪式感

两个人结婚的时候仅仅去民政部门登记是不够的，通常一定要办个婚礼，还必须得把亲朋好友和重要的长辈、领导邀请过来，举办一个隆重的仪式，大家一定要吃一顿大餐、喝一顿大酒，其目的就是让大家对这件事印象深刻，让大家牢牢记住这俩人正式地结婚了，以后两家人就变一家人了。要是没有婚礼这个仪式，就容易产生非议与误解，婚姻也常不稳定。

重要的事得有个仪式，得让大家有个仪式感，这样才能参与者的重视。

造成很多项目失败的重要原因是它开始和结束的时候都悄无声息。悄无声息地开始一个项目，意味着你这个事儿对大家来说不重要，不需要太多人知道，可能只是你一个人的事儿，所以大家的归属感、配合度都会折损。悄无声息地结束一个项目意味着这个事儿的结果很可能不理想，也不希望太多人知道，项目的结果对大家来说没有什么意义，那么大家自然也就漠不关心、不闻不问了。

如果你的项目需要组织里的其他人共同配合才能完成，但又没有把项目的"开始"和"结束"这两个最具有标志性的节点明确传递给大家的话，就很难让大家名正言顺、身临其境地配合项目的工作了。

通常，大家会认为项目启动会是一个明确的项目开始节点。项目启动会的召开好比按下了项目工作的播放键，也会释放出一些不言自明的信息，不论是项目组成员还是有可能会配合项目工作的部门或团队，都会关注一个项目是否召开项目启动会，以此作为该项目是否重要的一个基本判断标准。

我曾经多次看到，在各种类型的企业中，那些省略了项目启动会的项目，其过程往往很混乱，人员对项目的配合不够，缺乏协同，项目目标也就无法按计划实现。

富有仪式感地正式启动项目极为关键，将项目的相关人员召集到一起举行一次启动会议是非常必要的。项目启动仪式要尽可能正式化，如果可能，更要大张旗鼓，千万不要像鬼子进村——"悄悄地来，悄悄地走"。

> 关于项目启动会如何实施，你可以参考本书的姊妹作《极简项目管理》（机械工业出版社，2020 年 9 月），本书侧重于如何提升启动会的价值。

2.3.3 建设项目的软/硬环境

项目启动会可以鲜明地让人们知晓项目已启程、项目成员应要尽快找到工作状态。项目启动之后，就宣告着一个新的团队的诞生。接下来大家要一起度过一段奋斗之旅，要进行的项目，承载着整个公司的希望与未来，承载着全体参与奋斗的人的荣光与梦想。如何不辱使命，让项目组齐心协力，这是我们面临的新挑战。

1. 为项目找点意义

2003 年 12 月 13 日，伊拉克前总统萨达姆·侯赛因（Saddam

Hussein）在藏身处被捕，债券市场开盘大涨，全球最大的财经资讯提供者彭博新闻社打出了这样的头条：美国国债上涨，萨达姆被捕不会遏制住恐怖主义。开盘半小时后，债券价格下跌，他们的标题被修改为：美国国债下跌，萨达姆被捕刺激风险资产。

这两个标题好像给出了债券市场涨跌的合理解释，但是对两个互相矛盾的结果作出解释的那条陈述其实什么都解释不了。事实上，所有的标题都要满足我们的需求——逻辑连贯，也就是无论什么事我们都需要一个理由，哪怕这个理由并不一定经得起推敲。在这里，既然一件事发生了，人们就需要一个前因后果的解释，这样才能形成逻辑上的连贯。

人做事都需要一个理由，哪怕这个理由并不一定经得起推敲。

哈佛大学的埃伦·兰格（Ellen J. Langer）教授是一个著名的心理学家，她曾经做过一个经典的社会心理学实验。

在图书馆的复印机前排起长队时，她安排学生请在排队复印的人帮一个小忙——加塞，给出的说法共有三种。

第一种：对不起，我有5页纸要复印，能不能让我先复印，因为我有急事。

第二种：对不起，我有5页纸要复印，能不能让我先复印。

第三种：对不起，我有5页纸要复印，能不能让我先复印，因为我有几页纸要复印。

测试结果是：第一种情况下94%的人同意，第二种情况下58%的人同意，第三种情况下93%的人同意。

结果表明，只是加了一个"因为"，同意的概率就大为增加。事实上，人做任何事情都需要一个理由，逻辑连贯是人在社会生活中被人类规则训练出来的一种心智模式。

项目管理者需要做的就是为项目找点意义，使项目目标成为每个成员工作的理由。大家并不一定会认真思考这个理由的合理性，只是需要一个理由而已。

让项目目标成为理由的例子可以是:

- 这个项目很重要,对公司的发展十分关键;
- 通过这个项目我们每个人都会在技能上有所提高;
- 客户急需我们的产品,只有保证进度和质量才能不影响他们的使用;
- 如何达到项目目标对我们团队是一个考验,我们要证明我们的团队是合格的。

这里的一个关键点是,说这些理由时一定不要解释过多。过多的解释会触发听众的逻辑分析本能,而任何理由都不完美甚至是有缺陷的。

2. 努力营造项目的工作氛围

为尽量营造项目的工作氛围,你需要知道一些暗示的技巧。这可以从项目的硬环境和软环境两个方面着手。

集中办公是指把许多或全部最活跃的项目团队成员安排在同一个物理地点工作,以增强团队工作能力。集中办公可以极大改善沟通和增强集体感,是一种非常棒的团队建设策略。集中办公既可以是临时的(如仅在项目特别重要的时期),也可以贯穿整个项目。

很多时候,集中办公无法实现,也可以寻求退而求其次的方法,这包括但不限于:

- 建立相对固定的项目活动空间;
- 制作任务墙(见第 4.1 节);
- 张贴进度计划;
- 公示项目的组织分解结构(Organizational Breakdown Structure,OBS);
- 项目信息发布栏(利用白板或公共区间);
- 制作团队标志;
- 调整项目成员的工位。

除了硬环境,建立项目的软环境也非常重要,这些软环境包括即时通信工具(如微信群)、任务分配系统、配置库、App 等。

对于在虚拟团队(异地开发)的项目环境下,为了让成员有归属感,一定要建立项目的指挥部,规定一个正式的渠道来发布项目的各种消息。

2.4 把工作落实下去

选择合适的成员对建设高效的项目团队而言至关重要，找到合适的人就等于成功了一半。根据对组织价值观的认同与所需能力，组织中的人可分为如图 2-8 所示的 4 类，对这 4 类人的使用如表 2-1 所示。

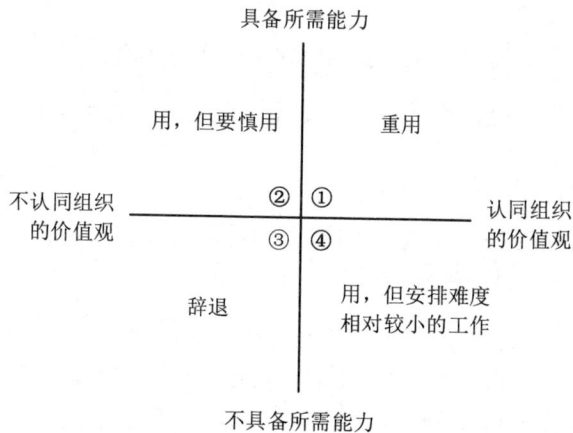

具备所需能力

用，但要慎用　　重用

不认同组织　　②①　　认同组织
的价值观　　　③④　　的价值观

辞退　　　　　用，但安排难度
　　　　　　　相对较小的工作

不具备所需能力

图 2-8　基于价值观—能力的员工分类

表 2-1　组织中的 4 类人及其使用

类　别	特　点	如何使用	代　表
第①类	认同组织价值观又具备所需能力的人	重用	组织中的贤人
第②类	不认同组织价值观但具备所需能力的人	慎用	新招聘来的员工、空降兵
第③类	不认同组织价值观又没有所需能力的人	辞退	—
第④类	认同组织价值观但没有所需能力的人	让其发挥余热、安排一些难度相对较小的工作	组织中的老人

对待第①类和第③类人使用方式较简单：重用、辞退。然而，对于第②类和第④类人的使用则不是一件愉快的事。老职工是第④类人的典型代表，他们

忠诚、负责，但渐趋老化，其知识和能力已不适应组织的发展，但如简单地将其辞退会寒了众人之心。新招来了的"空降兵"是第②类人的代表，将他们挖过来当然要用，但他们未必与组织一条心，更麻烦的是重用这些"外来者"可能会产生"引来女婿气走儿子"的结果。对这两类人的使用，也许是一种"艺术"！

对于项目来说，应该只选择第一类人，即对项目有责任感又有完成项目所需能力的人。相信会有很多人开始苦笑，因为现实的项目中，我们的选择机会并不多，往往是没有足够的人手来做项目，更谈不上什么选择。

2.4.1 让团队成员自己提出来

在一个沙滩上，实验人员放下随身听播放器去上厕所，另一个实验人员扮演小偷把随身听拎走，故意让受试者看到，实验做了 20 次，只有 4 个人出来阻止。后来实验做了改进，实验人员上厕所前请求旁边的被试人员帮他看一下，结果 20 人中有 19 人阻止了"小偷"。

1. 承诺和一致原理

一个人决定了一件事情之后，后续的行为就会不自觉地按照这件事情来进行，这就是承诺和一致原理。社会心理学研究表明，人类更乐于是始终如一的，并在他们的行为中表现得始终如一，因为承诺和一致常常是和坚强、执着、诚实等联系在一起的，如果不能前后一致就会被人们认为两面三刀、表里不一。

有些项目管理者觉得自己可以分解工作、分配任务或者编制计划，他们也的确具备这些能力，这时常会导致他们管不住自己的手脚。我相信，如果他们真的明白承诺和一致原理的价值，他们就再也不会这样做。无论如何不要独自完成，让团队成员参与进来，这可以大大提升他们的责任感，你的项目也将好做很多。记住，团队成员才是执行项目工作的人。

2. 按你说的办

在任务分配过程中，如果能做到让团队成员自己提出来，那一定会起到事半功倍的效果。

项目经理想让小张做系统接口①。

项目经理：小张，这个项目目前任务比较复杂，有时间吗？来帮我整理一下思路，出出主意。

小张：哦，好吧。我觉得咱们项目首先得分清主次，制订可行的方案。这个系统的硬件部分我也不太清楚，但是软件部分我觉得咱们应该先做个原型。

项目经理：嗯，除了原型之外，你还有其他什么建议？（当员工没有说出自己想要表达的内容时，可以鼓励对方继续说。）

小张：我觉得可以找几个人来帮忙。

项目经理：嗯，我也这么想的。那你认为现在谁适合做哪些事情呢？（引导谈话转到自己的真实意图上来。）

小张：我觉得老李经验丰富，可以承担系统接口功能。小王数据库设计比较强，可以做这部分。其他人对业务比较熟悉，可以设计交互界面。

项目经理：哦，老李现在忙着做架构呢，系统接口部分他做的话有些忙不过来。（直接把话题集中在自己想要的部分。）

小张：哦，那就只有我和小王可以做这个事情了。

项目经理：嗯，也是啊，人手是有点紧张，导致每个人都很忙。小王的数据库设计任务多吗？

小张：挺多的，也比较关键。要不我来做这部分？

项目经理：嗯，我考虑考虑吧。（造成心理落差，使其成为期待。）

项目经理：嗯，好吧，那就先按你说的办，你来承担这部分工作。

上面的交谈中，"按你说的办"比较关键，表明这个任务是小张提出来的。这其实和强迫选择一样，就是通过对话把主题引导到自己想要的方向上来，最后让对方说出自己想要的结果。

---

① 高茂源. 项目管理心理学[M]. 北京：机械工业出版社，2014.（有改动）

在很多单位，身居高位的人常采用这种方法，我感觉这好像是他们很熟悉的一种套路。也许，他们并不知这是为什么，但好多人把这种技能当作管理法宝，甚至应用自如！在层级较为分明的机构中（比如国家行政公务部门），下面的人往往会仔细考虑领导到底想表达什么内容，那些能主动被"强制选择"的人，也就是能说出领导想说的话的人，往往会更容易得到领导赏识。

3. 引导式研讨会

如果不能让团队成员自己提出来，还可以使用另外一种策略，也可以达到目的。方法是在分配任务之前，项目组人员开一个项目工作的引导式研讨会，大家一起探讨项目如何实施。项目经理可以把项目的 WBS 投影出来，让大家对项目任务的难点和重点进行讨论。征求每个人的意见，让每个人都有发言机会。最后，开始分配任务，每个人提出哪部分工作应该谁来做的建议，讨论之后再把任务分配下去。这样做的好处是每个人都明白了自己的任务和其他任务的关系，通过其他人提出来进行讨论以形成任务分配，可以增加员工对自己任务的认同感。

引导式研讨会要注意以下几点。

（1）项目经理一定要在开会之前心里有套任务分配的预定方案，在会议中有效引导。如果心里没有预定方案，经常会出现跑偏的意外结果，甚至造成与你的有利情境背道而驰但又难以挽回的被动局面，这应该小心。

（2）保持开放性，发现有更好的任务分配方式，可以对自己的计划进行适当调整。

（3）如果大家争论不休，项目管理者要给出自己的决定。犹豫和茫然会降低自己的威信。

（4）欲扬先抑，不要一开始就公布自己的预定方案。

2.4.2 最小化可执行

管理者有时会遇到勤快的下属拖延工作，销售主管会遇到下属一再拖后去拜访客户的时间……必须指出，这些问题往往不是下属的执行力问题，大多数却来自管理者自身的问题。

1. 量体裁衣

分配工作任务有两个前提，第一个前提是项目管理者对于工作任务的分解能力，第二个前提来自项目管理者对于团队成员能力与背景的具体了解。安排工作的原则，有且只有一个，那就是"最小化可执行"，意思是"你的团队成员究竟有什么样的能力，能做到什么样的工作"，好比是量体裁衣。管理者有责任确保你下发指令的每一条细节都是团队成员力所能及的，当发现下属无法达到时，管理者必须要将这个环节进行细节分解，一直分解到下属力所能及。当下属能力提升后，布置任务就不必再分解到如此细节。

公司招聘了一名新编辑，他上岗的第一天，管理者应教会他如何发布一条资讯，必须细化到资讯的题目是什么，图片应该如何处理，标点符号的规范是什么。这位编辑工作一到两年以后，他的能力已经足以策划一些专业内容，这个时候就只需要告诉他最近工作的目标是什么就可以了。

一个大型公司，董事会只需要告诉CEO"下一季的任务指标是什么，财务报表上的关键数据需要实现多少等"，而不会干预CEO日常的具体工作安排。

2. 让团队成员觉得值得

在行为心理学中有一个不值得定律，最直观的就是：不值得做的事情，就不值得做好。一个人如果从事的是一份自认为不值得的事情，往往会持冷嘲热讽、敷衍了事的态度。不仅成功率小，即使成功，也不会觉得有多大的成就感。

哪些事值得做呢？一般而言，这取决于3个因素：

- 价值观；
- 个性和气质；
- 现实的处境。

向团队成员分配任务时，语气要明确肯定，试着用他们的价值观来说明任务的重要性。要根据他们的性格特点来分配任务，内向的人做一些后端工作，外向的人做一些和其他部门接口的工作等。

分配任务的时候，要给他们明确的理由，因为他们会直接按照你的指示去工作，人在没有明确理由的情况下，行为往往会表现得迟缓。

3. 给牛人分配任务要"留空间"

实践中，对于有些技术水平很高的核心骨干人员，由于个性等原因，他们往往会对被分配的工作持消极态度甚至怀有敌意。

戴刚是某公司一主题专家，性格孤僻、思想偏激，常对工作任务不满，还时不时批评别人的设计。公司高层动了将其辞退的想法[1]。

李斯昀是公司刚启动项目的项目经理，戴刚作为项目组成员着实让项目组其他成员捏一把汗。在分配任务之前，李斯昀先和戴刚探讨项目状况、任务如何分解、工作如何分配、有没有更好的方法等。令人意外的是，戴刚在项目中表现得十分积极，对整个项目的完成提供了重要帮助。

戴刚在该项目交付半年后进入了另一个项目组。遗憾的是，一个月后他离开了公司。人力资源部经理与戴刚做了离职会谈，得知其辞职原因竟是他无法接受别人给自己分配任务！

给牛人们分配任务的一个重要技巧是不要向他们过多阐述任务划分的意义和工作方法，最有效的办法是让他们自己得出任务的意义和方法，对于那些的确需要指导他们如何完成的任务，也要给他们留有一定空间让他们自己得到方案。

给工作"留空间"的目的恰恰是真正激发牛人们工作的自主性。对此，项目管理者在实战中，应该多多实践。

---

① 高茂源. 项目管理心理学[M]. 北京：机械工业出版社，2014.（有改动）

第 3 章

实施与组织

凡夫畏果，菩萨畏因，佛畏系统。

3.1 凡夫畏果，菩萨畏因，佛畏系统

2008 年我的一位同事（我们称其为老猫）通过竞争成了我们的上司。在此之前，他跟我们几个私交甚笃的同事称兄道弟。自从走向这个职位，老猫成了让所有人都不认识的人，行为严肃且对我们几人更甚。突如其来的变化，令所有人惊愕！

3.1.1 系统的意志

如图 3-1 所示，将花生、绿豆、铁砂 3 种颗粒物若干装入一个木桶中，然后将这个木桶固定在一辆卡车上，卡车行驶在崎岖不平的山路上。经过一段时间，木桶中的粒子按照各自不同的密度形成了自然的分层。密度最高的铁砂在最底下，密度最小的花生在最上面。

（a）卡车启动前 　　　　　　　　（b）卡车行驶一段时间后

图 3-1　跑在崎岖山路卡车上的木桶

假设每个粒子有自主运动的能量，可以选择自主行动，那么，顺应自己最终位置移动的粒子所消耗的能量是最小的。反之，反其道而行之的粒子所消耗的能量最大，无法到达自己想要的位置；系统在消耗完该粒子能量后将迫使其回到自己应在的位置。物理学中用熵度量一个系统的有序性或混乱度，系统中的元素趋向于理想的位置，理想位置是元素能量消耗最小、最舒适的位置。

假设系统的粒子是一个人，作为个体的每个人如何才能实现自己的目标？答案很简单，就是要尽量符合系统的结构要求，根据自己的属性（如粒子的密度）来定义自己的目标（粒子最后所在的位置）。我将这种系统的结构要求定义为系统的意志。

系统的意志决定了元素做事情的阻力系数，符合系统的意志是做事阻力最小的方式。在稳定系统中，系统中的每个元素都被赋予了有利于系统的属性。有利于系统的属性是指能够让系统更长久、更稳定地存在的属性。

1. 元素会继承系统的意志[①]

在以人为元素的社会系统中，系统意志决定了人的各种潜意识，甚至于价值观。因此，在进行项目的相关方分析时，一定要从这个人所处的结构和自身属性进行分析，也就是对他所处人群的公共特征进行分析。例如，他的学历、组织结构中的位置、年龄，以及在项目中的责权利等。这样，就可以更准确地

---

① 高茂源. 项目管理心理学[M]. 北京：机械工业出版社，2014.

把握他的期望和心理特征，而不被一些细节所干扰。在此基础上，再进行个性化分析，如他的经历、处境等。

每个人的通用属性指处于相同结构位置的人都具有的特征。例如，项目管理者更容易为追求满足底线而烦恼，更容易夸大项目管理工作的作用；项目团队成员倾向于认为需求方从来没有认真研究过自己想要的是什么，从而在项目进行过程中不断进行需求变更。管理者倾向于怀疑项目组到底是不是真正做出了相应的努力来完成项目要求。基于系统的意志，从结构角度理解了这些基本特征（元素属性），就可以更好地管理项目的相关方。

2. 顺势而为，符合系统意志的元素获益最大

在以人为元素的社会系统中，个体元素的行为对人类社会这个系统越有利，系统对个体的正反馈也越大。人类社会系统的系统意志就是，让满足整体需求的个体获益最大，让对人类社会心态有害的个体获益最小。对于那些满足人类社会需要的个体，通过扩大其影响、让其存活时间更长和获得收益最大来进行奖励。对个体奖励的表现是使其更加快乐、健康，更加积极。附加的奖励就是让其他个体更加喜欢受奖励者，更愿意和他/她交往。而系统会对那些对人类社会不利的个体进行惩罚的表现是，让该个体感觉压抑、更倾向于消极和抱怨。附加的惩罚是，让其他个体更倾向于远离该个体以降低其对系统的影响。

3. 做一个充满正能量的好人

乾隆年间有次闹了大饥荒。和珅去赈灾，看到施粥的锅，和珅往锅撒了一把沙子。周围的官员不理解，向和珅询问。和珅一语道破：真正的灾民是不会在意这些沙子的！

如果赈灾粮干干净净，和普通粮食没什么两样，一定会出现层层截流的情况，难以到达灾民手中。掺了沙子，原本想截流的那些人，考虑到赈灾粮的口感和挑沙子的难度，也就放弃了。如此，粮食也才能够最终进入真正的灾民嘴里，虽然有沙子，但总比饿死强。

人性有黑暗与光明两面，而且也很难判断绝对的好与坏，正确利用就可以取得好的效果。

　　人类社会这个系统进化或者演化的历史让那些符合这个系统的人存在，对系统更有利的人获益最大，而这类人就是我们常说的好人！达尔文认为顺应系统进化的物种最终生存下来，此为物竞天择。系统让其他个体都有一种本能，那就是愿意接近这些好人，同时也会赋予好人更加健康快乐的心情。

　　一个自身具有正能量的人，会激发身边的人将自己最好的一面展现出来。他们是那种即使在困难环境中依然能够看到机遇的人，而且也会给其他人留出机会，使其能够做出有意义的贡献。优秀的正能量者值得信任；他们不会因个人利益而违背原则，而且也喜欢与他人交流。

　　已经有很多心理学实验证实了好人更容易成功、更快乐。一个常见的结论是，快乐的人更容易成功，而不是成功的人更容易快乐。现在，你也可以亲自来证明这个好人理论，方法很简单，那就是当你不快乐的时候或者情绪低落的时候，你可以试着去帮助别人做点事情，之后你会感觉你的心情的确会好很多。

　　那些还在为用户需求不断变更而苦恼的项目管理者，想让自己心情好一些吗？很简单，马上放下工作，去帮同事倒一杯茶或咖啡吧。当然，如果能帮助同事解决一个难题就会更好。在家中的项目"受难者"们，马上去帮家人做点家务活吧，你会发现，咦？心情真的好转了！

　　相比之下，负能量者只会指出眼前的障碍；他们只顾着批评别人，却不会针对障碍提出建设性意见；他们的思维僵化，无法在困境中创造机会，也不会恪守自己的职责，更不会关心身边的人。

　　鉴于此，我的建议是：做一个充满正能量的好人！

3.1.2　结构决定行为

　　为了研究人及环境因素对个体的影响，心理学家菲利普·津巴多（Philip George Zimbardo）于 1972 年设计了一个模拟监狱的实验，实验地点设在斯坦福大学心理系的地下室中。参加者是男性志愿者。他们中的一半随机指派为"看守"，实验者发给他们制服和哨子，并训练他们推行一套"监狱"的规则。剩下的另一半扮演"犯人"，穿上品质低劣的囚衣，并被关到牢房中。所有的参加者包括实验者，仅花了一天的时间就完全进入了角色。看守们开始变得十分粗鲁，充满敌意，他们还想出多种对付犯人的酷刑和体罚方法。犯人们垮了下来，要么变得无动于衷，要么开始积极地反抗。试验中的所有人，都被深深卷入了自己所扮演的角色无法自拔，不管是虐待者还是受虐者，甚至于主持实验的教授也被卷入其中，成了维持监狱秩序的"法官"。

用津巴多的话来说，在那里"现实和错觉之间产生了混淆，角色扮演与自我认同也产生了错位"。尽管实验原先设计要进行两周，但他不得不在第六天后就提前停止。"因为我们所看到的一切令人胆战心惊。大多数人的确变成了'犯人'和'看守'，不再能够清楚地区分角色扮演还是真正的自我。"

狱警实验是心理学史上最著名、最有争议性的实验之一，曾经多次被改编成电影。狱警实验告诉我们：角色变了，人也跟着改变。

这里说的角色，是指在社会生活中承担的责任和发挥的作用。实际上，这个所谓的"角色"是非常恐怖的。当人置身于某个角色时，本来"应该这样"的事情，却变成了"不这样不行"，给人带来很大的精神压力。为了让别人认可自己所担当的角色，人有时会超越自己的原则和价值观，甚至变成另外一种人格。可以说，人会积极地采取一些行为使自己更加适合当前的地位或角色。

我在课堂上多次做过一个相同的项目，我将这个项目命名为"谁偷了我们的效率"。这个项目是这样的：每组6人，角色A为上级主管，角色B为团队Leader，角色C、D、E、F这4人为团队成员。他们的任务是在30分钟内找出6个人手中共有的图形和出现次数最少的图形，过程中只能通过邮件进行[邮件格式如图3-2（a）所示]，不允许说话。但是，各成员只能按照如图3-2（b）所示的箭头进行交流，不得越级。

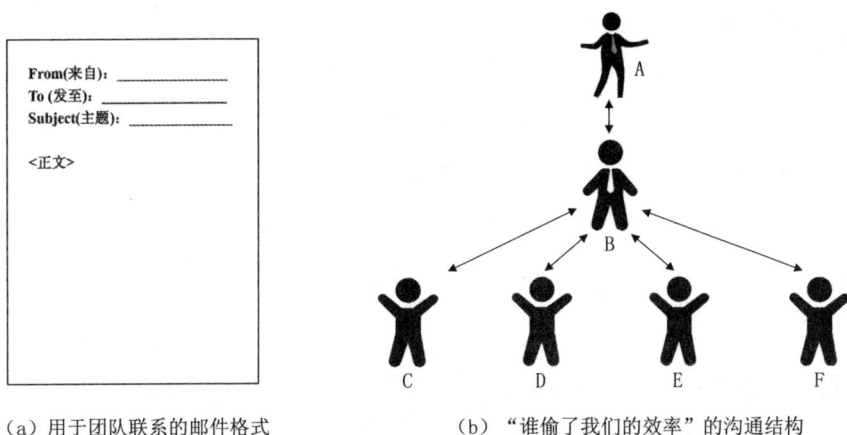

（a）用于团队联系的邮件格式　　　　（b）"谁偷了我们的效率"的沟通结构

图 3-2　谁偷了我们的效率

　　这是一种常见的分层级的组织结构。遗憾的是，在所有参与小组中能顺利完成工作的比例不足 20%！

　　每次做完这个活动之后都会安排大家总结，统计多次结果，我惊讶地发现，每个角色都在抱怨，而各角色的抱怨内容几乎每次一样，尽管课程地点、对象不同。

　　A 角色的人总是抱怨：

- 为什么这么简单的事情你们用了这么长时间？
- 能不能提高执行力？
- 最好充分理解我的指示，不要自以为是！
- 你们发生了什么我根本不知道，不及时向我汇报，最后到交不了差才跟我说！

　　C、D、E、F 角色的人总是抱怨：

- 到底发生了什么？要干啥？
- B 自己在干什么自己知道吗？
- 我的意见从来得不到尊重，最后证明，我的意见是正确的！
- 在这样的小组真压抑！
- 能不能把目标搞清楚再干？
- 就看到 B 一个人在忙，也不想把任务分解给大家！

B 角色的人总是抱怨：

- A 给的任务很不明确，还在变，又很急，我压力山大！
- 下面的人总是抱怨我，压力山大！
- 上面的人总是催我，压力山大！
- 我很忙，压力山大！

显然，B 就是项目中苦命的项目经理，他很忙、压力大，是上下夹击的"三明治"。

每个人都活在自己的系统里，都在自己的情感世界里面喜怒哀乐。因此，每个人对世界的看法都带有鲜明的系统结构属性，尽管表面看起来貌似其个性。实践证明，在不同领域、不同行业，处于同一结构位置的相关方其表现高度一致。在项目中，相关方在的结构属性是决定其痛点的根源，分析其结构属性可以更好地进行相关方管理。

"谁偷了我们的效率"这个项目充分证明了组织的结构对项目成员会产生比较一致的影响，这种影响也会让他们倾向于产生相同的状态。这种状态的出现纯属系统的结构性矛盾，此所谓"无关人品，系统使然"。

3.1.3　花瓶之碎谁之过？

某城郊有两座粮仓，一座属于私人老王，另一座属于一家大型粮油公司。由于地处郊区，治安不好，常有人晚上翻墙进去偷粮食。

由于粮仓占地太大，大量增加安保人员费用过高，不经济，于是老王买了两条藏獒。从此，再也没有小偷敢上门偷粮了。

粮油公司仓库的保管员老毛一看这个主意不错，就向主任老周建议也买两条藏獒看家护院，老周觉得这是个好主意，就同意了，但是具体到办理时却遇到一个小麻烦——买藏獒的钱从哪里出，买来以后以什么方式入账？老周让财务人员拿主意，结果两个财务小陈和小刘的意见产生了分歧。小陈认为，藏獒应该计入固定资产，因为藏獒寿命和收益期较长，而且两条狗能够代替五六名保安，可以算是设备更新。小刘则认为，它们应该计入低值易耗品，理由有 3 个：首先，狗的单价在 10 000 元以下；其次，如果作为固定资产，价值会随着使用期限的延长而减少，这样每年需要折旧，在财务上比较麻烦；另外，狗的价值随着业务能力的提高还可能上升，这也不符合客观性原则。

就在两个财务商量不出一个办法时，粮油公司又丢了一次粮食。这让老周决定力排众议，以管理费的方式购入了两条藏獒。毕竟，狗还是服务于管理的。

狗买来了，更多的新问题也来了。

首先，因为买的是小狗，怕养不好，就要买奶粉和瘦肉给它们吃，这些支出入账时又犯难了，是进"福利费"，还是进"业务招待费"呢？这时，小陈抱怨，如果当初听他的话，以固定资产的方式购入，今天就有维修护理费这项开支可以使用了。但是，狗的费用已经入账，性质不能改，最后老周只好用"特支费"的方式出这笔钱。

狗长得很快，晚上在院子里值班，白天拴在大门口，让周围的人都知道粮库有狗，起到了威慑作用。老周在高兴之余，又遇到了麻烦。有一天外面的人来粮库办事，不小心被狗咬了一口，粮油仓库承担了所有的医药费不说，还赔了人家 5 000 元。这笔钱又该从哪里出呢？

之后，有关部门又下了文件，说养狗要上户口，结果粮库又掏了 10 000 元。

两年后，母狗又生了一群小狗，由于母狗是花国家的钱购买的，属于国有资产，小狗当然就是国有资产的孳息了（孳息，额外收益的意思），当然也是国有资产。为了实现国有资产的增值和保值，不使得国有资产游离于账外，粮库又对小狗的入账问题费了很多心思。

几年后，一条大狗病了，粮库找了医生打针吃药，半年后还是医治无效死亡。由于当初狗是以管理费购买的，省了固定资产清理的麻烦。然而，这笔医药费又让单位为难了，只能算固定资产损失，但也为后期的审计埋下了麻烦，因为当初狗的费用没有作为固定资产入账。

虽然在使用藏獒的 10 年间，粮站省了很多钱，但是在财务上却惹来一堆麻烦。因此，接下来的选择，是购买一条藏獒替代，还是干脆雇用 3 名保安，这又成了问题！最后，上至主任老周，下到财务小陈和小刘，都不愿意折腾了，于是请来了 3 名保安。

1. 被误传的蝴蝶效应

"蝴蝶效应"是人们经常谈论的一个科学典故，说巴西的一只蝴蝶震动翅膀，有可能在几周之后，在美国得克萨斯州导致一场飓风。人们经常用蝴蝶效应形容微小的事情可能带来很大的影响。

遗憾的是，当人们谈论蝴蝶效应的时候，基本上都说错了。

1961 年，美国数学家爱德华·诺顿·洛伦兹（Edward Norton Lorenz）在用计算机模拟天气变化的时候，发现一个有意思的现象。我们知道计算机模拟都有输入参数和输出结果。本来一个输入参数的数值应该是 0.506127，在一次模拟中，洛伦兹为了省事，就把它给来了个四舍五入，用 0.506 代替。其实我们平时工作中经常这么干，误差还不到万分之二！

可是洛伦兹发现，计算机的输出结果，不是相差万分之二，也不是相差百分之二，甚至都不是相差百分之二十，而是变成了一个完全不同的天气状况。这就相当于，测量某地大气压数值如果有万分之二的误差，预测出来的天气就从晴天变成下雨了。

实际上，很多复杂的"系统"不是线性的，很多时候结果会对初始值非常敏感——初始值差一点，结果却相差很大。这也是"混沌"这个概念的起源。比如著名的"三体问题"就是一个非线性系统。

洛伦兹有感于非线性系统这个性质实在太不好对付，就打了个夸张的比方，说这简直就是说巴西的蝴蝶震动翅膀，带来了德克萨斯的一场飓风……

请注意，洛伦兹说的只是一个夸张的比喻而已。蝴蝶不会导致飓风——事实上，气象局的科学家们根本就不考虑蝴蝶的事儿。

2. 不怪元素怪结构

现实中，人们经常用蝴蝶效应形容小事导致了大事，但这个认识是错误的！

　　图 3-3 大概是人们心目中蝴蝶效应的一个形象写照：从小到大的一堆柱子排在一起，推倒最小的一块，柱子连锁反应，最终把右侧的花瓶砸碎。

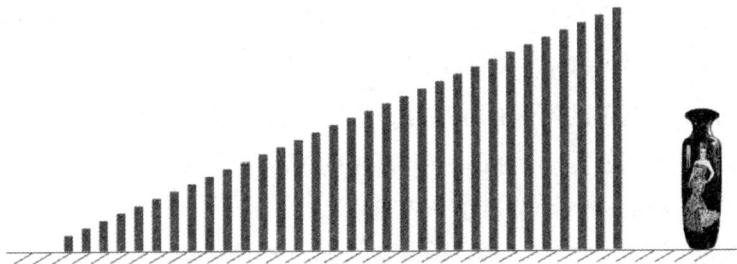

图 3-3　花瓶之碎谁之过？

　　这不就是蝴蝶效应吗？这不就是小骨牌导致了大骨牌的倒下吗？这不就是现实中的机动车连环追尾吗？请问，人们会追究谁的责任？最后一根大的柱子，中间任何一根柱子，还是左面那个小的柱子？

　　现实中，最常见的情况是出现在问题的现场的人承担责任。在这里，也就是最后一根大的柱子赔偿花瓶。当然，这根大柱子感觉很无辜，于是依次向前追究，最后终于找到了那根最小的柱子。事实上，机动车连环追尾事件的处理过程的确如此。

　　还有人会问责花瓶。"君子不立危墙之下，你为什么站在这里？""站在这里就算了，你为什么这么脆弱？穿一个铠甲不行吗？不是说过要提高安全意识吗？"君不见，出现女生被性侵事件后，经常有不负责的人质问女生为什么穿这么少——这是什么逻辑，简直让人绝望！

　　其实，真正的问题是这些柱子的排列方式，这是一个极其危险的系统。就算最小的柱子不倒，中间任何一根柱子倒下，都会导致糟糕的结果。如果真要追责的话，要问的不是最小的柱子，而是谁把系统设计成这个样子？

　　总之，如果把一堆炸药堆放在一起，只要一个火星就能引起爆炸，那如果真的爆炸了，也不应该埋怨那个火星，应该反思的是为什么炸药这么危险的东西不好好管理。火星总会来的，小骨牌总要倒下，蝴蝶总要震动翅膀。应该怪罪的是设计系统结构的人，而不是系统中的元素。

3. 不要"意识"要结构

人们在讨论"安全"和"风险"时，总是爱说要狠抓"安全意识"和"风险意识"、要"警钟长鸣"，这显然是一个大问题——安全意识和风险意识关注的是蝴蝶而不是真正的问题！如果飓风真的是由蝴蝶引起的，那就应该好好教育蝴蝶们，不要随便震动翅膀——但真正的事故不是蝴蝶引起的！一句话，我们需要的不是什么意识，而是安全的系统结构。

实际上，"天天讲"也不是好的教育方法，心理学研究早就告诉我们重复的信息会被人脑自动忽略，也就是说反复重复的事反而效果更差。

经常与蝴蝶效应共同出现的一句话是"××无小事"，这也是一个问题。无小事也就等于无大事。如果一个领导只会笼统地说什么"这很复杂啊！这很重要啊！千里之堤毁于蚁穴啊！××无小事！"，十有八九这个领导啥也不懂。做事得善于分清轻重缓急，敢于忽略小事才能做好大事。

把系统结构搞好了，我们就可以安心专注于正常的工作。反过来，如果系统结构设计错了，就算整天战战兢兢、如履薄冰，也难保不出事儿。

请记住，凡夫畏果，菩萨畏因，佛畏系统。

3.2 组织结构对项目管理的挑战

项目的组织工作不仅限于部署最佳过程、工具和实践，它还蕴含着重大的组织转型，引发了关于工作、框架和实践的不同思考方式。项目的组织工作，通常需要从等级分明向自发的和动态的工作方式转变，而且因为组织及其所处的环境变化频繁，组织结构也时常处于动态过程中。

事实上，组织结构表现为一个连续统一体，这一方面取决于一个等级式组织内部权力强大的决策者，另一方面则取决于一个项目型组织内部权力强大的决策者（见图 3-4）。

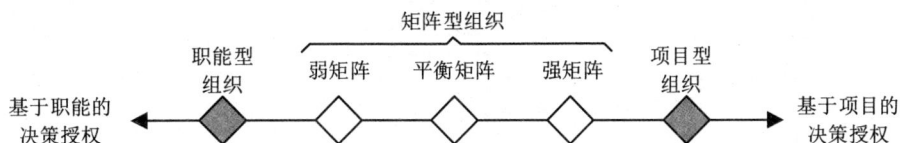

图 3-4　基于项目的组织中的治理结构

从职能型、矩阵型到项目型，3 种基本组织形式之间有着明显的差异，但这 3 种基本形式在大型组织中时常并存，这在客观上增加了项目职能的复杂性。

3.2.1　职能型组织中的本位主义不可避免

典型的职能型组织是一种层级结构，人员按专业分组。职能型组织的另一个优点是：相同专业的员工在一个部门，这对于技术进步有帮助。而且，部门员工们都只有一个上司，工作只需要向唯一的上司负责。职能型组织的缺点也很明显，在项目任务能够清晰划分、稳定划分的情况下，这种形式是可行的。但是，在实施跨专业、复杂的项目时，跨部门协作比较困难，如果出现部门间冲突，处理起来将十分复杂。

P 公司的组织结构如图 3-5 所示，在实施一个跨部门的项目时，电子工程经理与采购经理二人的下属发生了冲突（此冲突可能源自技术观点、管理方式、文化认知，甚至可能源自政治或人际因素，具体原因尚不可知）。

这两个下属之间如果无法达成一致时，他们就会把问题汇报给各自的部门经理。问题是每个人向上汇报的信息总是不够完整，甚至有些片面、不真实——每个下属向上司汇报工作，总是屏蔽对自己不利的信息而只汇报对自己有利的信息。

如果电子工程经理与采购经理二人能把问题解决掉还算不错，问题是时常不能达成共识，此时他们只能向上汇报，当然他们也都会站在自己部门利益的角度思考，于是信息又被过滤一遍。

极端情况下，问题还会上报到总裁。

```
                              ┌──────┐
                              │ 总裁 │
                              └──────┘
```

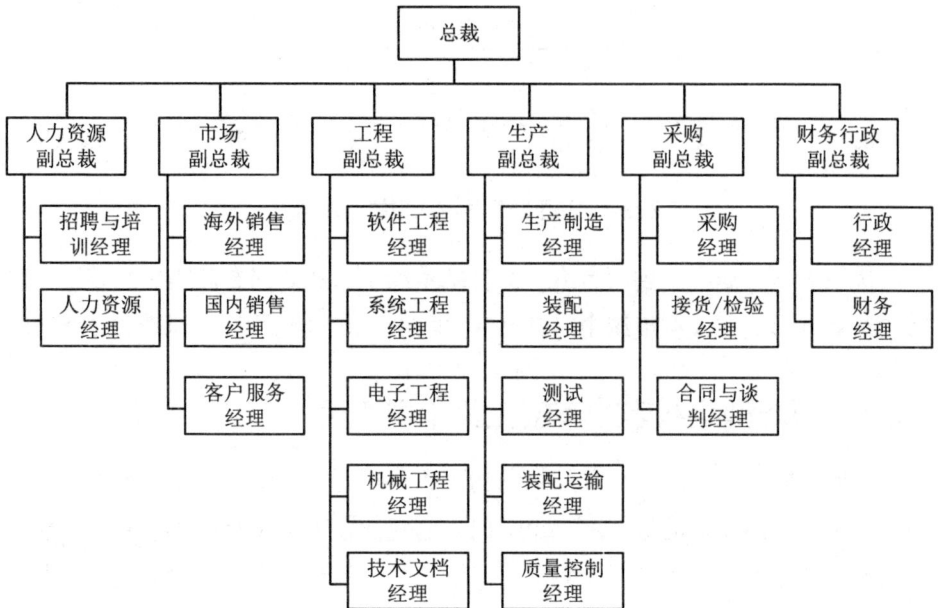

图 3-5 P公司的组织结构

在经过层层过滤后，高层在信息不对称的情况下做决策，以至于做出来的决策肯定会与现实脱节。但是，一旦做出决策就必须传递下去执行，更别说在强化执行力的氛围下了。在这种情况下，让基层员工必须执行基于不对称信息之决策，他们的心里会很不爽——这是什么领导，一点都不了解情况，怎么做出这么傻的决策！

可见，在职能型组织中，跨部门的协调需要经过信息的多次上下、水平传递，可能导致在信息不对称条件下的决策行为。组织的这种管理方式，表面上各部门和项目都为组织目标承担责任，实际结果却是目标分散的，各部门之间、部门与项目之间常出现相互扯皮、推诿现象。

当面对项目这种跨部门的复杂工作时，下列现象在职能型组织中时常出现：

● 项目中的团队成员经常互相指责对方本位主义；

● 组织里的每个人都在忙，忙着掩盖事实的真相；

- 下属不满领导决策，总是试图证明领导是错的；
- 只要一跨部门协作就需要开会，协商会议特别多。

可见，当需要各部门协作面对跨职能部门的复杂项目时，职能型组织的效率十分低下。

问题还不仅仅如此，高层得到的信息不健全，时常会做出不佳决策，但很多企业又总是强调"执行力"，也就是基层员工必须按照决策执行。当糟糕的决策被执行，就会产生各种问题，一出问题组织就会问责。但高层几乎不太会问责自己，经常是基层执行者被问责——出现在问题现场的人承担责任是一种常见现状——君不见时常有"临时工"和"实习生"成为背锅侠。

员工也不傻，这种事经历多了，无论"勇挑重担""奉献精神"等说法如何好听，员工就是不上当。更值得警惕的事，为了避免承担责任，他们有问题就向上汇报——领导你说怎么办我就怎么办——成功把问题交给领导。很快就会形成一种事实，基层遇到问题就交给中层，跨部门的问题中层解决不了就交给高层。

这样就形成了一个恶性循环，整个过程可以用图 3-6 表示。

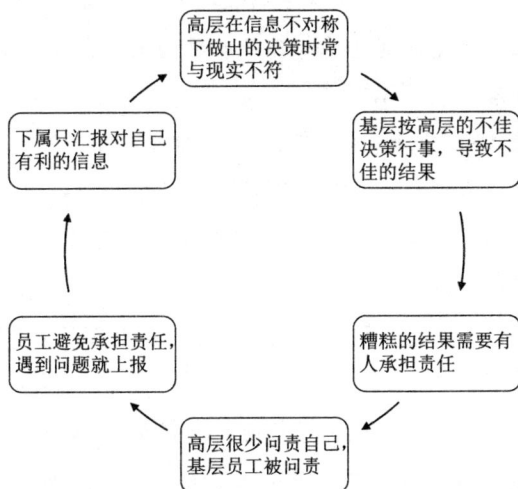

图 3-6　职能型组织结构导致的恶性循环

3.2.2 矩阵型组织的多头指挥令人头痛

矩阵型组织结构试图在稳定性的职能型组织与临时性的项目型组织之间取得平衡。基于此，矩阵型组织结构的常见矛盾也恰是职能部门工作和项目工作间的矛盾。项目经理对来自职能部门的团队成员的影响力，是矩阵组织下项目取得成功的关键点。

在矩阵型的组织中，项目中来自职能部门的团队成员更倾向服从职能经理的任务安排。其本质原因是职能经理对团队成员在公司中的绩效考核和职位升迁的作用更大。这几乎是毋庸置疑的事实。因此，项目经理应想办法和职能经理达成共识，虽然这比较困难，因为职能部门往往会同时参加公司其他的项目，而且还同时承担着自己部门的任务。

P公司是一家位于苏州的典型的矩阵型组织，TMT项目是公司的战略项目，夏阳担任该项目的项目经理。项目组的核心成员春晓来自研发部，是关键的自控分系统负责人。该项目到了关键时期，根据计划，要开始为期5天的各分系统联调，这是项目的关键工作，各分系统负责人都必须参与。根据项目计划安排，该工作由春晓牵头并组织开展，今天是周二。下周一是客户验收项目的里程碑节点，不得突破。

临近下班，春晓接到研发部部长冬雪的电话，于是便有了春晓和冬雪的如下对话（见图3-7）：

冬雪："春晓，你现在能不能马上回部里一下？"

春晓正在与项目组成员讨论系统联调的安排，一下子很难走开，他想向部长说明一下情况："部长，夏阳负责的TMT项目是公司的战略项目，我有点离不开……"

可是，没等他讲完，冬雪便轻轻将他的话打断了："事情紧急，你赶紧回来一下！"

春晓立刻停下工作，气喘吁吁地赶回部里："部长，什么事？"

冬雪："咱们部门负责的北京××项目出现了点问题，你明天赶紧赴北京处理这个特别任务。"

春晓准备跟部长汇报一下自己所在的战略项目的进展，试图说明该项目的重要性。

　　冬雪轻轻地说："那你看着办吧！"

图 3-7　你看着办吧！

　　结果会怎么样？

　　可想而知……

　　"看着办！"——你懂的，这是最具杀伤力的话。

　　春晓还能有脾气吗？没有，因为她知道对他来说，部长远比项目经理重要。春晓做什么取决于向谁负责，更直接一点就是谁给她发钱（也包括职业升迁）。可是，在矩阵组织中项目经理的权力往往比较有限，很少能决定团队成员的奖金或加薪安排；与此相对应的，项目团队成员的绩效考核和薪水发放往往是由他的职能经理来编制的。

　　立马有人会问："如果夏阳和冬雪都给她发钱，怎么办？"

　　"看谁发的多！"有人会回答。

　　"发的一样多呢？"

其实，这是一个伪命题！不论夏阳发多少钱，因为项目是临时的，作为项目经理，夏阳领导春晓也是暂时的，项目结束了，二人的关系就结束了。项目经理做春晓的领导是因为项目存在，这是临时的。而作为职能经理，冬雪领导春晓则是稳定的、长期的。所以，不论夏阳发多少钱，春晓都会听冬雪的（除非春晓准备离职）。换句话说，项目的团队成员在关键时刻，会选择"出卖"项目，而绝对不可以"出卖"组织（部门）——铁打的组织流水的项目！

只佩戴一块手表，戴手表的人可以知道此刻的时间；而戴着两块或者两块以上手表的人，并不能立刻告诉你更准确的时间，反而会制造混乱。这就是著名的手表定律。在同一时刻，一个人同时受两个领导指挥，多头管理的局面会使人无所适从，甚至焦虑，这种现状也对项目管理提出了极高的要求。

正如拿破仑所言："宁要一个平庸的将军带领一支军队，绝不要两个天才率领同一军队。"必须为项目团队设置统一的目标、尺度，进行一元化管理，最忌产生多头管理。因此，在矩阵型组织中，需要项目管理者强有力的协调能力。

矩阵型的组织结构在实际工作中最为常见。这种职能部门人员临时参与项目、项目结束时释放资源的方式，引发了项目中关于人的最常见问题：争夺对职能资源的使用。统计发现，关于项目人力资源管理的问题中85%以上来自矩阵型组织结构，而其中的大多数问题又都与项目经理认为自身权力不足有关。

为更好地应对矩阵型组织下的各种问题，项目经理最需要提升自己的领导力。

3.2.3　项目型组织下的项目经理要树立权威

与职能型组织相反的是项目型组织，项目型组织是以项目组作为独立运行的单位，项目组拥有专用的项目资源，团队成员通常集中办公。在这种组织中，大部分资源都用于项目工作，项目经理拥有很大的自主性和职权。项目型组织中也有被称为"部门"的组织单元，但这些部门或者直接向项目经理报告，或者为各个项目提供支持服务。

项目型组织的优点在于具有明确的项目经理对项目结果的实现承担责任，

可以充分利用项目组的专用资源。

然而，这种方式的缺点也是很明显的：它对企业的资源利用程度不足。项目资源被各项目组独占，当项目需要这些的时候固然能及时获得，但当项目不需要这些资源时却很难从项目组释放。当项目遇到技术难题需要调用组织更多力量时，这种形式也颇为不便。

项目型组织对于那些进度或产品性能极为重要，对技术、质量的要求较高而对项目开发成本相对不重要、企业资源相对充裕的项目来说，是个较好的选择。

在项目型组织中，作为对项目全权负责的项目经理，树立自己的权威很重要。

有一个被我称为"盲人排项"的游戏，我在全国各地上课时做过多次。这是一个竞争性游戏。具体操作是，让 6 个戴上眼罩的成员组成一组，在最短时间内按照编号顺序站好队。活动开始之后，几个人自由移动，直到 6 人按编号次序站好。整个过程不许说话，获胜标准是在不犯规条件下用时最短。活动开始前，各小组有 12 分钟时间讨论行动方案。

众所周知，项目管理中缩短时间的常见方法是并行（fast track），也即 6 人按某种规则同时行动，而不要让人处于等待中。

统计多次活动的数据发现，迅速达成一致的组往往采用较为容易理解的串行方案（按照编号顺序依次工作）而胜出。而采用并行方案的组，由于方案比较复杂而难以达成一致，即便大家迫于时间紧张而同意这种复杂的并行方案，部分人心中也仍有所保留。

实践证明，最终胜出的往往不是采用技术上最优方案的小组，而是迅速达成一致的小组。在方案简单、迅速达成一致的小组，组员们在执行时毫不犹豫，速度也较快。而方案复杂的小组难以达成一致，执行中常产生衔接意外、行动迟缓和临时改变方法等种种问题，其结果常不理想。

在项目型组织中，建立项目经理的权威，让团队成员行动一致，比花很大气力制定合理的流程更重要。

实际上，一个人权威并不单纯来自专业技能，做事风格和人格魅力等也很重要。有时，为达成一致甚至可以放弃所谓的合理流程，而采取一种看似很傻的方法。这就是管理人和管理机器的最大不同。

3.2.4 警惕冲突背后的结构性矛盾

项目组织有其固有结构和汇报关系（或报告关系），这种结构属性会产生其固有矛盾。当然，不同的组织结构会带来不同的矛盾。用更大的矛盾来解决当前的矛盾的做法，会让我们深受其害。

归因理论属于社会心理学领域的范畴，可以描述为对责任归属的研究。在众多的实验室和现场研究中，研究人员已经证明，有一种现象称为基本归因错误。个体倾向把成功原因归为自己，把失败原因归于外部环境；旁观者会把成功原因归于外部环境，把失败归因于事件个体。如果不能认识到组织结构属性导致的项目固有矛盾，时常导致基本归因错误，表现出来的现象就是对成员个性的攻击。

> 在项目冲突的情况下，两个人存在严重分歧时，各方都可能将冲突原因归于持相反观点的人（"他就是一个人品很差的人""他就是一个白痴""他啥都不懂""他只知道保护自己的地盘"）。项目经理很可能受这种偏见影响，这不仅会加剧冲突，而且可能会导致项目经理或团队成员选择不恰当的纠偏行动。

需求提出部门总是倾向认为该项目技术上很简单，而技术实现部门则倾向认为需求提出部门总是不能明确自己的需求并在过程中频繁变更。现实中，这种矛盾交织、扎心的场景比比皆是。要对项目过程中可能发生的矛盾有心理准备，应时刻记住这是一种系统的结构矛盾，没有办法彻底化解。

麻烦的是，很多时候，"工作问题"与"结构问题"是纠结在一起的，很难完全区分，"就事论事"很多时候在组织中并不容易实现。你会时常发现，事情解决了，事情背后的"情绪"并不会一同解决，而会对以后的事情继续产生影响。

有时候，有人坚决反对你提出的某种解决方案，你感觉对方的反对没有实质理由，只是情绪性地"针对你"。这时你非常容易被激怒，用同样"情绪化"的方法反驳对方。于是，事情陷入了僵局。你必须搞清楚的问题是，对方情绪化针对你的原因是什么。这种原因很可能和你的解决方案没关系，而是组织的结构性矛盾。

你需要做的是，要理解这种矛盾并且学会利用。对这种矛盾的预见性，可以帮助你在矛盾发生时更加自如地应对。一个重要的问题是，两个部门在项目中的相互依赖性越强，他们在项目中的矛盾越激烈。

对于结构性矛盾导致的冲突，你需要看戏不入戏，尽可能置身事外而不要陷入公司的政治斗争中去。当然，能真正做到这点实属不易，因为我们都是参与者，都是系统中的一个元素。

这就是人性！

把目光从关注人的个性转移到关注矛盾的结构上来，这会让我们在真正遇到问题时更能够保持一份冷静和洞察力。

请务必记住：无关人品，结构使然！

3.2.5　项目团队的组织方式

除了要知道项目在组织中的地位和公司的项目管理模式外，你还必须了解项目团队自身的组织方式，这对于获得项目成功非常重要。虽然项目团队组织方式存在很多种，但基本上可以归为外科手术式、交响乐式、爵士乐式和足球队式 4 种①。

1. 外科手术式项目团队

外科手术团队的典型场景是所有人都围绕着主刀医生，主刀医生及其副手构成了整个团队的核心，副手不是简单的打杂人员，而是主刀医生的后备和左右手，他们在知识和经验丰富后就可以升任为主刀医生。

外科手术团队的优点是关键任务由团队负责人亲自来动手、成功率较高。

① 王世英.演练式项目管理——九步成诗法[M].北京：经济科学出版社，2012.

缺点也是非常明显的，团队核心负责人事必躬亲、较为劳累，也不利于人才培养和团队成员迅速成长。

在四大名著之一的《三国演义》中，魏、蜀、吴三家争霸天下，3个团队采取了不同的组织方式。其中，以诸葛亮为核心的蜀国高层团队，其实就是一个典型的外科手术式团队。诸葛亮作为名垂千古的人物，他的座右铭是："鞠躬尽瘁，死而后已。"他的确做到了言行一致，"事无巨细，事必躬亲"。诸葛亮可以说是一个非常敬业的人，大小决策，几乎均出自孔明先生之手，像极了外科手术团队中的主刀医生。

西蜀团队的优点是，由于主刀医生孔明先生才能卓绝、做事风格谨慎、敬业并全身心投入，因此成功概率较高。但缺点是明显的，一则孔明先生辛苦至极，最终累死在工作岗位上；二则孔明先生亲力亲为，绝大多数决策自己决定，即便是派人出差，遇到困难也不用着急，怎么办？拿出一个锦囊就够了！在他手下做工作基本上是不需要思考的，这就导致其他团队成员成长缓慢，以至于"蜀中无大将，廖化作先锋"，蜀国最终沦为首先被灭掉的一方。

外科手术式团队适用于以下情况。

（1）关键工作必须由资深专业人员亲自操作的项目。与外科手术相类似的项目中，关键工作任务由经过严格训练和高资质人员完成。

（2）一个资深的项目经理带领着由一批新手组成的项目团队。当项目经理外的绝大多数人都是生手时，项目经理有必要在关键操作上亲自动手。这一方面保证了项目的成功，另一方面也给了小白级别的团队成员学习的机会。

实践中，到处都能够看到外科手术式团队在运作。有时按照这种方式运作实属无奈，但当团队已经可以转变运作方式时，如果项目经理仍不肯放手关键操作，其结果是团队领导很累，团队成员也不能迅速成长。

大多数固守外科手术式团队运作的人，其潜意识里认为项目团队成员能力不足、积极性不够、责任心不强，如果让他们放手去做会将事情搞砸。

2. 交响乐队式项目团队

交响乐队在演出时，团队成员都全情投入，陶醉在美妙的乐曲中。
"交响乐队指挥家手中的指挥棒是做什么的？"

"是发指令的，指挥棒告诉乐手什么时候演奏。"很多人会不假思索地回答，然而事实并非完全如此。

指挥手中的指挥棒，在演奏过程的大部分时间里，主要起的是造型作用，而不是指令。明确的指令只有一次，就是开始演奏的时候。在演奏过程中，指挥其实是一个精神领袖，主要任务是把握节奏和与观众互动，也可以说就是摆造型。乐手在演奏过程中，并不怎么去看指挥棒，他们盯着的是眼前的乐谱。乐手对演奏什么在排练阶段已经烂熟于心，无需现场的指令。

使用交响乐队式团队运作的人，他们假定项目团队成员都是勤奋的、能干的、积极的，他们会负责任地将事情做好。在这种情况下，这类项目经理大胆去使用团队成员，给他们压担子、强化工作授权。项目经理要做的事情主要是指导和鼓励团队成员。项目经理自己较为轻松，项目团队成员可以得到历练、迅速成长。这种团队就是交响乐队式团队。

交响乐队式团队是一种高效的团队组织方式，对团队成员提出了很高的要求，非一般组织所具备。交响乐队式团队对组织及其成员的要求如下。

（1）组织有明确的工作任务分工体系，团队成员对整个组织及其成员了如指掌。组织成熟的分工与管理体系是团队的乐谱，团队依靠乐谱各负其责。在交响乐式的项目团队中，整套项目管理计划就是项目的乐谱。

（2）团队领导有大胆用人的气度、敢于授权，团队成员训练有素、自我指导、勇于承担责任，团队成员拥有良好的团队意识、配合默契。

在交响乐式项目团队中，项目经理是脱产的、不干活的，非常潇洒。对于工作超负荷的多数企业家而言，如果能够像交响乐队指挥那样潇洒，就达到了自己的目标。但这种个人境界、团队水准是经过长期修炼才能达成的。

3. 爵士乐队式项目团队

你一定意识到了，与交响乐队不同，爵士乐队里没有设置"脱产"

的指挥，所有人都做事——参加演奏，这种团队是一个分工协作的团队，不同人演奏不同乐器，合奏出美妙的音乐。爵士乐队虽然没有一个"脱产"的指挥，同样有一个灵魂人物，一个项目协调人。这个人站的位置通常靠前一点。演奏开始时，一般都是由项目协调人给大家一个暗示，然后大家开始演奏。

在一些规模不大的项目中，项目经理一般不能够完全"脱产"，他要带领大家进行演奏，一马当先，率先垂范。爵士乐队式团队的要求如下。

（1）团队各成员都是专业的，能够熟练演奏自己的乐器，对乐曲了然于胸。

（2）团队各成员熟悉项目情况，不仅能做好自己的工作还具备总体和系统意识，保持与其他成员的协调。

4. 足球队式项目团队

足球队目标明确——自己进球并有效阻止别人进球（或者说，目标是比对手多进一个球）。在足球队式项目团队中，成员有相对明确的分工，每场比赛有针对性的战略和战术，但不能规定在何时、由谁、在何位置、做什么，一切要随时进行调整，甚至有点"走着瞧"的味道！成员在相对分工的前提下，通过积极主动的灵活跑动去配合其他成员的工作。

优秀的足球队需要具备以下条件。

（1）团队成员之间有基本分工，但有一些中间地带，要求大家通过积极和灵活的跑动去完成这些工作，团队成员之间高度配合、相互支持。

（2）团队成员有十分明确且共同的目标，具有互相补位的意识，不计较个人得失。

（3）团队成员能够根据场上形势迅速达成一致共识，共进退。比如，到了一场比赛的尾声，如果本方领先一球，前锋也必须回后场参与防守；反之，如果本方落后一球，即便是后卫也应到前场组织进攻。而且，这种共识不需要也没有时间进行过多讨论，显然，这需要很高的智商和判断力。

现在看来，某些足球队踢不好的原因也就很明显了。

（1）踢球没有地位，因而高智商者不愿意踢球，以至于总是用低智商的人组成足球队。

（2）输球以后常问责于出现在现场的人（守门员、后卫）。实际上，前场人员水平高的话，足球一直运行在前场，本方球门就不会危险！这就容易导致前场人员丢球后不再回追（卧草），因为不出现在现场就不用负责。

（3）带球跑是最好的踢球方式，这样能吸引对方球员，队友才会有更好的机会和位置。但是，带球跑容易被抢断，一旦被抢断自己又要承担责任！怎么办？拿到球就传给队友——甩锅——不管队友位置好与不好。

可见，优秀的足球队式团队是所有团队中最理想的，令人梦寐以求，但这显然是可遇不可求的！

5．最适合的就是最好的

一个人要发挥其专长，就必须适合环境需要。如果脱离环境的需要，其专长也就失去了价值。同样，采用什么样的项目团队组织形式，要根据项目的特点、规模和团队成员对项目工作任务的熟悉程度等多个因素进行选择。

不能简单说，交响乐队式的组织形式就一定比外科手术式组织形式好。对于某个项目而言，最适合的组织形式就是最好的形式。

项目团队的组织结构没有一个普遍适用的模式，需要用权变的观点来考虑其结构的选择，特别是要充分考虑与项目目的性、独特性、约束性、项目规模、所使用技术的特点相契合。同时，在结构设计中要注意团队成员的特点，他们的技术特长、成熟度、彼此间的信任和协作程度等因素对团队的影响是显著的。

项目团队的 4 种组织形式，在一定条件下可以相互转变。外科手术式团队可以转变为爵士乐队式团队，爵士乐队式团队也可以向交响乐队式团队转变。

当一个新的小项目团队刚组建时，一般可以先采取外科手术式组织形式，主要任务由项目经理本人亲自操刀，但当团队成员已经比较熟悉项目的情况下，就可以转变为爵士乐队式团队。

当一个爵士乐队式团队规模不断扩大，到了一定程度时就应该及时转变为交响乐队式团队，这时，项目经理就必须从"不脱产"带领大家做事的爵士乐队协调人，转变为"脱产"的交响乐队指挥，不能再陷入某项具体事务中去。

3.3 提高执行力，请从老板开始！

　　徒弟：为什么做项目的时候，一旦出现问题就容易引发吵架，引起斗争呢？

　　师父：因为针对这所有问题的解释都会有一个共同点：都是其他人的错。所以，我们听见的都是相互攻击。

　　徒弟：那这种现象能解决吗？

　　师父：难，很难，非常难。你会发现，员工的地位越低，矛头越是指向公司内部，而不是向外，这说明越是底层的员工越能发现公司内部的问题；反之，你就可以明白，越是领导层，越是容易忽略公司内部的问题。如果领导不认为管理上有问题，那么就没有解决这些问题的原动力，他们只会把问题归咎于员工，于是恶性循环就形成了。

在组织范围内的执行力，这几年被讨论得很多，几乎每个高层管理者都希望自己的下属能够像军人那样坚定不移地执行自己的命令，并且有能力克服任务中的重重困难，毫无怨言地完成任务，达到组织的要求。

然而，事实却不容乐观。

3.3.1 执行力背后的管理错位

下面是在跟国内企业做内部交流时经常听到的对白！

高层：推出的新政策总是执行不下去，你们中层要有执行力！

中层：老总们给的压力很大、变化太快，可是我们的员工素质跟不上！

员工：领导总是对我不满意，一会儿做这个一会儿做那个，东一锤子西一榔头，纯粹瞎指挥，领导们到底要干什么？

这背后的潜台词是：

- 高层觉得中层不行！

- 中层觉得基层员工不行!
- 基层员工觉得高层领导不行!

这种管理错位导致的结果是(见图 3-8):

- 高层感觉中层能力不行、素质不够,就替中层思考;
- 中层感觉基层能力不行、素质不够,就替基层思考;
- 基层没事干,也感觉高层领导能力不行,就替高层思考。

以至于,在公司里经常出现一个现象——基层员工动不动就谈战略和行业形势!

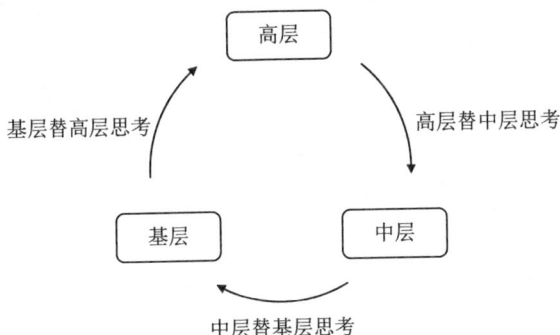

图 3-8 执行力背后的管理错位导致恶性循环

必须说明的是,个别员工执行力差是能力和态度的问题;公司整体执行力差就是管理的问题!换言之,执行力差是现象,管理不善才是本质。

1. 执行力的本质不在于个人,而在于企业的规范

人性最重要的需求就是被尊重和肯定。因此,对顾客保持微笑和不对顾客的反对意见予以否定成为沃尔玛的顾客至上准则。

服务行业待人接物很重要——从某种意义上来说,顾客从员工身上感觉舒不舒服本身就是买单消费的组成部分。很多老板喜欢讲,对顾客应该有礼貌,但每个人的家教和未来成长教育的环境都不尽相同,对礼貌的把握分寸也不相同,有的人就是喜欢冷眼待人,与人争执。

因此,如果你只讲一些不落地的泛泛之词是不起作用的,于是沃尔玛将其制度化:首先,当离顾客接近 3 米时,必须保持微笑——每

个人笑的标准不一样，那好，统一标准，露出 8 颗牙齿；其次，遇到顾客不满，普通员工可能在解释过程中出现偏差，那就一刀切——顾客永远是对的——我不完全赞同这一说法。真有什么问题，有更善于沟通的经理人去解决。

我以前对沃尔玛的"顾客至上"原则一知半解，以为不过是小儿科的说教，现在才明白其制度设计的精奥。

2. 不解决问题根源，要求执行力是舍本逐末

丰田汽车前副社长大野耐一发现一条生产线上的机器总是停转，原因都是保险丝烧断了。每次虽然及时更换保险丝，但用不了多久又被烧断，严重影响了整条生产线的效率。总之，更换保险丝并没有解决根本问题，于是，大野耐一与工人进行了以下的问答。

一问："为什么机器停了？"答："因为超过了负荷，保险丝就断了。"

二问："为什么超负荷呢？"答："因为轴承的润滑不够。"

三问："为什么润滑不够？"答："因为润滑泵吸不上油来。"

四问："为什么吸不上油来？"答："因为油泵轴磨损、松动了。"

五问："为什么磨损了呢？"再答："因为没有安装过滤器，混进了铁屑等杂质。"

经过 5 次连续不断地追问"为什么"，才找到问题的真正原因和解决的方法，在油泵轴上安装过滤器。

如果我们没有这种追根求源的精神来发掘问题，就会像以往一样，只是换根保险丝草草了事，真正的问题还是没有解决。

3.3.2　执行力不应成为管理水平低下的方便借口

1. 执行力不是"奴性"

过去几年，关于执行力的培训在世界范围内广为流传。遗憾的是，也出现了一些不好的趋势——某些公司把执行力的培训当成了培养员工无条件服从的活

动，从而使得执行力等同于员工的服从性，提高员工执行力的培训变成了对员工进行的"奴化"教育；还有一些书籍也似乎在推销这种观点，例如《把信送给加西亚》《请给我结果》和《西点军校法则》等。值得警惕的是，执行力在某种情况下会成为某些高层管理者管理水平低下的方便借口。

另外，很多企业"领导"很愿意听到"执行力"，很愿意听到"没有任何借口"这样的话。这些方面的书也很畅销，它们大多是企业老总购买分发给员工学习并交流心得的必读书目。

2. 对方法不信任致使项目管理方法推行难

从事项目工作二十余年，特别是在近十多年来我常奔波于各地进行项目管理的传播、推广和咨询过程中，我接触过数万名项目管理者，他们中的很多人既了解 WBS、责任分配矩阵、项目章程等现代项目管理方法，又有丰富的实践经验。如果与他们聊天，甚至看他们在培训课程中交上来的学习体会，这些方法的价值也会得到充分认可。可是，如果去观察他们的项目管理实践过程，却很难发现这些基础的且公认为最重要的方法被使用的踪迹。

为什么这些方法一方面得到认可，另一方面又难以得到使用？为什么提高项目管理的执行力这么困难？

因为不信任这些项目管理方法，也就不会全力以赴去做；不全力以赴去做，就不会取得良好的结果；没有取得良好的结果，又进一步"证明"了不相信它是对的。这是一个恶性循环（见图 3-9）。

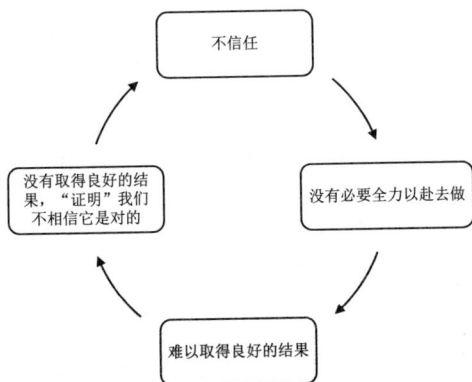

图 3-9　不信任方法导致的恶性循环

要提高项目执行力，提高现代项目管理方法在企业的应用程度，转变人们的观念是基础。但是，仅有观念转变还远远不够，需要营造执行的环境，还需要做好配套的管理工作。

3. 老板要以身作则

老总们忘记了这么一个事实：员工是很聪明的，他们不会轻信上司的话，他们更看重上司是如何做的。如果上司要求下属认真做好项目计划而自己则办事随意，如果上司要求大家填报项目日志而自己则行踪莫测，如果上司要求下属节省项目开支而自己则大手大脚，那么，就别指望下属能够执行有力。这种"领导"行为带来的结果必然是"上有政策下有对策"，必然是"人人忙着掩盖事实的真相"。我们不能否认，企业老总需要高瞻远瞩，但对中国企业来说，很多细致、枯燥的基础管理工作也需要他们以身作则。

要提高项目执行力，下面这句话送给组织的高层管理者们。

> 你首先必须变成项目管理的疯子，否则项目管理的问题会让你变成疯子。

切实提高执行力，老总们自身的执行力首先需要提高，否则就会"人心散了，队伍不好带"。一个典型实例便是开会。

> 一年中，企业要召开许许多多的会，但是，这些会很少能按时开始、按时结束。更多情况下，会议只有开始时间，而没有规定结束时间，会议没有预期成果，也没有结论。如果公司老总对开会这样简单的项目都控制不好，怎么能奢求员工能将更复杂的项目管理好呢？

3.3.3 我听过最扯的一句话就是"能者多劳"

> "小张，这有个文件你处理一下"
>
> "小张，这有个客户你去接待一下"
>
> ……

公司里不管大事小事，领导都要喊上小张，办公室里就小张忙得团团转，其他同事每天准点下班，而最后一个走的总是他。

有一次小张向领导抱怨道："领导，什么事都让我来，我实在是忙不过来啊！"领导却说："能者多劳嘛，这是公司对你的信任，其他人是什么德性你又不是不知道，指望不上的。"小张小声嘀咕了一句："那多劳多得吗？"领导无言以对，假装没听到，尴尬地笑了笑，回办公室去了！

组织的运转就像一场话剧，既需要好的导演和剧本——管理者，更需要有好的演员——员工。由于每个人的能力和素质不同，就像话剧中的角色，员工自然也被分成两类：饰演主角的能者和饰演配角的普通者。

几乎所有的管理者都偏爱实力"能者"，常常会推崇"能者多劳"，总是将要事和挑战性的任务全权交给"能者"去负责，还经常建议能力较强的员工辅助其他成员承担更多的工作，以使其能力得到充分发挥。

"能者多劳"这4个字说得没问题，换位思考换成你是领导，你也愿意把工作交给有能力的人：一是这样的人活干得好，用得放心，二是用这样的人容易出成绩，三是能廉价地获取下属的忠心。总之，在管理者看来，让有能力的优秀员工一人分饰多角，承担多项重大任务并获得成功是一件两全其美的事情。

但是，一味地强调"能者多劳"，也会带来弊端，导致管理无序，降低了管理效率。

1. 能者的困境

作为一个能者，在企业中往往是不幸的，因为对于能者而言，能力越强，越疲于奔命。

很多时候，对能者们来说，一系列重大工作和重要角色的分配确实让其感到备受重视，因而不断追求极致。可是长期下来，出现以下3种状况。

（1）工作明显多。那些被同事称赞"能者多劳"的人都会有很多事情要做，而且很多事都和他们无关，只不过能力强，别人总会让他提供帮助。

电影《芳华》里的刘峰被称为"活雷锋"，连猪跑了都得让他来抓，要知道刘峰是文工团的，根本不是农户或专门看管猪的人，偏偏大家觉得他可以，刘峰什么都会做，想到的第一个人就是他。

一句"能者多劳"让刘峰白白做那么多事情，到头来却什么也没得到，还被人推举赶往了战场。

很多时候，"能者多劳"成了某些人逃脱工作的借口，职场上很多人都会落入这个陷阱中。你总是"心太软"，把所有问题都自己扛！

在每个单位，都少不了"拉车的牛"。能者们最大的特点就是不懂得拒绝，答应了别人的事一定要做到，就算心不甘情不愿也不糊弄了事。因为比较好喊，领导安排不动别人的时候，就会安排他们。

（2）出力不讨好。就一般情况而言，多劳是对的，人都需要展现自己的能力。然而你必须知道，"能者多劳"下面还伴随着一句——多劳多责。干得多就意味着错得多，反而又可能不讨好。"能者多劳"在某些时候，其背后隐含着职责不清的无奈。更有甚者，谁能干就调谁去解决更棘手的问题。这是一种谁能干就让他增加失败的可能性的做法。

职场上很少有加减法，不是说你有功劳了，犯错了就能功过相抵，别人是记不住你的功劳的，但你的错误他们是不会忘记的。这个时候，你承担了不必要的任务的唯一收获就是，展现自己听话的一面——得到了一张好人卡。

（3）时间很紧迫。"能者多劳"不仅需要很多精力去帮忙，还要有时间的支持，而把时间花费在这些胡乱的忙和工作上，自然会减少和家人在一起的时间，经常加班。

小张本意是好的，经常在工作上帮助同事，只是希望同事以后能在自己有困难的时候伸出援手。

然而一次两次同事会感激小张，但次数一多，同事就只会说一句"能者多劳嘛"，然后就没了下文。

很多能者就因为经常加班到深夜，长时间下来身体出了问题。

我想说的是，"能者多劳"应该是在他人付出努力做了团队中很多事时，对他人的认可和赞誉，而不是某些人不想做某些事推给别人的说辞，更不能成为某些人道德绑架的工具！

在如上的情况下，这样的"能者"不如不做！

2. 只说"能者多劳"就是耍流氓

"能者多劳"的下半句是"多劳多得",能干的人做事多,事做得多自然应该得到更多的报酬。但是很多口中"能者多劳"的人,只强调前半句,后面半句却自觉不自觉地忽略掉了!如果只讲"能者多劳"不讲"多劳多得"就非常不合适。

各司其职、责权对应本是进行团队职务设计的基本原则,然而"能者多劳"的思维方式往往导致能力强者有责无权,能力弱者有权而无责,这自然分离了组织或团体中部门、机构、员工相应的责权关系,影响组织健康、协调地发展。

《中国青年报》针对 2003 名职场人士进行的一项调查显示,55.1%的人认为"能者多劳"会对"能者"的工作积极性造成打击,51.2%的受访职场人士"能者多劳"会变成"奖懒罚勤"。

调查中,受访者担忧"能者多劳"带来的其他问题还有:做得越多出错的可能性越大(46.6%),有限的时间里要处理更多的任务,负担过重(43.5%),以及形成拈轻怕重、逃避推脱的工作氛围(23.9%),等等。

同时,不可避免地,团队中的某些成员天性懒惰。他们试图逃避工作,却想享有工作完成后带来的好处,使用能者顺理成章地成了他们达到这种意图的工具;他们惯于将一部分较难的工作硬塞给能力较强者,以致能者始终有忙不完的工作,自己却拈轻怕重,没有为团队的绩效做出应有的贡献。

此外,不同的工作难度各异,如果把过多的工作和困难的工作安排给能者,把少量的工作和轻松的工作安排给能力较低的员工,而团队内部由于分工所形成的利益格局却保持不变,这种分配模式无疑是对于能力较低者的维护,为一些投机取巧的员工留下了管理漏洞。比如,一些员工为了减少自己的工作量,宁愿对管理者隐藏自己的实力,这样就不利于调动团队成员的积极性。

能者是团队的宝贵资源,为了规避以上"能者多劳"的负面效应的发生,管理者应尽量让能者在规范的组织轨道上发挥作用,或者将能者安排在与其能力相匹配的职位上,或者使能者的贡献与报酬成正比,只有如此,才能优化配置公司的人力资源。

过度强调"能者多劳"，而责权关系失衡值得警惕。只说"能者多劳"就是耍流氓。

3.3.4 执行力的根本保障在于顶层设计

在大多数组织中，似乎都存在这么一种观念：无论如何，只要结果不好，那么员工总是有罪的……

事实上，导致执行力不佳的最常见原因是不健全的程序和绩效考核体系。在面临压力时，人往往会选择逃避，这是人性。在一个没有完善考核机制的组织里，高效运转简直是妄想。不健全的程序和绩效考核给工作制造了困难，这往往需要有高度责任感和积极性的员工。要求员工是圣人不光是奢望，更是不负责任的。

另一个重要的问题是很多员工常得不到明确的指令，没有可行的方法，以至于不知道怎么干。外企的员工入职后一般都要经过严格的培训，国内企业则不然，常没有培训直接上岗，即便培训也常没有针对性和实操性。与此相对，励志、领导力、执行力培训却常被实施，员工热血沸腾却不知怎么干！

1. 影响项目执行力的因素

总的来说，影响项目团队执行力的因素有很多，正面的因素有以下几个方面。

（1）明确的项目目标和每个人对目标的充分、正确的理解。

（2）明确的角色、职责定义和在这些角色职责之外的相互协调与配合的机制。

（3）计划的检查和执行结果的反馈与调整机制。

（4）明确的激励措施及对额外工作的适当认可。

另外，也要防范一些负面的因素对执行力的削弱和降低，项目管理者必须小心谨慎地对待以下这些问题。

（1）非正式的外部授权将会"干涉"团队执行力。

（2）避免过多的任务驱动型而不是计划驱动型管理模式。如果团队总是感到疲于应付临时的指派和事件驱动的被动工作，慢慢地大家就失去了执行力。

（3）奖惩不公。

（4）团队能力不足，结果大打折扣，会损害团队的信心。

（5）沟通能力不足，常引起情绪抵触，导致执行结果偏差。

2．不要期望"把信送给加西亚"的人

网络信息查询的便捷及掌上设备的普及，使阅读进入碎片化时代，造成大面积的浅阅读，以及浅思维——人们越来越习惯成为一知半解的"知道分子"。很多企业缺乏竞争力，个人职场成长缓慢，都源自缺乏系统思维和对原理的探究，是急功近利的必然结果。

正因如此，人们不太愿意去"钻研"一些更本质的知识，喜欢那些看完之后只需要记住一两句话的故事性的书籍或者粗浅的网络鸡汤。

在这样的前提下，大多数管理者的思维也变得简单——他们更倾向忽视过程，只要结果。于是，向员工要"执行力"成为很多企业老板和经理人管理下属的唯一途径——企业有问题，就是员工缺乏"执行力"。

很自然的，《把信送给加西亚》作为执行力的典范被疯狂再版，仿佛企业发展的济世良药就是员工都成为罗文那样不讲条件、不打折扣的完成任务的人。殊不知，罗文并不是一个被随意挑选的人——有人对总统说："有一个名叫罗文的人，有办法找到加西亚，也只有他才能找得到。"——大家喜欢后面的结果，但都有意无意地忽略了这句话。

首先，这个人是有人推荐的，他的综合能力是得到了检验和认同的。我相信，如果从部队里随便挑一个士兵，即使他有强烈的意愿去完成这个任务，恐怕也难以达到目标。

其次，罗文在寻找加西亚的过程中，得到了大量的信息支援，并不是一个人毫无头绪地上路的。

而对于企业而言，我们刚好忽视了这最重要的两点：第一，我们难找到这样的人才；第二，我们没有给员工足够的指引。

我们承认"把信送给加西亚"是执行力的最高境界，但作为中小企业，别期望和依赖"把信送给加西亚"的牛人——我们需要让普通人也能完成企业的基本任务。

3．执行力的根本保障在于制度设计

执行力的关键不是给员工讲"应该"。如果应该的事情对企业的生存和发展有重大意义，那就讲"必须"，并将它们制度化。不能盲目期待结果，要明确保障结果。

在执行力强的公司，他们把我们生活中经常说的"应该如何如何"变成了制度化的"必须如何如何"，也正基于此才成就了他们强大的执行力。

管理中的执行力不能过分依赖某个人——优秀的做得好，不优秀的做得不好；自觉的做得好，不自觉的做得不好。

执行力不是空洞的口号，不是依赖优秀的员工，不是奢望人人自动自发，而是靠系统、健全的体制设计：

- 执行力是设计出来的，执行力设计是有原理的；
- 执行力是培养出来的，执行力的培养是要把道理讲明白的；
- 执行力是检查出来的，执行力的检查是要有清单的。

战略决定成败取决于高层决策者的前瞻能力，细节决定成败取决于中层与基层的执行力。但执行力的根本在于制度设计能力。重点不在于如何一鳞片爪地模仿著名企业的制度，而是了解他们到底是基于什么原理或原则来设计出这些制度的，从而真正启发我们如何通过制度设计打造执行力。

好的制度设计，就是为了减少员工试错、犯错的概率。

管理者请别找借口，员工执行力不行，多数是管理者不行！提高执行力，老板们至少要做好以下3件事。

（1）提升老板们自身的执行力。

（2）用正确的方法部署正确且可执行的工作。

（3）全过程的监督与管理体系完善。

从体系角度而言，提高执行力还需要做到以下5点。

（1）目标明确。关于目标的SMART法则，在这里就不做赘述了。

（2）方法可行。对于执行层来说，传授工具和方法远比传递思想更重要，励志培训不会带来多少业务增长，解决问题更多是靠方法而非热情；任何一个方法总有不足之处，在执行中通过PDCA循环来逐步完善。

（3）流程合理。在大多数企业里，流程在形式上没有问题，而是在执行中

表现出不合理。不合理的原因常有两个：外行管内行、责权利不对等。

（4）激励到位。激励到位有 3 层意思：力度到位、描述到位和兑现到位。激励力度要做到市场上有竞争力、员工中有吸引力、公司里有承受力。激励的描述要简洁易懂，最好能够形象化。兑现到位就是公司说的话一定要算数，规则得到执行。

（5）考核有效。考核有效要做到 3 点：一是考核要真正发挥导向作用，二是避免人为因素干扰，三是处罚措施要严格执行不能姑息。

3.4　克服拖延，用制度保证执行

徒弟：为什么工作中大家都很忙，却看不到完成了什么成果呢？

师父：因为只要不要求立即完成，任何人都可以做任意多的工作，而不会关心做的工作有没有用，跟目标有没有关系。

项目管理是最典型的目标管理，项目团队对执行力的要求特别重要，团队执行力的缺乏或者削弱，将直接导致目标的实现低于期望，进度的延期和成本的超支，甚至项目的失败。

3.4.1　克服拖延，应对帕金森定律

西里尔·诺斯古德·帕金森（Cyril Northcote Parkinson）所著的《帕金森定律》一书记录了一个老太太寄明信片的故事。帕金森发现，人做一件事所耗费的时间差别很大：一位老太太要给侄女寄明信片，她用了 1 个小时找明信片，1 个小时选择明信片，找侄女的地址又用了 30 分钟，1 个多小时用来写祝词，决定去寄明信片时是否带雨伞，又用去 20 分钟。做完这一切，老太太劳累不堪。

同样的事，一个工作特别忙的人可能花费 5 分钟在上班的途中就顺手做了。

工作会自动占满一个人所有可用的时间，工作总会拖到最后一刻才能完成。

如果一个人给自己安排了充裕的时间去完成一项工作，他就会放慢节奏或者增加其他项目以便用掉所有的时间。工作膨胀出来的复杂性会使工作显得很重要，在这种时间弹性很大的环境中，人并不会感到轻松，相反会因为工作的拖沓、膨胀而苦闷、劳累，从而精疲力竭。

1. 工作总会拖到最后一刻才能完成

某个周五的上午，公司企管部经理小张一上班就被总经理叫去。"小张，下周四公司要开一个高层管理会议，会上我们将讨论下个季度公司的市场策划。这样，你先拿出一个初步方案来。"因为今天还有些部门的事要处理，而且小张也希望仔细准备一下以便能够展示自己新的创意，尽管小张有把握半天即拿出策划方案，他还是对总经理说，下周三上午提交初步策划方案。"周三？太晚了，我还要先看一看。这样吧，你辛苦辛苦，周二一早交给我。"小张为争取到了一天的时间暗暗高兴，他下定决心，一定要将策划方案做好。

小张会在什么时候开始撰写策划方案呢？一般说来会有以下 3 种情形。

第一，拖到周一下午做。这种情况是最常见的，因为只要半天就可以完成了嘛。遗憾的是，周一下午常常有事，而且这些事常常是不得不做。那么，小张只能晚上加班了。那时，"在策划方案中充分展示创意"等已经无暇顾及了，其最后的结果是，要么周二一早不能按时提交，要么提交的策划方案连小张自己也不满意。

第二，小张周五上午就完成了。但是，他会将方案提交给老总吗？一般不会，因为到周二上午交差是争取来的。如果周五上午就提交的话，很可能不仅不会得到表扬，还会得到批评："这么快就完成了？不要偷工减料，不是说了周二上午给我吗？周末好好弄一弄，搞漂亮点。"

第三，周五上午小张就完成了，而且也提交给了老总。即使老总表扬了小张，但他的提前完成会使公司的高层管理会议提前召开吗？不会，因为计划是在下周四召开，那些与会者已经将下周四之前的时间做了别的安排了。

2. 无处不在的帕金森定律

想一下我们周围的现状吧。调研发现，公司投标前一天的工作都在对标书进行打印、装订、签字、盖章……几乎无一例外！可是，按照《中华人民共和国招标投标法》的规定至少还有 20 天的投标准备期，之前都干什么去了呢？

同样的场景在工程师写方案上也一再上演，相信你一定见过。

每个周末的晚上，公司宣传部小张几乎都在赶稿，多年来不胜其烦。其实，上班时间写一篇通讯稿，只需两小时即能完成，但周末有了宽松的两天时间，小张在网上东游游、西逛逛，直到周日晚上，心里有了交稿的紧迫感，才能静下心来，急急忙忙完成草稿。

帕金森定律告诉我们：人做一件事情，耗费的时间越长，就会感觉越累。工作会自动占满自己的时间，如果你给了自己充足的时间去完成某项工作，你一定会不自觉地放慢节奏至最后的时间期限，才集中精力去完成这项工作，所以，你会因为时间的拖沓和最后的紧迫感而感到劳累，筋疲力尽。

3. 克服拖延

徒弟：为什么很多想改变自己命运的人迟迟都没有行动呢？

师父：为什么很多人想拥有魔鬼的身材，还是没法管住嘴、迈开腿？

徒弟：那到底是为什么？

师父：因为人性。

徒弟：那何为人性呢？

师父：浪潮来袭才想起挪动早已僵硬的身躯，站在悬崖边上才想学会飞翔，这就是人性。同样，穷途末路时人们才会迸发既有独创性又卓越的想法。师父以前抄经书，每次都是在上交前熬通宵抄完的。

徒弟：您以前也中过帕金森定律的招啊！该如何应对这定律的影响呢？

师父：最后期限往前提：把长期的项目划分多个里程碑，每个里程碑进行正式评审；把任务分解到每天，日事日清。

为应对帕金森定律从而避免无事忙，在实践中，最常见的手段有 3 个。

（1）制订计划、明确节点并合理利用项目监控，可以保持项目节奏、及时调整项目行为，是应对帕金森定律的最重要手段。

（2）建立一个组织、组成一个团队，拖延问题将会明显改善。网络社群中各种门类的学习打卡，正是典型应用。那些在锻炼和减肥中不能持之以恒的独行侠们，一定会有很深的感悟。

（3）建立制度，并制定结构化的工作方法、流程、步骤，也能让拖延大大减轻。

> 如果投标准备期为 20 天，可以组建一个团队，分工协作、落实责任，在此基础上制订计划，并提供结构化的流程、模板，最后根据计划定期检查，这样就可以有效避免投标前的工作忙乱。

除了上述方法，以下几点对客服拖延也很重要：

- 分清主次，优先做最重要的事情；
- 消除干扰，终止那些分散精力的行为，例如限制上网、刷微信、看抖音的时间；
- 设定底线，设定自己最后动手的底线时间；
- 反馈奖励，改进了之后可以给自己一些奖励；
- 烦事先做，先做自己最不喜欢的事情。

3.4.2 规则是天，是不可触碰的线

我的一个学生是某公司的信息部经理，给我发微信说，工信部信息系统项目管理师考试成绩刚出来了，他的论文成绩是 44 分[1]。他吐槽：44 分与 45 分，到底有什么区别？也许，只是少写了一句话，或者拼错了一个字母。

思来想去，我没有很好的话来回他！

纠结半天，我给他发了一个连自己都无法说服的答案：这世界上

---

[1] 工信部信息系统项目管理师考试的论文满分 75 分，合格的标准是 45 分。

的事，总得有个标准，这标准是人为的，不一定准确、不一定合理甚至不一定公平；但没标准，是断不可行的！为了照顾44分而降低标准，也不可行，否则，得43分的人该掀桌子了！

一周后，我的一个女同事怀孕27周早产，结果她的孩子没有活下来。医学常识告诉我，怀孕28周即便早产也可以保住胎儿——7个月大的孩子就能保住。

44分与45分有什么区别？27周与28周有什么区别？

突然之间，我似乎找到了答案：生死之隔。

8点与8点过1分有什么区别？如果你乘坐的火车是8点的，区别就是要么你站在车厢门口一边喘粗气一边庆幸，幸福感爆棚；要么你在站台上狂奔，眼冒金星，眼睁睁听它呜呜几声，看它绝尘而去，欲哭无泪。

这一秒与下一秒有什么区别？如果你在"卡桑德拉大桥"（同名电影中的灾难场景）上，这一秒你的车厢成功地与前面的车厢脱离，没有随坍塌的大桥坠落，你就活下来；而如果不幸坐在前面的车厢中，你则会瞬间灰飞烟灭。你要去向谁抱怨不公平，跟谁诉说没区别？

1. 放任坏事会被人仿效，甚至变本加厉

心理学家菲利普·津巴多在1969年进行了一项实验，他把两辆一模一样的汽车停在了不同的两个社区，其中，一个社区是加州帕洛阿尔托的中产阶级区，另一个则是治安相对不太好的纽约布朗克斯区。

停在布朗克斯的那辆，他特意摘掉了车牌，打开了顶棚，结果一天不到，汽车就被偷走了；而停在帕洛阿尔托的那一辆，一周后仍然完好如初。

后来，津巴多用锤子把那辆车的玻璃敲了个大洞，结果仅仅过了几个小时，汽车就无踪无影了。

以这项实验为基础，政治学家詹姆士·威尔逊（James Q. Wilson）和犯罪学家乔治·凯林（George L. Kelling）提出了破窗效应，认为：如果有人打坏了一幢建筑物的窗户玻璃，而破损的窗户又得不到及时的维修，别人就可能受到

某些暗示性的纵容去打烂更多的窗户。久而久之，这些破窗户就给人造成一种无序的感觉。结果在这种公众麻木不仁的氛围中，犯罪就会滋生、猖獗。

环境中的不良现象如果被放任存在，会诱使人们仿效，甚至变本加厉。

如果公司对第一个迟到的员工没有给予任何惩处，其他员工不想按规定时间上班的心理便得到了纵容，这会导致公司的考勤制度形同虚设，员工逐渐认为迟到一会儿"没毛病"，结果便会有越来越多的员工不会在规定的时间坐在自己的工位上。长此以往，员工也会渐渐地对公司其他的管理制度熟视无睹，法不责众，现实中管理者难以对员工普遍性的不当行为进行纠错，"破窗"越来越多，彻底把组织推向了无序的境地。

2."下不为例"和"既往不咎"害死人

一个学生问我：如何记住女朋友的生日？我告诉他：忘记一次！

相信许多有过切身经历的男士都深有同感，我对这种不能忘记的事情的最深刻的体会是曾有一次忘记了给儿子买薯条。这就是制度，你不能忽略它的存在，否则你会受到让你铭记一生的惩罚。

烈火炎炎的火炉本身并不会主动烫人，但只要有人敢于触摸就必被烫，不论触摸者的身份、地位、性别，而且立即处罚，没有"下不为例"。同样，对待规则应该如同对待火炉：不能忽略制度的存在，否则就会受到让人刻骨铭心的惩罚。这就是热炉效应（hot stove rule），也告诉了我们管理制度须具备的4个特性。

（1）警示性。热炉通红，不用手去摸就知道炉子是热的，是会烫伤人的。公司的管理制度要明确地告诉每一个员工，使之有一个明确的行为取向。

（2）及时性。当有人碰到火炉时，立即就会被烫，对于任何人而言，没有一点时间缓冲的余地。公司的管理制度应适用于任何人，而且违反制度的行为与处罚之间间隔的时间不宜太长，否则，起不到好的惩戒、教育作用。

（3）必然性。每当有人触摸到热炉时，无论采取什么方式触摸，都肯定会被灼伤，不会"下不为例"。公司内只要发生违反制度的行为，相应的惩罚就尾随而至。在规则面前的"下不为例"和"既往不咎"，或许是国人漠视规则、契约意识无法建立的重要原因之一。

（4）平等性。"火炉"没有任何"弹性"，无论什么人，无论何时何地，只要触摸了"火炉"，都会被灼伤。王子犯法与庶民同罪，在公司管理制度面前，人人平等，尤其是管理者对于自己倡导的制度更应该身体力行。实践中，或有高层管理者一方面宣扬制度是红线不得触碰，一方面却又和稀泥般对中层干部执行中不通人情、不讲变通的嗔怪，不是以身作则的表现。

> 规则是天，是不可触碰的线，尽量让自己远离逾越它的底线，好司机从不压线。竭尽全力，努力让自己靠近上限，像孕妇足月分娩，像高考状元从容在清华、北大间任选任挑，而不让自己落到底线外。
> 我的这个学生应该庆幸这只是一次信息系统项目管理师考试，给了他很多次重来的机会。在绝大多数情况下，我们连一次越线的机会都没有。

规则是天，是不可触碰的线，尽量让自己远离它。既然是规则，遵守它。

> 2019 年，上海市徐汇区一个年轻女子在人行道上闯红灯被值岗的交警罚款 20 元，结果此女子竟然公然大叫："我又不是开车，闯红灯怎么了？"

一种既不合理也不合法的事，因为没有被严格并有效管控竟被当成了一种习以为常的事！制度化管理以执行为前提，即使对于员工那些个别的、轻微的小错误，管理者也不能掉以轻心，只要行为触犯了公司的核心价值，管理者便应该根据制度的条例依法处理。

3. 合理性不是挑战规则的理由

> 某人到一个地方去办事，停车的时候才发现没有停车位，于是他只好把车停在了马路边。他特意在雨刷下留了一张纸条，上面写着："我是来办事的。"
> 他办完事回来的时候，雨刷下多了一张罚单，而且在他原来的纸条上附加了一行批注："我也是来办事的。"

理由的合理性并不能抗衡制度的权威性，触犯制度者必将受到相应的惩处。

如果管理者没有惩戒最初的看似合理的小错误、小过失，最终导致违反制度的行为如"星星之火"，在企业中成"燎原之势"，将为企业带来无法弥补的损失。

> 在日本企业界，有一种叫作"红牌作战"的质量管理活动。日本企业中那些有油污、不清洁的设备都会被贴上具有警示意义的"红牌"，如果办公室和车间卫生欠佳，也会被贴上"红牌"，警示全体员工及时进行改善，以维护一个整洁有序的工作环境。这种活动经过推广后，确实对于保证企业的产品质量起到了非常重要的作用。

制度的存在并不是为了执行惩处，而是约束与公司价值观相左的行为，将企业文化确确实实地内化为员工实际的行为。

> 通用电气公司规定所有员工都必须靠右行，在离开座位时则需将椅子推进桌洞里，任何人违反这一规定都将被罚款。
>
> 华为公司明令规定开会时不允许有手机铃声，如果违反的话，铃声每响一次罚款 50 元。

火炉法则强调违反制度所付出的代价，当员工为违反制度所支付的代价远远超过收益时，自会渐渐地减少挑战公司制度的行为，并将遵守制度视为自觉的行动。

3.5 让员工爱上工作

人类在漫长的进化过程中，需要和环境（系统）保持一致，为了达到这一点每个个体必须不断地从环境中取得反馈。如果得不到任何反馈，就会感觉被剥夺，从而导致严重的认知失调。甚至可以说，负面的反馈都比没有任何反馈好。

3.5.1 让员工失去积极性，什么都不用做

为了研究人的工作积极性与他人对其工作反馈之间的关系，美国的心理学家在一所大学里进行了一个实验。被试的大学生被随机分为 3 个小组，他们的任务都是完成若干张试卷，而且可以获得相应的报酬，条件是：答对第一张试卷的报酬是 0.55 美元，答对第二张试卷的报酬是 0.50 美元，依此类推。

对第一组，实验组织方要求学生在卷子上写下自己的姓名，然后完成答卷内容，他们每答完一张，就把它交给实验主持人，主持人则把试卷从头到尾看一遍，点下头表示认可，然后把试卷翻过来，卷面朝下放到一厚沓已经答完的试卷上面；对于第二组，不要求参与者在试卷上写上自己的名字，他们答完题交上试卷，实验主持人顺手把试卷放到一沓纸上面，连看都不看；对第三组的做法则更加极端，参与者答完试卷交给实验主持人，主持人根本就不往之前参与者答好的试卷上放，连看都不看一眼，而是随手就塞进了碎纸机，当着参与者的面把它粉碎掉。

实验结果你可能也猜到了，第一组参与者平均完成了 9.03 张试卷，第二组平均完成的是 6.77 张，而第三组平均完成的是 6.34 张。结果表明，第二组和第三组完成的情况非常接近，但是和第一组的优秀表现相比，就相差甚远了。

1. 赫洛克效应

1925 年，美国心理学家赫洛克（E.B.Hurlook）研究发现，及时对一个人的工作结果进行评价，能强化工作动机，对工作起促进作用；适当表扬的效果明显优于批评，而批评的效果比不予任何评价好。这就是赫洛克效应（Hurlook effect）。

赫洛克效应告诉我们：如果一位管理者想要破坏员工的积极性，只要毁掉他的劳动成果就够了，或者对他的劳动不闻不问、漠不关心，或者将他的劳动成果束之高阁、扔进报废品仓库或者索性扔进垃圾堆，这些做法的效果都会立竿见影。当然，如果想调动员工的积极性，就必须重视他们的想法、在乎他们

的感受、看重他们的工作、尊重他们的成果。

（1）搪塞不会赢得人心。职场中，岁末年初进行的一项重要的管理工作就是总结或述职。人们都知道：不能只顾着埋头拉车，更要学会抬头看路。是的，对过去工作的总结与复盘，对下阶段工作的规划与展望，是未来团队和个人寻求进步的起点。于是，员工会认真编写个人的工作总结，基层管理者也会用心地拿出一份表达他心声的述职报告，而且述职报告中往往不局限于对个人工作业绩的陈述，更多的是面向下个工作周期，基层管理者对工作的思考，以及他们希望获得的资源与支持，后者是基层管理者更希望公司高层多多关注的。

理想很丰满，现实很骨感。令人遗憾的是，有些年终总结或述职会议流于形式，高层管理者或是因为对相关事项在会前缺乏充分的了解与思考（当然，基层管理者与高层领导的事前沟通是很重要的，对于双方达成共识的作用不容忽视），或是因为对事项所持的负面态度，或是因为当天个人身体状况不佳等原因，于是给予汇报人的回复就成了：你的报告信息量太大，我需要会后好好消化。然后，就没有下文了。

管理者这种消极、搪塞的言行，对下属工作积极性的伤害是巨大的，甚至是灾难性的。你能想象这样的管理者能担得起远航舵手的重任吗？能引领企业驶入发展的快车道吗？能给予员工成长与未来吗？管理者的搪塞，失掉的不仅是下属对他的敬仰之心，更失掉了员工对企业的信心。

（2）引发员工白忙的"拍脑袋"。优秀的管理者绝不会简单地认为，让员工努力工作，只要给他们报酬就可以了。上文中提到的答卷实验已经充分展示了人类的积极性是一个复杂的问题，不能把它简单地推断为"干活挣薪水"这样的交换行为。

决策者之所以胜任，是因为其善于在理性、全面、科学的研判基础上进行决策。一旦决策失误，不仅带来人、财、物、时间资源的耗费，甚至会给组织带来毁灭性的打击。在现实中，由于管理者拍脑袋决策给员工工作积极性带来难以治愈的打击的事例比比皆是。

公司确定了一个新品方向，为了尽快向用户展示产品的原型，于是在没有充分调研、策划的前提下，为团队所有成员描绘了一幅美丽蓝图，希望大家众志成城、克服万难，打赢这场硬仗。接下来，硬件设计、软件设计、机械设计 3 个小组的研发人员热情高涨，加班加点完成了从方案论证、图纸设计到测试联调等一系列工作；公司领导也时常来关心项目进度，给大家鼓劲打气；采购人员、生产人员也密切配合、全力保障。总之，从上到下，公司的团队精神展现得淋漓尽致。

正当所有项目成员都满怀期待地迎接客户对原型产品的改进意见时，却渐渐意识到了那个残酷的现实（尽管管理者不好意思直言）——这个产品需求已经被客户毙掉了！！想到那一个个加班后披星戴月回家的夜晚，想到那一个个窝在实验室里装配、调试产品的周末，想到为这项工作挨的批、承受的压力……所有的付出都成了徒劳，难过、郁闷、酸楚、无奈涌上心头：哎，我只猜到了开头，却没有料到结局，白忙活了一场，我们太难了！

像这样工作成果的种种无疾而终，对员工积极性的杀伤力是极其大的。

2. 战俘实验：反馈之渐变原理

这是一个很著名的实验，由于人道主义原因，这个实验已经很难再被重复。有一些军人抓到一个战俘，之后在他的手上割了一个口子，上面撒了一些没有任何害处的粉末。之后对他说，我们用了一种药物让你的血液不能凝固，会一直流下去，直到流干为止。之后打开水龙头来模拟血液的滴答声音。实验结果也很令人痛心，这个战俘活活被吓死了。

这就是反馈的渐变原理。渐变原理就是随着时间的流逝，反馈的东西不断地增加或者减少，从而造成心理感受的累积效果。

利用渐变原理可以让人加强或者放弃某种行为。比如在一个公共区间（教室、商场、酒店大堂、礼堂等），突然把音乐开得很大，之后让音乐慢慢降低，直到完全停止。在场的人们随着音乐也渐渐地安静下来了。

下面是我百试不爽的一种方法。在我的课上，经常需要做各种现场演练和实践验证，有时在场的人异常兴奋，一时安静不下来，我就开始倒数数字："10—9—8—7……1"，一开始声音很大，然后越来越小。有趣的是，开始报数的时候后面的人根本听不清我在说什么，随着数字的减小，人们从前往后依次安静下来，当数到"3—2—1"时，整个房间突然安静了下来。最后，倒计时完毕，每个人都好像迫不及待地等着宣布点什么重大决定。

3. 斯金纳实验：反馈之随机原理

著名心理学家伯尔赫斯·弗雷德里克·斯金纳（Burrhus Frederic Skinner）设计了一个实验厢式装置（这就是大名鼎鼎的斯金纳箱），其基本结构是：在箱壁的一边有一个可供按压的杠杆，在杠杆旁边有一个放置了食物的小盒紧靠着箱壁上的小孔，小孔外是食物释放器，其中贮有颗粒形食物。动物在箱内按一下杠杆，即有一粒食物从小孔口落入小盒内，动物可取食。斯金纳做了一系列实验，都堪称心理学实验的经典。

其中一个实验如下：

第一步：将一只很饿的小白鼠放入斯金纳箱中，每次按下杠杆，则掉落食物。很快，小白鼠自发学会了按杠杆。这个实验比"给狗摇铃喂食"的巴甫洛夫实验更进了一步，建立行为。换句话说，使行为者感觉到"行为"与"奖励"是有联系的。只要通过将行为与奖励不断重复、建立联系，就可以培养操作者的行为模式。

第二步：把按一次掉落食物改成按3次才掉落。这相当于一个公司改革了绩效考核体系。结果小白鼠的行为和公司的员工差不多，经过短时间的茫然和试错之后，最终还是掌握了这个技能。

第三步：出现食物和按杠杆的次数没有直接关系，随机掉落。结果，小白鼠学会了不停按钮。随着概率越来越低，小白鼠按按钮的学习行为没有变化，直至40~60次按按钮掉落一个食物，小白鼠仍然会不停按按钮，持续很久一段时间。当不再掉落食物时，小白鼠的学习行为消失速度非常慢。

由于概率性给予结果，行为者很难直观地判断机制是否失效，从而变得疯狂。这个实验模拟了为什么"赌博"——如简单的老虎机，或者更复杂的赌博——会给予人类以依赖感，或者说，成瘾性。

有人说，赌博上瘾的人都是因为贪婪的心在作怪。但是研究者调查表明，大多数人第一次去赌场之前都不相信自己会赢钱，都是理智的。因为从概率上讲，这毕竟是小概率。而进入了赌场之后，尤其是无意中赢了一次之后，这个上瘾机制就启动了。有的人，难以逃脱这个机制的控制，成了真正的赌徒。而全世界每年因为赌博而倾家荡产的人更是数不胜数。

斯金纳通过实验发现，个体的行为是随着一个起强化作用的刺激而发生的，人的一切行为几乎都是操作性强化的结果，人们有可能通过强化作用的影响去改变别人的反应。

这几年，特别是春节期间，抢红包、集福等成了很多互联网公司吸引人气、增加日活（Daily Active User，DAU）的常规打法。实际上，到最后，很多人抢到的红包大概率只有几分钱，为什么"地上一块钱不捡，网上一分钱要抢"？有人说，抢红包重点在"抢"，"抢"除了让人有一种参与感和互动感，更重要的是红包的随机性会刺激大脑分泌多巴胺，让人欲罢不能。

可见，基于随机反馈原理的活动套路有时真的令我们心甘情愿地中招。

3.5.2　小心过度理由效应

最近，跟一位小有成就的创业企业老总聊天，他向我抱怨自己的高级人才连续流失："我已经连续给他们涨了很多次工资了，怎么看不到一点成效呢？为什么他们总是不满足？"

1. 物质奖励是有毒的

心理学家爱德华·德西（Edward L. Deci）在 1971 年做了一个著

名的实验。他让大学生做被试者，在实验室里解有趣的智力难题。

实验分 3 个阶段：

第一阶段，所有的被试者都无奖励。

第二阶段，将被试者分为两组，实验组（奖励组）的被试者完成一个难题可得到 1 美元的报酬，而控制组（无奖励组）的被试者跟第一阶段相同，无报酬。

第三阶段为休息时间，被试者可以在原地自由活动，并把他们是否继续去解题作为喜爱这项活动的程度指标。

实验组（奖励组）被试者在第二阶段确实十分努力，而在第三阶段继续解题的人数很少，表明兴趣与努力的程度在减弱，而控制组（无奖励组）的被试者有更多人花更多的休息时间在继续解题，表明兴趣与努力的程度在增强。

适度的外在奖励有利于巩固个体的内在动机，但过多的外在奖励，人们会将注意力更多地放在外在动机的奖励上，而减少了对活动本身的享受和对满足感的关心，这就是过度理由效应（over justification effect），也称为德西效应。德西的经典实验证实了过度理由效应的影响，深刻地揭示了一个事实，将人的动机转化为外部因素，会削弱本来存在的内部动机，降低内在满足感。

2. 管住这些熊孩子

有一个犹太老人喜欢午睡。一段时间的中午，不知从何处来了一群孩子在他的楼下踢空易拉罐游戏。老人忍无可忍，出来驱赶、训斥这些孩子，这样做非但没有效果，孩子们反而踢得更起劲了。

老人想了一个办法，他对孩子们说，如果每天来踢易拉罐可以每人每天得到 1 美元的奖励。

第一天，孩子们很高兴，努力地踢。每人拿到了 1 美元。

第二天，老人说钱不够，只能给每人 0.5 美元，但仍希望大家努力踢。孩子们不太高兴了，踢起来的劲头有所不足。

第三天，老人以孩子们前一天没有好好踢为由，告诉大家今天没有奖励。孩子们："没有钱谁给你踢！"

老人终于又可以安心睡午觉了。

老人的反对，无形中变成了孩子在"踢"这个行为上的内在成就感。所以，大人越反对他们踢得越欢。

老人通过巧妙的设计，将孩子们的内部动机"为自己快乐而玩"变成了外部动机"为得到物质奖励而玩"，也就是把"踢"这种行为的反馈转移到物质奖励上，从而让行为本身和外在的物质奖励建立起了联系，而他操纵着物质奖励这个外部因素，所以也操纵了孩子们的行为。在这个过程中加以渐变理论的应用，孩子们顺利"中招"。

老人，像不像你的老板、上司？而物质奖励，像不像你的工资、奖金等各种各样的外部奖励？

人一旦感觉到自己不断地在进步，内在的成就感就会建立起来，如果此时管理者把这种反馈直接和物质奖励相联系的话，这种内在成就感就会降低，反而会削弱努力的程度。

3. 为工作找点意义

薪酬是组织管理的一个有效硬件，几乎每个组织都建立了自己的薪酬体系以实现对员工的激励。薪金管理运用之妙，可以达到意料之外的良好效果，但是薪酬作为一种典型的外在报酬，一味依赖就会触发"德西效应"，不仅不能激励员工，反而影响了员工的主动性。

当年史蒂夫·乔布斯（Steve Jobs）邀请蒂姆·库克（Tim Cook）加盟苹果时说："你是愿意继续卖糖水，还是愿意和我一起改变世界？"

自从过度理由效应被提出之后，人们对如何有效地激励做了很多有益探索，核心原则就是为工作赋予某种意义，让人们找到工作的兴趣，从而激发人的内在动机。

很多互联网巨头，把"改变世界"的愿景和以解决问题为乐的极客文化作为激励员工的主要手段，同时，以不低于同行业平均水平的薪酬福利来解决员工的后顾之忧，营造出一种"工作是为了兴趣，而获取薪酬只是为了更好地生活"的氛围，试图让内在动机和外在激励达到平衡。

3.5.3　利用好安慰剂效应

1. 安慰剂效应

第二次世界大战期间，美军在攻占意大利南部海滩的战斗中，镇痛剂很快就用完了。当不断增加的伤兵痛苦地嚎叫着要镇痛剂时，当时的军医亨利·贝克（Henry K. Beecher）在万般无奈之下只能让护士给他们注射生理盐水并骗他们说里面加了强力镇痛剂。结果神奇的一幕发生了，这些注射了生理盐水后的伤兵，居然真的停止了哀嚎，疼痛止住了。

1955 年，贝克发表了一篇著名的论文《强力的安慰剂》（*The Powerful Placebo*），正式提出了安慰剂效应（Placebo effect）。

在心理学中，安慰剂效应表示在咨询中向来访者提供"安慰剂"，使来访者由于期望而促进心理障碍减轻或病情好转的心理现象。心理咨询中的"安慰剂"包括心理病理性药物、生物意义上的中性物质、咨询者的形象、咨询者的言语和非言语技术及咨询环境的建构，咨询人员通过药物、药物替代、言行及环境暗示引导来访者对自己的改变和发展。

2. 人为设置一个短期实现的内部里程碑

过长的目标往往给人造成心理上的压力，为了让团队成员工作有成就感甚至上瘾，有时你需要利用安慰剂效应刻意地控制工作的成功，这里有一个有效的方式，就是人为地制造一个短期的内部里程碑。虽然从业务上讲这种短期里程碑也许并没有实质性进展，但这对建立项目节奏、提升工作效率十分有效。

事实上，聪明的山田本一（见第 2.1.1 节）就是这方面进行心理管理的高手，他的阶段控制，不仅降低了不确定性，还在每个阶段目标实现时做了积极的心理暗示，从而得到了激励。

秦朔是某公司刚从竞争对手处挖过来的资深项目经理，临危受命接手了一个已经更换了两任项目经理的 ERP 项目[①]。

①高茂源. 项目管理心理学[M]. 北京：机械工业出版社，2014.（有改动）

前期的种种问题，使得项目组成员身心俱疲、人心涣散、士气低落。就像一个身体屏弱的病人，病情背后往往还有很多麻烦。秦朔从不同方面耳闻某些说不清、道不明的政治斗争，有关人员相互推诿、各怀心事。在被任命的当天，项目的相关人员召开会议，技术总监和市场总监激烈争吵，眼前这一幕让秦朔倍感压力。会后，公司总经理出面请二人吃饭，关系才得以缓解。

接手后，秦朔和技术总监一起重新梳理了项目的已有成果，做了一些方案微调，更重要的是重新制订了项目计划。新计划安排了一个周期为 7 天的每人都能完成的任务，并宣布为新阶段的第一个里程碑。一周后，项目发布了第一个内部版本——内部标准版。秦朔还请主管副总经理参与了这个里程碑会议，总结这个里程碑的意义，同时制订了下个阶段的工作计划。会议结束后，相关人员把这个作为项目的一个重大新闻，发布到公司网站、App 和微信公众号上。

这个里程碑其实没有实质上的进展，界面、数据库和开发接口都有待进一步明确。这样做的主要目的是利用安慰剂效应，对项目组成员进行心理干预。

一个月后，项目组又发布了第二个里程碑。安慰剂的作用开始显现了。项目组成员开始出现了这样的感受：

终于来了一个认真做事情的人！

项目终于有希望了！

找到了久违的激情！

……

半年后，该项目顺利通过了测试，正式上线。

实践中，验收节点带来的压力，往往是每个人（尤其是客户和高层）关注的重要节点，对于项目团队而言属于没有回旋空间的硬性节点，而内部控制的里程碑节点很多时候是有弹性的，如何利用内部控制的里程碑进行有效激励，是应该重视的。请记住：眼睛盯住细节的，是工程师；眼睛盯住结果的，是老板；眼睛盯住过程的，是项目管理者。

3.6 把握问题关键，提升项目团队绩效

人是宝贵的资源，又是最靠不住的资源。对研发人员来说，这个话还应该加上一段：人是最难伺候的资源。

3.6.1 激励技术人员是老总们头痛的事

研发（Research and Development，R&D）是企业成长的生命线，但企业的研发效率却常常低得让人头疼。常听研发的朋友说自己经历的项目有多烂，他们的感觉并没有错——平均每 7 个研发想法中只有 1 个获得商业化[①]（见图 3-10），而且商业化的结果又不能善始善终。

研发是企业成长的生命线，但组织的研发效率却常常低得让人心塞，其中很多原因并非在于技术方面，却与人的因素息息相关。

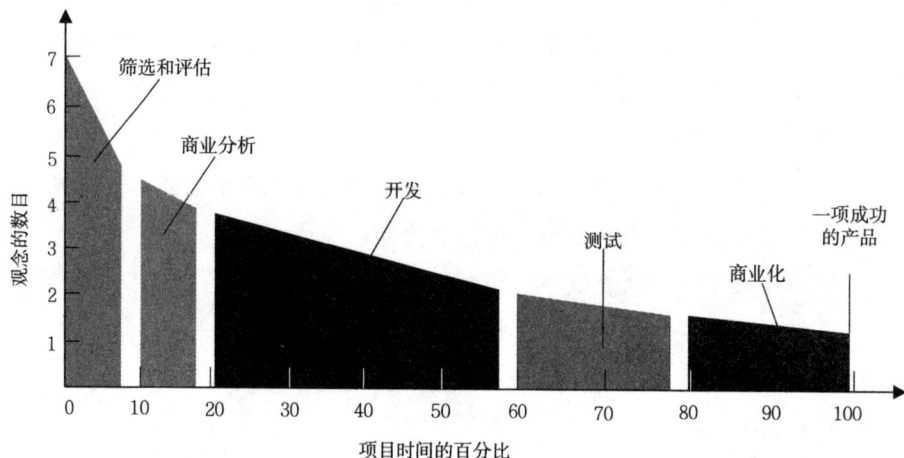

图 3-10　7 个研发想法中只有 1 个获得商业化

1. 气儿不顺的研发人员让管理者无奈

"外行领导内行"备受国人批评，但对项目驱动型组织来说这种情况却难以避免——没有人能把多个专业都变成内行，而项目又常是跨专业的复杂工作。

[①] http://www.prod-dev.com/.

事实上，无论管理者是否具有专业背景，项目中总有一些技术问题他们不明白。一个现状是，技术方面外行的管理者，在专业技术人员心中（或者潜意识中）仍然是不愿意被接受的。

> 研发人员挖起"坑"来，恐怕真够老总们难过的。研发项目存在大量的不确定性，在这些外行的管理者面前，技术专家们可以随意拿出几个技术问题（甚至只是技术术语）说事，这只能令"老外"管理者们干着急。
>
> "创新嘛，总有很多不确定性，计划不如变化！"
>
> "牛顿能够预知他何时能够发现万有引力吗？"
>
> "爱迪生能事先知道何时能够发明灯泡吗？"

"技术问题"成了研发人员的免死牌。如果高管们本身就是技术高手，这些问题可能少一些；事实上，高管们都是技术高手的企业面临的问题常常更大。

2. 好的研发人员是宝贝

文化和思维的局限导致国内的管理水平始终走不出靠"师父"的窘境。

> 川菜馆是国内企业的典型代表。一方面，川菜馆开遍全球，麻婆豆腐世人喜爱；另一方面，企业效益的好坏，很大程度上由大师父们决定。有意思的是，这种手艺一般人学不来，或短期内学不来。更好玩的是，做出的菜肴好坏，不仅要确保食材好等条件，师父本人的手也极为重要——"少许"，不是每个人都能找到；当然，师父的心情好坏也是一个重要条件！
>
> 国内的大多数研发企业同样如此，有能力的研发人员就是川菜师父。企业在很大程度上受制于他们，这些人跳槽的空间很大，他们一旦离去，企业的损失就会很大。老板们对这些人虽然心里时刻提防，甚至有时恨得牙痒痒，但对他们无可奈何，表面上还得赔着笑脸，说着"尊重人才"这样的漂亮话。

除非企业有足够的知识积累和强大的技术平台，否则，如何有效激励研发人员就是管理者们不得不面对的问题。遗憾的是，我们的企业大多还处于靠"能人"的阶段。

3. 激励是比惩罚更有效的措施

18世纪，英国政府为了开发新占领的殖民地——澳大利亚，决定将已经判刑的囚犯运往澳大利亚。

从英国运送犯人到澳大利亚的工作由私人船主承包，政府支付长途运输费用。据《犯人船》记载，1790—1792年，26艘由私人船主运送犯人的船共搭载4082人，死亡498人，死亡率很高。一艘名为"海神号"的船，运送的424名犯人死了158人。英国政府经济上损失巨大，在道义上更是备受谴责。

按照见招拆招的思维方式寻找解决犯人死亡问题的解决方案，一般可以形成两种做法。

（1）对船主进行道德说教，寄希望于私人船主良心发现，为囚犯创造更好的生活条件。

（2）政府进行干预，使用行政手段强迫私人船主改进运输方法。

但以上两种做法都有实施难度，同时也会收效甚微。

英国政府实施了一种新制度以解决问题。政府不再按上船的囚犯人数向船主支付费用，而是按实际在澳大利亚下船时的囚犯人数付费。

新制度立竿见影，据《犯人船》记载，1793年新制度下的3艘船到达澳大利亚后，422名罪犯只有1人死于途中。此后，英国政府对这些制度继续改进，如果罪犯健康状况良好还给船主发奖金。这样，运往澳大利亚罪犯的死亡率下降到1%左右。

新的激励机制顺应了船主们谋利的需求，使得犯人平安到达目的地。这就是激励机制的重要作用。动听的道德说教和严厉的惩罚都不如激励机制。如果别人给我们支付佣金，我们会更努力地工作；如果汽油价格上升，我们会减少开车。这就是亚当·斯密在《国富论》中提到的一个思想。

人们面对"爱护花木,人人有责""请君自重,勿折花木"等类似道德说教的警示牌熟视无睹,以至于很多公园里写着"凡偷盗花木者罚款若干",可是花木被窃的事还是时有发生。

面对顽固的人性,道德说教是软弱无力的,必须有一种保护花木的机制。一个植物园里写着"凡举报偷盗花木者,奖励若干",结果花木生长得很好,从未发现花草被盗。

"罚款若干"是惩罚机制,"奖励若干"是激励机制。可见,激励比惩罚有效。

3.6.2 让员工获得激励

专业人员(包括技术和业务人员)的工作动机大概可以分为两方面:一方面是看得见的,比如待遇、职位;另一方面是看不见的,比如尊重、个人价值观的实现、对具体技术路线和产品发展的理想等。很多管理者对后者的关注非常不够,这就导致了专业人员只要前者得不到满足,就义无反顾地离职。事实上,真正因为待遇和职位离职的人不是大多数。而且,尽管以待遇和职位为由提出的离职,最后发现其真正原因并非如此。

美国 Hewitt 公司对 20000 名刚离职人员进行了调查,结果发现大多数人离职并非由于薪资,而是由于上司。调查中还发现,公司人力资源部和员工对离职原因的答案是不同的。

公司人力资源部提及的前 6 位原因依次如下。

(1)发展机会。

(2)薪酬问题。

(3)主管问题。

(4)文化环境。

(5)得到肯定。

(6)工作的挑战性。

员工提及的前 6 位原因依次如下。

(1)主管问题。

（2）工作生活平衡。

（3）工作中学到知识。

（4）文化环境。

（5）与同事的关系。

（6）薪酬。

1. 没有钱是万万不能的

马云说员工的离职原因林林总总，只有两点最真实：一是钱没给到位，二是心委屈了。由于商业环境的快速变化，企业的寿命越来越短，猝死率越来越高，企业难以向研发人员提供职业安全的保障。

只要企业的员工有胜任工作的能力、积极工作的态度，并称职地完成了工作，企业就该给出符合市场行情的报酬。"厂兴我兴，厂辱我辱"等大而空的说法应该休了！否则人家就会"不陪你玩"。找到对技术感兴趣、对企业忠诚的人是一种福气，不能将其视为正常。如何用好"重利"而不是"重义"的常人是管理者的永恒话题。

2. 金钱不是万能的

正如第 3.5.2 节我们讨论的，不要过分夸大金钱的激励作用，过多的外在奖励会导致过度理由效应。实际上人们都需要成就感，从某种意义上说，一个人活着的目的和意义也是在追求一种成就感。

> 稻盛和夫认为："一个人活着的意义是比出生时要完美一点。"基于此，每个人都希望做到日日精进。从本质上来说，稻盛和夫追求的也是一种成就感。正是因为他每天都在进步，觉得离自己心中理想的境界又接近了一些，所以产生了愉快或成功的感觉。从这个意义上来说，出家人修禅也是在追求成就感，通过修禅，他的内心境界不断提高，对人、对生活、对社会、对宇宙的认识也在不断地提升，由此内心获得一种愉悦的感觉。

你可能认为他们是圣人，他们的成就普通人难以企及。事实上，圣人和普通人在内心情感上也许没有太多差别。一个人的成就大小有差别，但成就感没有差别。

现在许多孩子沉迷于网络游戏不能自拔，这种状态很多是因为孩子们在现实生活中屡受打击，难以产生成就感，转而去寻求在虚拟世界中呼风唤雨带来的一种巨大成就感。

本质上，编程工作非常枯燥乏味，为什么程序员们却能长时间端坐于电脑前乐此不疲呢？一个重要原因就是程序员们控制电脑、解决问题所带来的成就感。

反之，很多人因为没有成就感，对人生的价值和意义产生了消极的看法，有些人甚至因此走上了绝路。在网上查一下"高考失利自杀"，你会发现，仅仅因为没考上大学，每年都有很多人结束了自己的生命。

保护、培养并利用好成就感，可以将一个人的内在潜力充分激发出来，产生令人意想不到的力量。

3. 让他感觉到你对他的态度

毛主席说"你办事，我放心"，他深谙国人文化特性。事实上，中国人最喜欢听的话还有一句："我支持你，你放手去做。"

事实上，很多人的行为通常都是这样的：如果部属看得起你，你就会照顾他；部属看不起你，你就会"公事公办"。上司看得起你，你就会多动脑筋，把事情做得更好；上司看不起你，很简单，你就会混，混到不被开除就好了。

我曾问过很多人："你不过才领这么几个钱，干嘛工作这么努力？"他们的回答如出一辙："不行啊，我们老板看得起我，给我很大的面子，我只好争气呀！"

还有的人在公司看起来什么都不想做，甚至坐没坐样、站没站样，非常散漫。我就问他："你这是干嘛呢？年纪轻轻就这样！"他说："老板根本就看不起我，我再怎么表现也没用，还是省点力气的好！"

管理者们，你一定要了解国人有"士为知己者死"的心态。

人对人是一面镜子，你对他笑，他就跟你笑；你骂他，他也骂你。想别人怎样对你，你就应该怎样对他，这都是我们老祖宗讲的。因此，想要让团队成员尊敬你，好好干工作，你就要看得起他，就对他好一点。只要你尊重团队成员的工作，他们就不会对你的工作不好。

4. 提升研发人员的成就感

成就感本质是一个人内心的体验，既取决于其自身的体悟，又很容易受到外界评价的影响。长期得不到成就感的滋养，就好比贫瘠、干涸的盐碱地，是种不出好庄稼的。管理者在培养员工的成就感方面，起着重要作用，同一件事情，由于管理者处理方法的不同，其结果会有天壤之别。

研发人员费尽九牛二虎之力，好不容易解决了一个技术难点，兴奋地向领导汇报。常见的两种反应如下：

- "这么简单，还做这么久？碰到问题怎么不向我汇报？"
- "做得不错！愿意跟我一起分享一下你的心得吗？"

前一种"简单粗暴"的回馈会大大地打击员工的积极性，如果他今后不配合你的工作也在情理之中——反正我干得再好也会被打击，没意思。后一种回馈，则能很好地保护和激发了员工的成就感，他会更加乐意与你沟通，也会因为你理解他、懂得欣赏他，而更愿意服从你的指挥。

管理者的一言一行都对员工会产生正面或负面的影响，因此管理必须要谨言慎行、言行一致，避免做出打击员工成就感的事情。

3.6.3　培养和保护员工的成就感

项目管理者可以参考米哈里激励模式（见图 3-11），培养和保护员工的成就感。实践中，有些方面必须重视。

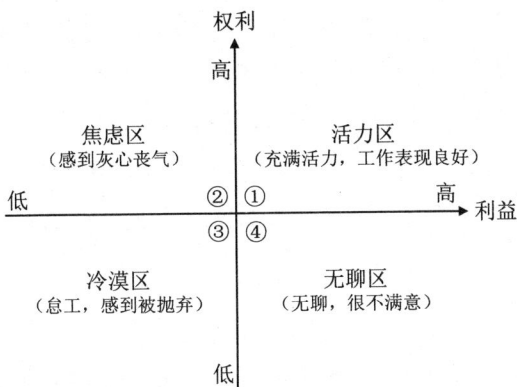

图 3-11 米哈里激励模式

1. 让员工深信工作的价值

霍桑实验是心理学史上最著名的事件之一。这一系列在美国芝加哥西部电器公司所属的霍桑工厂进行的心理学研究，由哈佛大学的心理学教授梅奥主持，旨在研究工人的生产效率。

研究者在霍桑工厂开始访谈时的最初想法是调研工人对诸多问题的看法，这些问题包括工厂长期规划、政策、管理者态度、工作环境条件等。但这种结构性访谈计划在进行过程中大大出乎调查者的意料，得到了意想不到的效果。工人们想就访谈提纲以外的事情进行交谈，他们认为重要的事情并不是公司或调查者认为意义重大的那些事。访谈者了解到这一点，及时把访谈计划改为事先不规定内容，每次访谈的平均时间从30分钟延长到1~1.5个小时，多听少说，详细记录工人的不满和意见。访谈计划持续了两年多，工人的产量大幅提高。

霍桑实验取得极大成功，让人们开始重视人的心理因素对行为的影响，从过去的泰勒式管理思维中走出来。

　　彼得·德鲁克在《管理的实践》一书中曾讲过"3个石匠的故事"。有人问3个石匠在做什么。第一个石匠说："我在谋生。"第二个石匠一边打石子一边说："我在做全国最好的琢石工作。"第三个石匠眼中带着想象的光辉，仰望天空说："我在造一座神圣的大教堂。"

　　同样做的是石匠活，第三个石匠显然会更有成就感，他的工作也会更有动力。

不是每个员工都能像第三个石匠那样认识到工作的价值。不同的研发人员，同样面对技术工作，既可将其视为谋生手段，也可以看成完成一项事业。研发人员怎么看，管理者在其中可以起到重要作用。

　　事实上，员工对于工作的认识很大程度来源于管理者的导向。为了激发员工的成就感，管理者必须要让员工深信工作是具有价值的，或者具有重要的意义。

　　项目经理老张接手了一个不被公司重视的项目，公司领导认为项目金额太小，对公司没多少价值，但碍于客户情面又不得不做，这样公司就难以把优秀的员工安排进项目组。由于领导不重视，导致项目组成员的工作热情也不高。但项目还是需要实施，老张对此甚是为难。

管理者们不要说项目不重要的话，更不能说事情很简单。对管理者而言，可能只是一句无心之言，但对于项目组却可能是毁灭性的打击。

2. 及时表扬、真诚激励

有一种不需要花一分钱，又可以随时进行的激励措施：表扬员工（或者称之为赞美）。

　　我曾看过一个国外视频短片叫《盖章》，故事的主角是一个停车场的管理员，他在给别人免费停车盖章的同时，也不停地免费夸赞别人，通过赞美，使得周围的人生活变得更加美好，最后也追求到了自己心爱的女生。由此可见，赞美有着巨大的力量。社交平台中走红的微信夸夸群，也正是满足了凡人们的心理需求。

员工的士气就好像自行车的轮胎，骑久了自然会瘪下去。每次表扬相当于给员工打一次气，经常给员工打气，"轮胎"就会保持饱满的工作状态。

研发人员是一个非常需要及时表扬的群体，他们的工作比较单调，生活也比较封闭，一次真诚的赞美，对他们起到的激励作用胜过千百句语重心长的教导。

美国心理学家罗伯特·罗森塔尔（Robert Rosenthal）在某学校做过一个心理实验，他随意从每班抽 3 名学生共 18 人写在一张表格上，交给校长，极为认真地说："这 18 名学生经过科学测定全都是高智商型人才。"事过半年，罗森塔尔又来到该校，发现这 18 名学生的确超过一般人，进步很大，再后来这 18 人全都在不同的岗位上干出了非凡的成绩。

你期望什么，你就会得到什么，你得到的不是你想要的，而是你期待的。这就是著名的罗森塔尔效应（Rosenthal effect），也被称为皮格马利翁效应（Pygmalion effect）。

管理者们应该注意给员工正面的期望，员工能感觉到你对他寄予的厚望，他也会因此加倍努力，希望不会辜负你的期望。在这个过程中，他的主动性、积极性和创造性都得以充分地发挥，这样他达到目标的可能性也就会大大增加。

对于项目中的新员工，有些项目管理者会认为"他水平很烂，什么也不懂，不能给他安排什么工作"，有的项目管理者则认为"他的潜力很大，很快就可以融入团队，胜任项目的工作"，这两种不同的期望，可能会导致截然相反的结果。前者可能会真如所说，长期在项目中无所事事，无法融入团队，沦为给其他人打杂的闲杂人员；而后者则很可能迅速成长，成为项目中的骨干。

3. 让员工参与项目管理

只有专制蛮横、自信过头的人才会认为项目管理是自己一个人的事情。一个真正凝胶型的团队应该让员工参与到管理工作中来，这样才能真正发挥团队的智慧，并激发每个员工的主人翁精神、获得成就感。在重要环节让员工参与进来，听取不同的声音，也有助于做出科学的决策。

项目中要允许员工失败，允许达不到目标。对于员工存在的问题，不能一味批评、求全责备，优秀的管理者不应总让出现在问题现场的人来承担责任，而应该帮助员工分析原因，找到解决的方法，让下属在失败中学习成长。

3.6.4 必须知道的激励理论

项目团队由具有不同背景、期望和个人目标的团队成员组成。项目的全面成功依赖于项目团队的责任感，而这又与他们的激励程度直接相关。项目环境中的激励，需要建立一种氛围，保证既实现项目目标，又针对个人最看重的方面，使团队成员得到最大限度的自我满足。

1. 马斯洛需求层次理论

马斯洛需求层次理论（Maslow's hierarchy of needs）是行为科学的重要理论，由美国心理学家亚伯拉罕·哈罗德·马斯洛（Abraham Harold Maslow）提出。该理论将需要分为5种，像阶梯一样从低到高，按层次逐级递升。这5种需要分别为：生理上的需要、安全上的需要、情感和归属的需要（社会需要）、自尊的需要、自我实现的需要。只有下层的需要得到满足后，上层的需要才有激励作用。

2. 麦戈雷格的 X-Y 理论

X-Y 理论（Theory X-Theory Y）由道格拉斯·麦格里格（Douglas McGregor）提出，主要是对人性的根本性理解。一个是性本恶——X 理论，一个是性本善——Y 理论。

X 理论认为：人是以自我为中心的，工作是不愉快的；人们缺乏进取心，避免承担责任，喜欢受指导进行工作；缺乏解决问题的能力，缺乏创造的能力；受马斯洛生理与安全需要的低层次需要激励。

Y 理论认为：人是对工作条件感兴趣的，工作犹如娱乐；人们能够自我约束与控制，以实现组织的目标；有能力、有创意地解决问题；受马斯洛高层次需求的激励；激励适当的话，能够自我指引和导向、具有创造力。

3. 赫茨伯格的双因素理论

双因素理论（Two Factor Theory）又称保健—激励理论（Motivator-Hygiene Theory），是美国行为科学家弗雷德里克·赫茨伯格（Frederick Herzberg）提出来的。双因素理论认为引起人们工作动机的因素主要有两个：一是保健因素，二是激励因素。只有激励因素才能够给人们带来满意感，而保健因素只能消除人们的不满，但不会带来满意感。

4. 弗鲁姆的期望理论

期望理论（Expectancy Theory）是由著名心理学家和行为科学家维克多·弗鲁姆（Victor H.Vroom）提出来的激励理论。

期望理论是以 3 个因素反映需要与目标之间的关系的，要激励员工，就必须让员工明确：工作能提供给他们真正需要的东西；他们欲求的东西是和绩效联系在一起的；只要努力工作就能提高他们的绩效。

5. 麦克利兰的成就动机理论

成就动机理论（Achievement Motivation Theory）是哈佛大学教授戴维·麦克利兰（David McClelland）提出的关于人的需求和动机的理论。麦克利兰把人的高层次需要归纳为对成就、权力和亲和的需要。他对这 3 种需要，特别是成就需要做了深入研究。

成就动机是一个个体追求个体价值的最大化，或者在追求自我价值的时候，通过方法达到最完美的状态。它是一种内在驱动力的体现，同时也能够直接影响人的行为活动、思考方式，并且是一种长期的状态。

6. 彼得原理

彼得原理（The Peter Principle）由美国学者劳伦斯·彼得（Dr. Laurence Peter）提出，指在一个等级制度中，每个职工趋向于上升到他所不能胜任的地位。每一个职工由于在原有职位上工作成绩表现好（胜任），就将被提升到更高一级职位；其后，如果继续胜任则将进一步被提升，直至到达他/她所不能胜任的职位。

7. 仆人式领导

仆人式领导（The Servant-Leader）是一种存在于实践中的无私的领导哲学，由罗伯特·格林里夫（Robert K. Greenleaf）提出。此类领导者以身作则，乐意成为仆人，以服侍来领导；其领导的结果亦是为了延展其服务功能。仆人式领导鼓励合作、信任、先见、聆听及权力的道德用途。仆人式领导不一定取得正式的领导职位。

3.7 会批评很重要

这是一个听起来有点腹黑的话题，管理者为什么要学会批评、甚至骂人呢？怎样批评才能不让下属敷衍或者怀恨，反而还会对领导死心塌地、感恩戴德呢？

3.7.1 领导为什么要批评下属？

1. 落差善意

人其实是一种很迟钝的动物。他/她能感受到的，往往不是你对他/她有多好，而是"你这一次对他/她"比起"你平时对他/她"，好了多少。在职场上，尽管大多数时候都在提倡赏识和鼓励，但一味赏识、鼓励，只会把这个阈值越拉越高，久而久之，领导的正面激励，就很难再让下属感受到落差了。这也是为什么很多老好人式的领导，他们的下属并不怎么买账；反而那些素来严厉的领导，关键时刻的一个微笑、一句肯定，就能让下属感激不已、奋力向前。

相比一个从不批评人的领导，一个会批评人的领导在给员工称赞、鼓励时，往往能给员工更大的激励感。他们的称赞，在员工心中反而会更珍贵、效果更大。这就是所谓的"落差善意"。

提供"落差善意"，让你的激励更有效果，这就是领导会批评人的第一重好处。

2. 激发内在动机

如果管理者对下属太过频发的奖励（特别是物质奖励），时常会导致过度理由效应，从而使得动机转化为外部因素，削弱了本来存在的内部动机，降低了内在满足感。其结果是，有物质奖励他/她还算积极；一旦减少物质奖励，他/她可能就变得不那么积极。

难道骂他/她一顿就能提升他/她的积极性了吗？没错！

当下属被批评之后，短期来看，他/她的工作积极性因为外部激励的消失而降低，甚至可能会很郁闷。事实上，大多数理智的人很少会因为老板的一顿批评而辞职。反而是，人们在心里开始为自己找一个继续干下去的理由，比如，需要养家糊口啊，这里有更好的发展啊，等等。这个时候，来自外部的激励消失了，个体找到的理由一定是自己内在的诉求。这样一来，他/她就将工作积极性的基础，由外在的驱动力转化为了更稳定的内在的驱动力。

在心理学上，这被称为自我一致性（self-consistency），指个体外在的言语行为是其动机、目的和价值观的真实表现，即言行一致、表里如一。换句话说，人总是倾向使自己的心理和行为保持一致。一句话，人总是想为自己的行为找理由。

来自上级的批评责备，会让员工开始从内部去寻找和确认自己待在这个工作中的理由。那些只能奖励的"好"员工并不是真正的好员工，不奖励也许他/她就歇着了。有着内在驱动力的人，即使没有外部的激励，也能做到主动地工作，更能够承担压力和挑战。

批评能激发下属的内在动机，从而对这份工作产生意想不到的认同感和积极性。

3.7.2　批评是个技术活

马克·吐温（Mark Twain）是美国著名幽默作家，一天，他在教堂听牧师的演讲。刚开始的时候，他认为牧师讲得很好，很感动，并准备在演讲后捐款。然而过了 10 分钟，牧师依然在演讲，马克·吐温有些不耐烦了，决定只捐一些零钱。又过了 10 分钟，牧师依然没有结束演讲，不耐烦的马克·吐温决定一分钱也不捐了。

终于，牧师结束了冗长的演讲，开始募捐，马克·吐温由于气愤，不仅没有捐钱，还明目张胆地从盘子里拿走了两元钱，并说："这是你

对我烦躁情绪的补偿。"

批评的频次和时间长度一定要拿捏好分寸。刺激过多、过强或作用时间过久，从而引起极不耐烦或逆反的心理现象被称为超限效应（transfinite effect）。

下属犯了错误，有些人"抓住不放"，批评起来没完没了，更有意思的是（我可没有看笑话的意思），还越批越激动，甚至会"陶醉"于其中——在批评下属的过程中老总们会不断产生新想法，导致越批越起劲。更有甚者，尽管时间和事件已经过去了很久，但管理者对此却表现出了"超强"的记忆力，津津乐道，喋喋不休。

殊不知，这种长时间地或接二连三地重复对一件事进行批评，会使人从最初的内心愧疚变成不耐烦，进而产生逆反心理——"为什么对我的过失总是耿耿于怀？"本来他/她也许已经做好了改正的准备，但在这种过度的刺激下，极可能破罐子破摔，这常常是更大的不稳定因素。要么破罐子破摔，要么老子不干了，这就是双输。

《三国演义》所有叛变的故事都有一个共同情节，那就是主公没有讲清楚"这次我罚你，罚完了还是好同志，大家以后继续努力携手打天下"。所有被批评的下属都觉得是彻底失去领导信任，以后完全没奔头了，才会怀恨在心、生出反意。

显然，批评并不是一件容易的事。在批评这件事上，很多人面对的痛点是：说轻了不能触及灵魂，说重了容易有抵触情绪；不发脾气下属记不住，发脾气下属又以为领导只是在发泄。

实际上，批评是个技术活，也是要有策略的，总结下来，必须注意以下 3 个原则。

1. 责人先责己

批评之所以起不到效果，很多时候是因为批评者启动了被批评者的心理防御机制。你说他/她这里不好，他/她心里嘀咕"那你那里也不对呀"，表面上你把他/她训得服服帖帖的，其实他/她心里一直在数落你的不是。

中国人很早就发现一个道理，就是自己的孩子不能自己教，一定得找外面的先生来教。为什么？因为你在家的样子，你儿子清清楚楚，你板起脸，拿圣贤之道训他，他嘴上不说，心里会琢磨"那你也不怎么圣贤嘛"。

领导训下属也是一样。说真的，事情办砸了，上级也有脱不开的责任。如果不先澄清自己的责任，怎么让下属心服口服？

> 战国时期，孙武帮吴王练兵，先拿宫女做实验。让宫女排兵布阵这不是笑话吗？果然，孙武讲了半天，没人听他的。这时候他作为领导是怎么做的呢？他说："约束不明，申令不熟，将之罪也。"就是说"大家这样嘻嘻哈哈，想必是我没有说清楚，这是我作为将官的错"。那好，我再仔细给你们讲一遍。
>
> 这就叫作责人先责己。
>
> 重申规则后，再操练，宫女还是不认真，孙武就讲了第二句话："既已明而不如法者，吏士之罪也"，翻译成白话就是"我刚才已经跟你们讲清楚了，现在还不听话，那就是你们的问题了"。队长带头不听话，孙武责令把两个队长拖出去砍了，吴王亲自来求情也没用。
>
> 这个时候，批评才是真有效的。

领导已经先自责过了，且重申规则。下属再触犯，领导批评，下属若还不服，那就不是批评的事了，那很可能就是开除。

2. 惩罚要明确

批评的时候，最忌讳的一句话就是"看我怎么收拾你"。这看起来很有威风，其实是很无聊的。这时候被批评者的内心台词是："怎么收拾我，你倒是说呀，敢情你也没想好？就是说收拾我是你我之间的私人恩怨？就是说你很不专业喽。"

确实，不可预期的惩罚会放大恐惧，会加深人的印象，可是这也会导致破罐子破摔的心态。这个问题我们后面详细讨论。

所以，批评下属的时候，一定要把惩罚的范围说清楚。多大的强度，到什么时候为止，惩罚完了还能不能愉快相处。强调一下，一定要让人感受到你是"受罚之后到此为止"前嫌尽弃的态度。因为再重的惩罚只要与过失匹配，大家都能接受，以后还能好好干。

总之，一定要界定惩罚的范围，这样才能实现批评的真正目的。

3. 轻话说重，重话说轻

批评人的时候，轻重最不好拿捏。你觉得忍无可忍、无须再忍，对方可能根本不知道你为什么发这么大脾气；你觉得响鼓不用重槌、轻轻点一句就好，对方可能还真没当回事。

怎么办呢？有个诀窍：事情越轻，你的话反而要说重；事情如果真的很严重，你反而要把话说轻。

> 体检的时候查出"三高"（高血压、高血脂、高血糖），负责任的医生会非常严肃地提醒患者"要注意啊""这样下去不行啊""什么病都会有啊"；可是如果查出了绝症，医生反而会说得比较轻松："没事""不要有心理负担""这个病现在治疗方法已经很成熟了""我们有很多专家，都很有经验"。

为什么呢？因为事情轻微的时候你不在意，所以话要说重；事情严重的时候你自己已经吓着了，所以话反而要说轻。

> 如果有个下属经常迟到，大多数时候并没耽误什么事，在这种情况下，一定要把问题说得严重一点，不然没效果。你可以这么说："小张啊，最近经常是一屋子人等你，你是觉得我们其他人的时间没你的时间值钱呢，还是觉得这份工作不值得认真对待啊？"小事情里面看到大问题，才能让对方警醒。
>
> 如果迟到真的造成了严重后果，这时批评的态度应该柔和一点，效果反而会比较好。因为造成损失要挨骂是可预期，人家心里已经很害怕了，这时被骂得再重用途也很有限，反而会帮他释放压力——"骂过了，这事就过了"。一不小心，还会培养出一个"死猪不怕开水烫"的下属。
>
> 当然，批评是必须的，只是批评时的方式要注意，一定要就事论事，切忌上纲上线。你可以这么说："小张啊，这次造成的损失，你自

己也看到了，我相信你也不是故意的，我可以再给你一次机会，你以后真的要很努力，才能对得起大家现在还这么挺你啊。"这一席话，没一句话是在数落他，可是字字都让人难受。这个时候表达信任，会让人无地自容。

这种做法，还有一个比较暗黑的效果。一件小事，你往死里骂他/她，其实也是告诉他/她：这事小不小，不是你说了算，是我说了算，防微杜渐我能看得比你远。这样能够表现一种掌控感，能够树立你的权威。一件天塌下来的大事，人人都知道很严重，你轻描淡写地帮他/她扛了，不但不说重话，反过来还安慰他/她：没事，我摆得平。这样能够让他/她死心塌地地跟着你，这种批评，可以让你拥有一个最忠心的下属。

请一定要记住，批评并不是为了骂人，而是为了把工作做好。为达到这一目的，我们需要想清楚，要怎么表达批评意见才最有效。

以上 3 个原则可以放在一起，先承认自己的领导责任，再明确说你面对的惩罚是什么，然后看情况是把轻话说重还是把重话说轻。这套组合拳下来，你的批评会既适度又有力。

第 4 章

监督与控制

无法评估，就无法管理。

看见即降伏，让项目可视化

在开始一个新项目之前，没有人能预见到项目执行过程中的所有情况。因此，在实施过程中，项目的进展必然会偏离预期轨道。尽管确定了明确的项目目标，并制订了尽可能周密的项目计划，仍需要对项目计划的执行情况进行严密的监控，以尽可能地保证项目顺利执行，最大限度地减少计划的变更，使项目达到预期的进度、成本、质量等目标。

控制是管理 4 项基本职能（计划、组织、领导和控制）中的一个重要职能。所谓项目监控，是指根据项目进展的情况，对比原计划（或既定目标），找出偏差、分析成因、研究纠偏对策并实施纠偏措施的全过程。

4.1.1　让项目走在正轨上

众所周知，PDCA 循环是项目监控的基础，"计划—实施—检查—改善"这 4 个过程周而复始、螺旋式上升，这是一套科学的方法论。

1. 赫勒法则

美国著名快餐大王肯德基国际公司的连锁店遍布全球 60 多个国家和地区，总数达 9 900 多个。然而，肯德基国际公司在万里之外，又怎么能相信它的下属能循规蹈矩呢？

有一次，上海肯德基有限公司收到 3 份国际公司寄来的鉴定书，对他们外滩快餐厅的工作质量分 3 次进行了鉴定评分，分别为 83、85、88 分。公司中外方经理都为之瞠目结舌，这 3 个分数是怎么评定的？原来，肯德基国际公司雇用、培训了一批人，让他们佯装顾客，秘密潜入店内进行检查评分。这些"神秘顾客"来无影、去无踪，而且没有时间规律，这就使快餐厅的经理、雇员时时感受到某种压力，丝毫不敢懈怠。正是通过这种方式，肯德基在最广泛了解到基层实际情况的同时，有效地实行了对员工的工作监督，从而大大提高了他们的工作效率。

英国管理学家赫勒（Heller）研究发现，当人们知道自己的工作成绩有人检查的时候会加倍努力，这就是赫勒法则（Heller rule）。人都有被尊重的需要，当你能满足他这种需要时，他/她会更愿意为你做些事。我们知道这种尊重的需要更多的是来自别人的肯定，在管理中有效的监督便是上级肯定下级的一种表现。

另外，人都是有惰性的。管理之所以必要，一部分原因也就在此。要真正调动员工的工作积极性，不仅要建立起科学有效的激励机制，还必须要进行科学的实施和管理，监督各项工作的顺利进行。

赫勒法则与 PDCA 循环是一致的，只有不断地进行项目监控，才能知道目前工作是否还在项目的轨道上进行，是否需要及时纠偏。同时，监控也是对项目中的成员的一种行为上的肯定。

2. 让项目信息透明很重要

我经常看到一些管理者被高层骂，他们自己很委屈！实际上，很多人之所以挨骂不是因为工作做得好坏，更重要的是因为高层管理者经常得不到你应该提供的信息，更有甚者，高层已经从其他渠道知道了部分信息，而这些信息却是片面的。

不确定性会加剧人们的恐惧感，这是在 VUCA[①]时代人们普遍处于焦虑状态的原因。试想，我们开车等红灯时，如果信号灯是数字显示的，人们的心态就会平和不少，如果信号灯没有数字显示，人们就会焦虑。这就是信息确定、透明的好处。

信息不畅通，人们会往坏处想，这就是人性。

现在，你也就明白了很多企业的"工资保密制度"为什么总是得不到好的结果的原因了。你越是说"不要相互打听工资收入"，人们越好奇、越要打听，这就是罗密欧与朱丽叶效应（Romeo & Juliet effect，也称禁果效应），打听不到还常常往坏处想。

3. 解决问题的"万能公式"

实践中，我总结了一个在监控项目种解决问题的万能公式（见图 4-1），这个公式的口诀是：行动之前要计划，计划之前要分析，分析之前要信息。

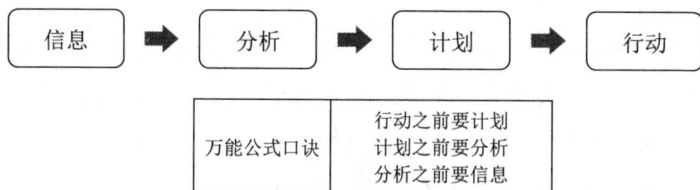

| 信息 | ➡ | 分析 | ➡ | 计划 | ➡ | 行动 |

万能公式口诀	行动之前要计划 计划之前要分析 分析之前要信息

图 4-1　万能公式

在上大学之前，很多人完全不清楚自己选择的专业是干什么的，更不知道这个专业在现实中工作是怎样干的。这些人，完全是在信息不充分的情况下直接采取了行动。如果工作中喜欢自己选择的专业，那还是很幸运的；如果不喜欢，就只能换行业、跳槽，从此开始了折腾。这就是拿着自己唯一的一生试错！

根据万能公式，选择学校和专业之前，应该收集各种信息，比如个人的特长、兴趣和学校/专业的特点等，在此基础上做相应的分析，

---

① volatility（易变性）、uncertainty（不确定性）、complexity（复杂性）、ambiguity（模糊性）4 个英文单词的缩写。

然后根据分析结果（比如达成目标的差距等）做好下一步行动的计划，最后才是行动。

非常遗憾的是，很多人在工作中没有信息、不分析，也不做计划就直接采取行动，结果一做就错，然后回过头来再不断修正。这不仅付出了成本代价，更重要的是浪费了不可逆转的时间。

更遗憾的是，很多人选专业、选工作的所谓标准是：哪个专业容易找工作，什么专业钱挣得多！个人的目标与专长，完全淹没在专业带来的物质利益中。看得见的好处，阻挡了人们去完整地思考工作的价值、人性的尊严及生命的意义。

4.1.2　看见即降伏

在英国的一所大学的一个办公室里，喝奶都需要大家自掏腰包，一直以来他们都把每杯牛奶的建议价格贴在墙上，每个人在取用奶时自愿把相应的费用投到一个"诚实盒"里。

一天，有人在价格表的上方贴了一张横条，上面既没有什么警告，也没有任何解释。在接下来的 10 周时间里，每周横条都贴有一张新的图片，图片上要么是一些鲜花，要么是一双盯着人看的眼睛。下面我们把贴有鲜花的一周简称"鲜花周"，把贴有眼睛的一周简称"眼睛周"。

实验的结果如图 4-2 所示，实验的第一周（图的左端），有一双睁大的眼睛在盯着来喝奶的人，他们投进"诚实盒"的钱的平均值是 0.3 英镑。第二周（鲜花周），盒子中的钱的平均值少了 0.06 英镑。这个趋势持续着，凡遇到有鲜花图片的那一周，盒子里的钱数就会减少。从平均水平来看，"眼睛周"时盒子中的钱是"鲜花周"时的 3 倍。显然，一种象征性的"眼睛"促使人们改善了自身的行为。正如我们预料，产生这个影响的过程中没有任何意识的参与。现在你相信自己也难逃同样的模式了吧？

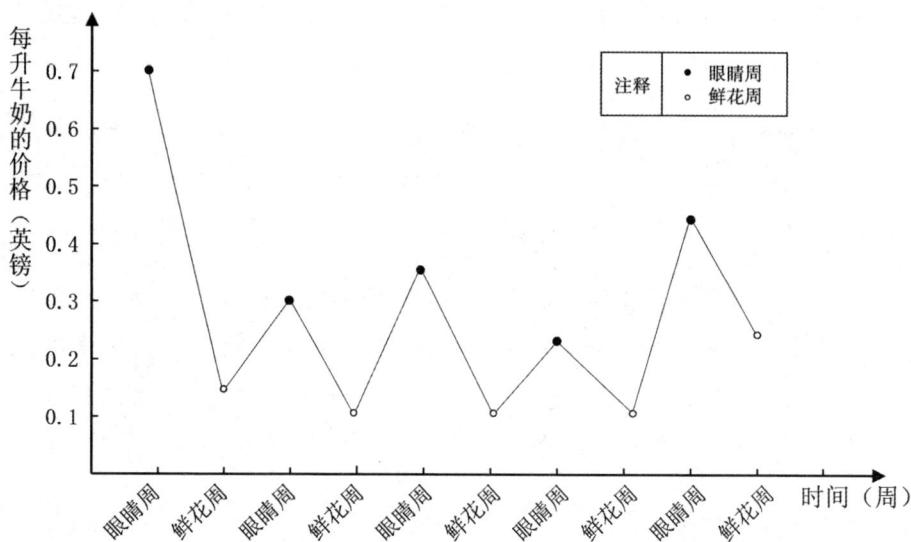

图 4-2　牛奶价格与图片的关系

试想一下，一小时后如果有一位重要的客人到你家里来拜访，你现在干什么？很少有例外，人们都在整理房间。为什么？因为，人总是把自己最好的一面展示给别人，这就是人性。

《西游记》是大家耳熟能详的名著，当孙悟空和一些妖魔鬼怪大战三百回合而无法搞定的时候，他就会去找观音菩萨当救兵，而观音菩萨一到，根本不用任何武器，只需叫出这个妖魔鬼怪的名字而后让它现出原形，顿时就给降伏了。

在东西方神话故事中，有一个共同的场景：当妖魔鬼怪出来的时候，只要你能够叫出它的名字，魔力瞬间就消失大半。这就是普世的心理学原理：看见即降伏。

4.1.3　可视化让项目管控更有效

看见即降伏的原理对项目管理极有价值，利用这个原理，通过可视化、透明化对项目过程进行管控。

1. 任务墙

在项目过程中，让所有项目相关人员一起来创建 WBS，并在 WBS 中使用不同色块标明每个工作包的状态，还可以把各工作的责任人标明，同时给出各工作包的时间计划。WBS 完成后，将其粘贴在公司的公共场所使其可视化，这就是任务墙（Task Wall），如图 4-3 所示。

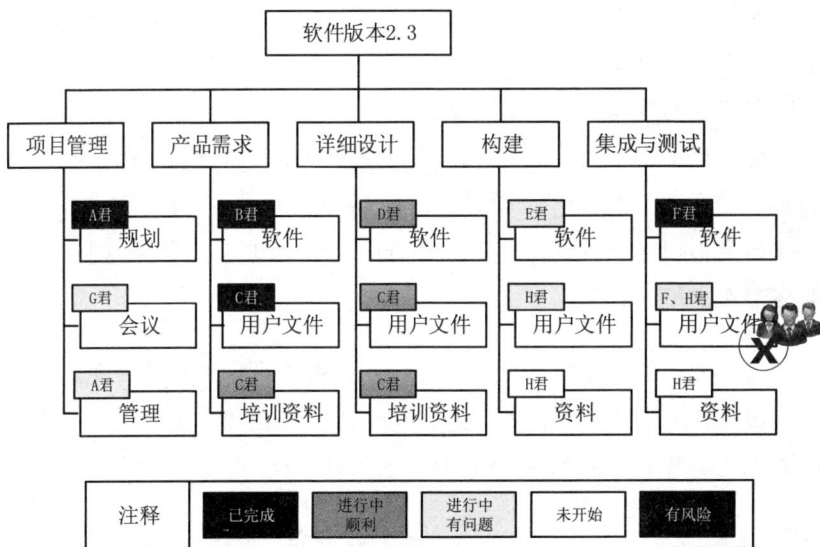

图 4-3　用 WBS 实现任务墙的示例

使用任务墙时，具体做法如下。

（1）用白色标签 ⬚ 表示工作还未开始。

（2）用黑色标签 ▮ 表示工作包已经完成。

（3）用绿色标签 ▮ 表示工作包进行中、进展顺利。

（4）用黄色标签 ▮ 表示工作包出现了些许问题，但对项目总体没有影响，需要关注。

（5）用红色标签 ▮ 表示工作包出现了严重问题，团队成员无法找到解决方案，应该立即协调解决或寻求外部支持。

需要说明的是，在图 4-3 的示例中，存在个别工作包由多人负责的情况，应该进一步分解和确认。

2. 速度图

速度图是一种可视化管控项目的方法，它综合考虑需求、时间、已完成工作3个指标，帮助我们评估与管控进展。

在一张图中可以同时度量多个趋势：整体工作（包）数量和已完成工作，其中包括所有的测试、文档及项目可交付成果。如果项目工作（包）按功能逐个实现，速度图中就可以较为真实地表达项目的进展状态，重要的是速度图简单明了，使用起来方便。

可以按照下列步骤来绘制速度图。

（1）将所有工作（包）汇总，得到项目的全部工作（包）数。

（2）完成一个工作（包），就将已完成功能数加1，并减少剩余功能数。

（3）如果必须在项目进行过程中添加新工作（包），就得把这些工作（包）加入全部工作（包）数中。

图 4-4 是某项目的速度图，清晰地标明了团队的项目进度。它还展示出项目发生的变更，以及正在发生的变更数目，在图中变更导致工作（包）数从 7 月的 95 个增加到 8 月的 101 个。

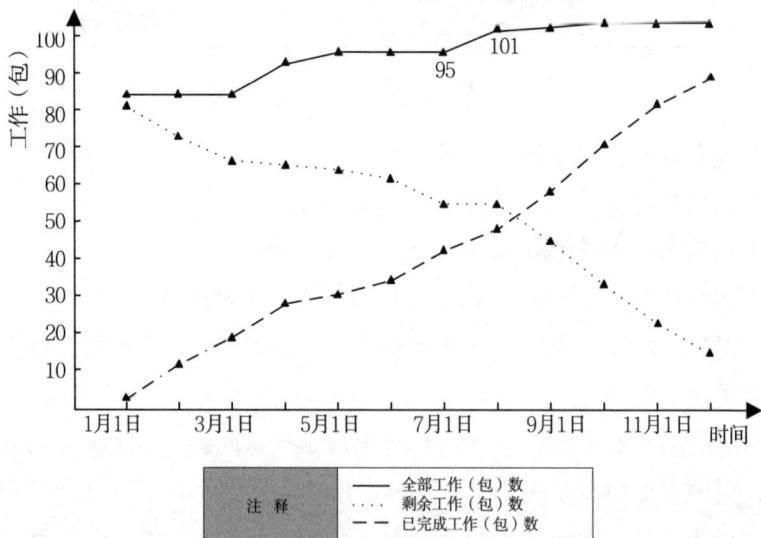

图 4-4　某项目的速度图

为保证速度图的有效性，在使用速度图时，不要仅询问团队成员是否达成他们的里程碑，还要检查已完成工作的质量。

必须说的是，当项目工作分解的粒度太大时，使用速度图也是有问题的。有些组织喜欢使用"完成百分比"。我不太赞成这种说法，这经常只包括研发等实体工作，而未将测试、文档涵盖在内。没有完成配套文档、没有对产品功能进行测试，就不能算真正完成。使用"完成百分比"会导致"90%完成综合症[①]"。

需要注意的是，速度图能够揭示团队的真实进度，但不能取代计划进度。

3. 5 分钟站立会议

5 分钟站立会议（5 minutes stand-up meeting）是实践中项目管控的另一个好办法。

5 分钟站立会议时，项目团队成员在固定时间（如每天上午 8:30—8:35）、固定地点，每天站着围在一起，轮流主持、相互通报，每人回答以下 3 个问题。

（1）昨天我做了什么？

（2）现在我遇到了什么困难？

（3）今天我计划做什么？

5 分钟站立会议既可以推动项目进展、跟踪项目问题，也可以提升团队对项目的责任感，起到团队建设的作用。

4. 用可视化激发人的自发控制

事实上，任务墙、进度图、5 分钟站立会议这类可视化方法能发挥不错的作用，其根本原因是它抓住了问题的核心——人总是把自己最好的一面展示出来——激发人的自发控制。

日本社会学家横山宁夫提出：自发的才是最有效的。激励员工自发地工作最有效并持续不断的控制不是强制，而是触发个人内在的自发控制，这就是横山法则（Hengshan law）。这些可视化方法会激发每个人的心理暗示作用，这比语言上的督促要有用得多。

[①] 当有团队成员以为自己完成了 90%的任务时，而实际上还有很多工作尚未完成，这就是"90%完成综合症"。

除了上述方法，还可以根据实际情况，把项目的各种信息图表张贴到项目工作环境的墙上或者白板上，以达到可视化管控的效果，比如把甘特图做成跟踪甘特图（见图 4-5）来管控项目进度，但不管哪种形式，核心都是让项目状态和进展可视化。

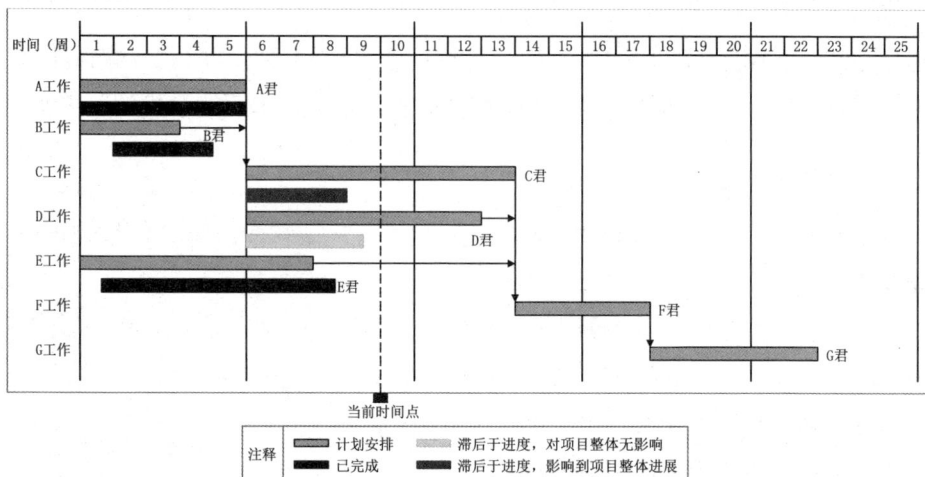

图 4-5　用跟踪甘特图管控项目进度

需要说明的是，叮视化图形的维护也需要时间，如果一个图形不能及时准确地反映项目的实际情况，就会失去其应有的作用，成为一张废纸。一旦这些图形上墙之后，项目管理者要引导相关方多关注项目的进展情况。进行阶段评审的时候，可以结合这个图形来进行。

可视化是我管理项目百试不爽的方法，看见即降伏。

4.2　让变更可管理、可控制

徒弟：变更会影响成功吗？

师父：肯定会。如果你允许变更随意发生，那么它变化的速度将超过你的想象；客户会告诉你所问的任何问题，但仅限于此，而你没有问到的那些问题，往往才是更关键因素。

变更是导致项目失败的主要原因，也是项目管理的最大难点之一（很多人认为没有"之一"）。

4.2.1 关键是让变更受控

我的学生曾画过一组漫画（见图4-6），名字是"一个NB项目的上线过程"，发布在微信公众号"项迁（qiān）"中，在项目管理朋友圈流传甚广，并引起了不小的波澜。看来，"快乐是建立在他人的痛苦之上的"这句话还真有些道理。

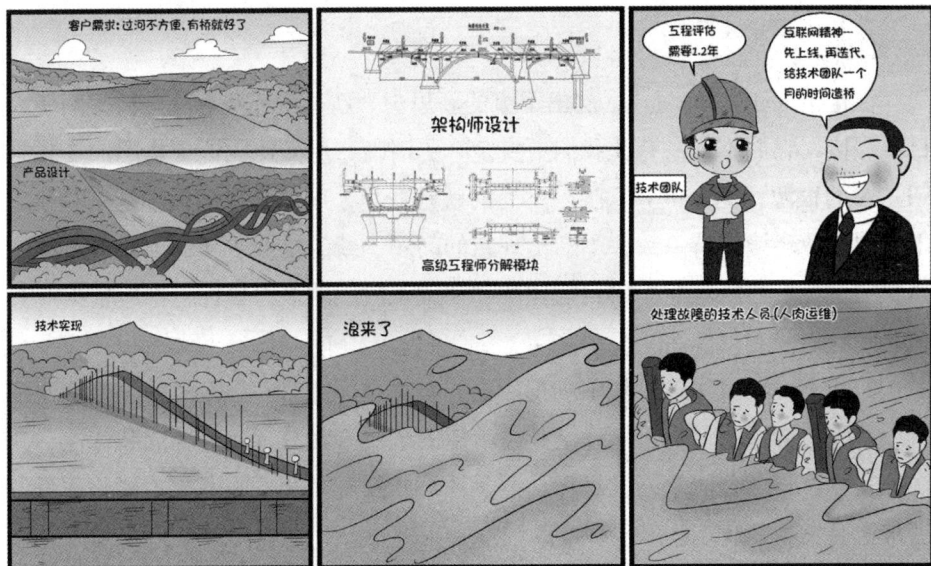

图4-6 一个NB项目的上线过程

我在网上搜索了一下，类似的段子还有不少，看完大部分段子之后，很多人的态度只能用两个字来描述——呵呵。当然，这两个字的含义有很多，包括无奈、痛苦、讽刺、漠不关心、好笑等。

为什么现实中的项目会如此的奇葩，几乎可以写一部《二十年之项目现形记》了。

1. 唯一不变的就是变化

1999 年，比尔·盖茨预言："数字信息速度的增加，使企业在未来的 10 年中的变化，将超过过去 50 年变化的总和。"但是，比尔·盖茨意识到变化的加剧，但应对仍然不够。10 年过去了，微软没有意识到平板电脑、手机等移动终端正逐渐代替 PC、笔记本电脑，导致苹果公司出尽风头。微软几乎退出了在移动终端操作系统市场的竞争。

10 年来，柯达、诺基亚、摩托罗拉、黑莓、夏普、松下、LG、悍马、索尼等明星企业纷纷衰落，而华为、Google 等企业则迅速崛起。"江山代有才人出，各领风骚数百年"的场景已改为"商场代有人才出，各领风骚能几年"。

在这个 VUCA 的时代，层出不穷的新思想、新理论、新方法、新案例使人目不暇接，它们不但没有让我们更安定、更清晰，反而使我们更焦虑。变化是 VUCA 的根源，当今世界，唯一不变的就是变化，而且变化的速度越来越快。出于同商业环境保持一致，不断出现新的问题、新的机会、新的威胁或新的法律，项目变更在所难免。项目的任务、期望及组织的最终目标，都应根据业务变化而变更。

实际上，项目实施过程中进行变更并不总是坏主意，很多时候还是一件好事。首先，客户通常都不能确定其所希望的解决方案具有何种功能和特性。其次，就算客户十分清楚终极目标，商业环境亦随着时间不断变化，因此项目的需求也会发生变化。

对于公司内部的软件开发过程，额外的功能能够让你的产品比你的竞争对手更胜一筹。但是，如果你发布软件的时间推迟一两个月，那么这个优势就会被丢失。通过控制你开发过程的费用并按时发布软件，你的项目就会取得成功，而不需要损失在软件制作过程中的灵活性。

总之，不论你喜不喜欢，变化总是在那里！变更不可避免，现在我们唯一能做的就是如何面对和管理变更。

2. 不能让变更处于"非管理状态"

实际上，发生变更不是问题，问题是许多变更处于"非管理状态"（见图 4-7）。在变更时，需要界定以下几个问题：

- 变更发生时要确定你能做些什么，以及不能做些什么；
- 规定一个大家都同意的办法，以便提出变化并评估其对项目基准的影响；
- 说明为何批准或者不批准变化所需的时间、费用。

图 4-7　警惕变更的"非管理状态"

尤其重要的是，要加强以下工作：评审变更会引起哪些连锁的变更，以及如何对这些变更进行管理；变更效果达到后要不要更改管理标准等。

3. 项目生命周期中的变更控制

根据项目生命周期的特点（见图 4-8），变更和纠正错误的代价在项目接近完成时通常会显著增高。因此，站在项目实施方（乙方）来说，在项目生命周期中变更处理的原则如下。

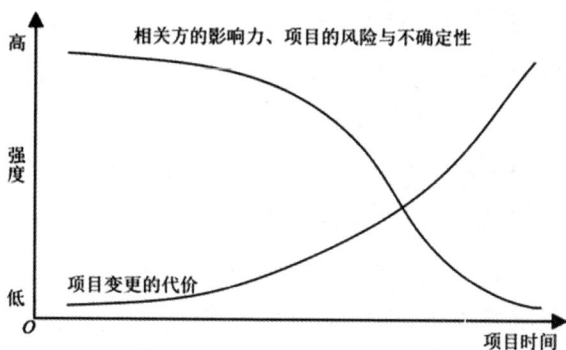

图4-8　生命周期中随时间而变化的变量影响

（1）项目早期的变更，原则上倾向接受（我称其为"让怎么干就怎么干"），当然必须遵守变更控制程序。

（2）项目中期，要通过分析变更的影响，原则上尽可能与相关方沟通取消变更（我称其为"要变更先谈谈"）。

（3）项目后期，变更代价太大，原则上尽可能不变更：遇到大的变更时可以考虑启动一个新的项目，遇到小的变更也要到售后服务时再做。当务之急，必须获得验收，收尾项目。（我称其为"生米已成熟饭"——吃，是这盘菜；不吃，还是这盘菜！）

看来，站在实施方（乙方）的角度：项目过程就是"绑架客户上咱们贼船的过程"。当然，如果站在委托方（甲方）的角度：项目过程就是"逐步移交主动权的过程"。

4. 认识变更中的矛盾

变更不可避免，处理不当常会导致矛盾和冲突。这种矛盾可能来自甲乙双方、项目组内部或者部门之间[1]。

（1）甲乙双方的矛盾主要涉及是否变更，变更的范围，变更引发的时间、质量、成本上的变化等。

（2）项目组内部的矛盾则来源于项目组成员对变更所增加的工作量或者否

---

[1] 高茂源. 项目管理心理学[M]. 北京：机械工业出版社，2014.

定自己已完成工作的强烈抵触情绪。

（3）部门之间的矛盾往往来源于公司管理层对项目底线的坚持和市场、营销、售后等部门的工作调整。

应该说，项目变更所引发的矛盾涉及方方面面，项目管理者要保持高度警觉。

4.2.2　烦琐的"九阴真经"

某世界 500 强公司对项目经理面试的题目：某生产线的自动包装外观在线视觉检测系统研制到了一半，突然客户觉得应该有一个新功能，但客户不想增加任何成本，请问该如何解决这个问题？

这就是项目过程中的典型情况——变更！

1. 九阴真经

关于对于变更的控制管理过程，我建议按照如图 4-9 所示的程序进行，我将其命名为"变更管理的'九阴真经'"。

第一步，当有人提出变更时，首先要评估信息的准确性，确认项目变更事实。

还记得索尼的黑色音响（见第 1.4.3 节）吗？很多时候，用户经常是一时的想法，他们说话既没有认真思考，更不用付出代价。如果是这种情况，估计无论怎样变更都不会得到好的结果。这种变更就是所谓的"用正确方法解决一个错误问题"。因此，在此时最应该做的是了解其真正的需要，而非变更管理。切记，定义问题比解决问题难。

我的经验是，一定要少关注用户说什么，多关注他们的真实行为。很多时候， 纠结于用户的话会干扰我们对用户真实意图的洞察。

第二步，提供变更申请的书面记录。

原则上讲，谁提出变更就应由谁提供书面申请。但项目组不得不面对的一个现实是，在一个不成熟的商业环境中，我们的客户一般都位于相对强势的位置——不愿意甚至不提供书面申请！怎么办？既然客户不愿意提供，那我们来写好了。当我们完成了书面文件以后，呈给客户："领导，这是根据我理解的您的意思所起草的文件，请审阅。如果我的理解是正确的，就请您给我确认一下；如果我的理解有问题，就请您批评指正，然后我修改后再给您汇报。"

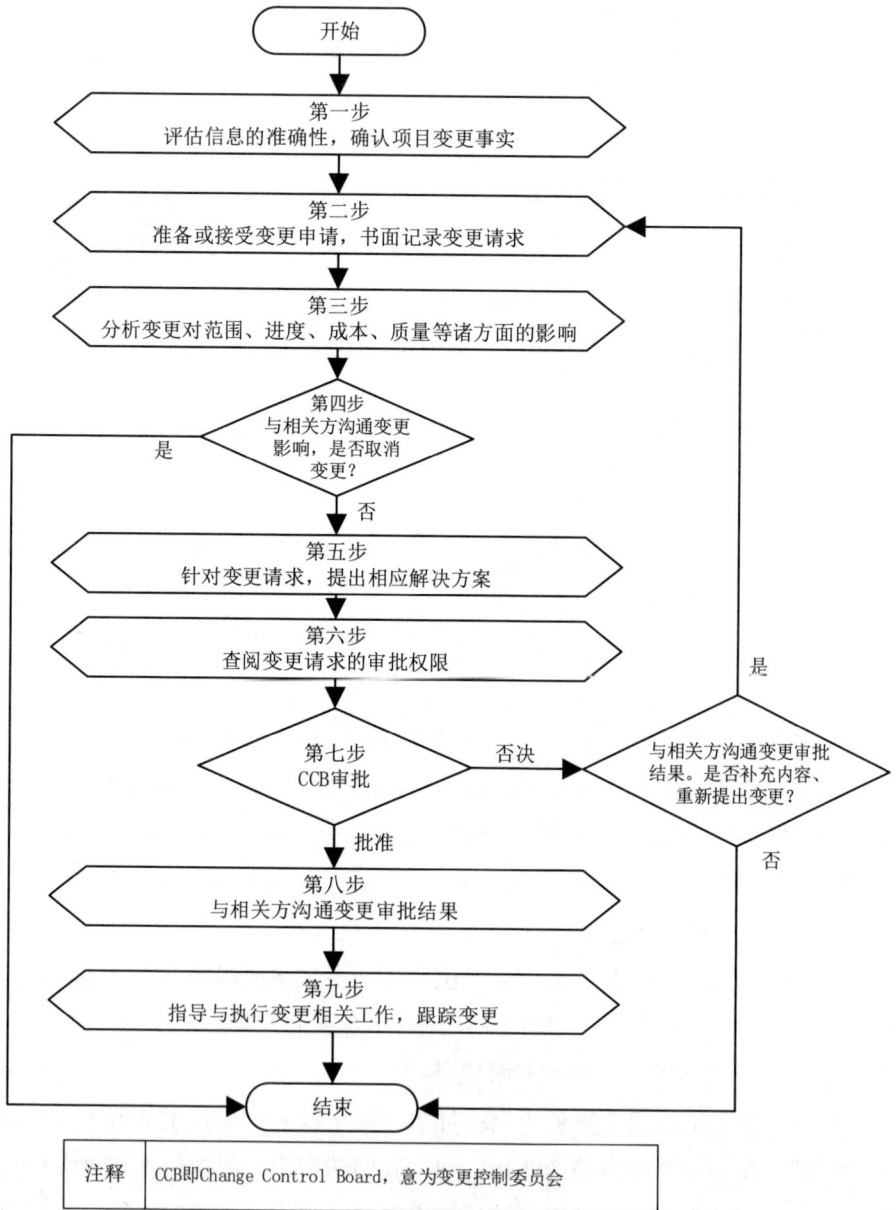

```
                        ┌──────────────┐
                        │     开始      │
                        └──────┬───────┘
                               ↓
        ┌───────────────────────────────────────┐
        │              第一步                     │
        │    评估信息的准确性，确认项目变更事实      │
        └──────────────────┬────────────────────┘
                           ↓
        ┌───────────────────────────────────────┐
        │              第二步                     │  ←─────────────┐
        │     准备或接受变更申请，书面记录变更请求    │                │
        └──────────────────┬────────────────────┘                │
                           ↓                                      │
        ┌───────────────────────────────────────┐                │
        │              第三步                     │                │
        │  分析变更对范围、进度、成本、质量等诸方面的影响 │                │
        └──────────────────┬────────────────────┘                │
                           ↓                                      │
                    ┌─────────────┐                               │
              是     │   第四步     │                               │
         ┌──────────│ 与相关方沟通变更 │                               │
         │          │ 影响，是否取消  │                               │
         │          │    变更？     │                               │
         │          └──────┬──────┘                               │
         │               否 ↓                                     │
         │   ┌───────────────────────────────────────┐           │
         │   │              第五步                     │           │
         │   │     针对变更请求，提出相应解决方案         │           │
         │   └──────────────────┬────────────────────┘           │
         │                      ↓                                 │
         │   ┌───────────────────────────────────────┐           │
         │   │              第六步                     │           │
         │   │        查阅变更请求的审批权限             │           │
         │   └──────────────────┬────────────────────┘           │
         │                      ↓                                 │是
         │               ┌─────────────┐     否决    ┌────────────────┐
         │               │   第七步     │──────────→│ 与相关方沟通变更审批│
         │               │  CCB审批     │            │ 结果。是否补充内容、│
         │               └──────┬──────┘            │ 重新提出变更？    │
         │                  批准 ↓                    └───────┬────────┘
         │   ┌───────────────────────────────────────┐       否↓
         │   │              第八步                     │
         │   │      与相关方沟通变更审批结果             │
         │   └──────────────────┬────────────────────┘
         │                      ↓
         │   ┌───────────────────────────────────────┐
         │   │              第九步                     │
         │   │   指导与执行变更相关工作，跟踪变更         │
         │   └──────────────────┬────────────────────┘
         │                      ↓
         └──────────────→ ┌──────────────┐
                          │     结束      │ ←─────
                          └──────────────┘
```

注释	CCB即Change Control Board，意为变更控制委员会

图 4-9　变更管理的"九阴真经"

一般而言，当我们这样跟客户沟通时，客户是会认可并确认的——毕竟客户也想把事做好。

有没有客户会"打死也不确认（签字）"？对于这个问题，我不敢说就一定没有，只能说在我本人从事项目工作的二十余年中还没有遇到。

第三步，分析变更对范围、进度、成本、质量等诸方面的影响。

项目的十大知识领域之间是一个相互联系的系统，一个方面的改变，会对各方面造成影响。请不要忽视变更对时间安排和质量的影响。国人的成本意识已经深入人心，注重成本已经无须强调。

第四步，沟通变更影响，确认是否取消变更。

对项目问题讨论和探索过程中，谁先找到最好的结论并不重要，重要的是寻找最佳结论的过程。如果你能给那些试图说服你的人一个信号，表明在这个探索过程中你是他们的伙伴，这个探索过程对双方都有益，也许他们就会把你的批判性问题看作对双方都不可缺少的工具。

> 对于前面提到的面试题，我们可以尝试采用以下沟通策略：
>
> "如果增加这个新功能，原来 10 个月的研发时间，需要再增加 5 个月。"
>
> "没问题，延长 5 个月我们认可。"
>
> "研发时间只是一方面，麻烦的是，原来 500 万元的费用不够了，需要再增加 300 万元。"
>
> "可以的，增加预算 300 万元。"
>
> "费用还不是最关键的——如果系统引入新功能，就需要引入新的器件和功能模块，系统的电磁兼容性问题需要验证，恐怕会导致系统整体性能和质量的恶化。"
>
> "个别指标恶化，我们可以接受。"
>
> "更麻烦的是，这种新功能我们的团队没有做过，也没有这个能力，因此，需要寻找新的研发人员。"
>
> "哦！"

"即便找到研发人员，毕竟是第一次研制，风险是存在的——也不能保证能成功。"

"这个……"

假如，真这样沟通，结果会怎样？不出意外，客户会说："还是不要做了吧！"当然，我心里会想："我本来就不想做，只是我不能说！"

第五步，针对变更请求，提出相应解决方案。

变更很可能需要额外的费用、资源和时间，因此，应建立包括来自不同领域的人员在内的变更控制委员会（Change Control Board，CCB），以批准或否决变更。这个委员会的组成人员必须有相应的职位和权限，有能力在管理上做出承诺。

我必须提醒你，在没有解决方案之前，请不要向高层汇报。否则，他们会说："我要你干什么！"公司往往有多个项目在同时进行，要命的是，每个项目都不理想，问题很普遍，如果每个人都直接把问题交给管理层，估计他们会崩溃。当然，他们在情绪崩溃之前，会把你整崩溃！倒霉的还是你自己。

所以，最佳的方式应该是给出至少3种解决方案。应该这样汇报："领导！最好这样做，这是上策；如果不行，就这样做，这是中策；实在不行，就这样做，这是下策。"

总之，让管理层做选择题，不要让他们做问答题。

第六步，查阅审批权限，选择合适人员对变更进行审批。

请务必要记住变更的权限问题，没有合法授权的人来签字批准会造成令人不快的矛盾。

第七步，召开变更控制会议，批准或否决变更。

如果需要，及时召开变更控制会议对变更做出决策。

第八步，根据对变更请求的审批状态，与相关人员进行沟通。

你需要根据审批结果进行沟通，在本节案例中，其结果不外乎表 4-1 的几种情况。

表 4-1 变更审批结果的沟通

CCB 审批结果	相关人员是否接受	项目经理的处理方式
CCB 批准并接受了一种变更方案	客户认可	（1）记录变更并将结果归档 （2）与相关人员（含项目团队）沟通变更 （3）执行变更
	客户不认可	（1）记录问题 （2）安排双方领导见面并沟通问题，问题升级
CCB 否决了变更	客户同意	（1）记录变更结果并将结果归档 （2）结束变更
	客户不认可	（1）记录问题 （2）安排双方领导见面并沟通问题，问题升级

第九步，执行变更、跟踪变更执行状态。

保证变更的正确执行，保证相应的变更都被登记、评估、批准、跟踪和正确实施，从而确保所规定的功能要求都已实现。在变更执行过程中，要注意将变更执行结果及时通告相关人员，同时做好执行结果的实时跟踪。

2. "烦琐"未必就是不好的

日常生活中，消费者拿到所购买商品后发现一个小瑕疵，虽然能用，但心里不舒服，就要求更换。如果商家拒绝更换，常会引发买卖双方的争执。如果太容易更换，对商家是一种损失。因此，商家往往同意更换，但要完成更换就必须履行复杂的程序：首先要填写申请单，之后需上报主管，还需经过某个专业部门复核，最后才能给出更换的批准。简言之，可更换但很麻烦，还要等一段时间。实际情况是，"烦琐"的程序让大部分人选择了放弃更换。

变更是不可避免的，当变更发生时，一定要有正式的变更机制，冷静应对。从心理学上讲，"九阴真经"的意义就是"烦琐"——你可以变更，但要经过一些程序、填一些单子，当然还得等上一段时间。"九阴真经"人为地增加了变更的摩擦系数，让变更变得困难，客观上降低了变更的频率。我相信，读到这里你也慢慢理解了公司很多复杂程序的合理性。

4.2.3 规则先行，较真第一次

老张是某大型集成电路（Integrated Circuit，IC）制造公司的车间主任，他们为很多客户同时生产多种规格、型号的 IC 产品，制造流程超过 50 个步骤。

由于一些量产问题，A 公司某笔订单发生了交货延迟，于是 A 公司向市场部催货。市场部李经理给老张打来电话想了解生产的情况，并希望采取措施尽快出货。老张知道，在该公司同时生产上百个不同规格的 IC 产品，而且 A 公司也有许多不同批次订单的情况下，要找到该笔延迟交货的订单并不容易，更别说改变计划有可能造成生产线混乱。但是，他也知道 A 公司是重要客户，李经理亲自来电话已经说明了问题。

于是，他就指派了专人跟踪 A 公司的订单，并调整生产计划，加快进度。经过一番折腾，A 公司的订单终于交货了。

但是，好景不长，A 公司的订单出货不久，B 公司又来催货，希望马上拿到货。于是，故事又重新上演了一遍……结果，催货的公司越来越多，而且迅速增加。该公司生产线则被不断中断、调整，导致更多的交货迟延和更多客户抱怨。

1. 今天的问题来自昨天的解

现实中的行为环环相扣，任何一个部门或成员的一个举措，都可能在不同的时间、不同地点产生影响。过去为了解决一个问题而采取的措施往往会产生副作用，从而使得在另外一个时间或另外一个地点产生另一项问题。正如大师彼得·圣吉（Peter M. Senge）所言：今天的问题来自昨天的解。

其实，老张的遭遇并不是个例，就连大名鼎鼎的福特汽车公司也发生过类似的事情。

在福特汽车的研发团队，车身工程师发现汽车的前端有一个振动的问题，为了解决这个问题，他们在车的前端增加了一个大的加强件。

但是，一个又大又重的加强件增加了车重，使得轮胎预留空间变得不合适了——这对底盘工程师而言是一个问题，为此他们不得不增加轮胎压力来解决这一问题。

然而，轮胎压力增加之后，振动问题又出现了……

2．"较真"第一次

有时，客户提出的变更看起来十分不合理，但客户却坚持要进行。客户清楚乙方很讨厌自己总是变更。但是，他们一开始对项目了解不够，随着对项目了解的逐步加深，他们才发现存在的问题。很多情况下，他们可以忍受原有方案，但他们更清楚只要对乙方施压，乙方就会妥协。这让他们有了争取的动力。

换言之，客户喜欢变更是因为你喜欢接受客户的变更请求。这简直是一个悖论，因为没有一个项目管理者喜欢变更。当客户提出变更，假如你顶不住压力同意了变更，这在事实上会给客户一个信号：变更是可以被接受的，只要对项目团队施压就行。

3．规矩先行，临时性规定被视为强词夺理

在这里，管住变更的关键是一定要"较真第一次"。能否用一个正式的理由拒绝第一次变更至关重要。需要说明的是，这个正式的理由必须是在项目开始前就制定好的规矩。一个临时搬出来的规定往往会被视为一种强词夺理，极可能会激怒对方。

关于变更的具体规矩可以采用"九阴真经"来处理，也可以根据情况适当简化。无论是什么规矩，关键是要先有，规矩先行。所以对于那些被客户的"无理要求"弄得焦头烂额的项目管理者，首先要想一想是否立过这样的规矩。

> 精神错乱的典型特征便是，一遍又一遍地重复做同一件事而期待会有不同的结果。
>
> ——爱因斯坦

为了维护与客户的关系，我们这么尽力满足他们都不能令其满意，如果以教条的流程来约束他们，关系会不会变得恶化？你如果想改变在变更中的被动

局面，必须改变一下自己过去的那种小心维护客户关系（简直是讨好）的行为，营造一切按照规矩办的文化。

4.2.4 忠告不如警告，利用框架效应

在经历了股市的大牛和快熊之后，很多人都说，能不赚不赔已经不错了，但即便能打个平手，你是否觉得还是"心塞"呢？尽管别人安慰说"不亏就是赚"，果真如此？

如果一个人的喜悦程度完全是按金钱来衡量的话，那么在赚了一笔钱又亏回去的时候应该感觉回到了原点，不高兴也不沮丧，喜悦和伤心互相抵消，就像浮云一样随风而逝。但事实上，人们在先赚后亏的时候往往比丢了钱还沮丧。"不为天长地久，只为曾经拥有"恐怕不如"曾经沧海难为水，除却巫山不是云"更为写实。

也许你会说，那是因为在这个过程中付出了巨大的努力，况且还有时间成本和机会成本，存个银行买个理财产品也能赚钱，甚至说不定还能中个彩票什么的。那我们就来做一个实验，如果把付出的努力和花费的时间尽量压缩到最小，把收益放大，会怎样呢？假设某一天你花2元钱买了一张彩票，然后在开奖后上网对号时发现自己中了1 000万元。正当你欣喜若狂的时候，突然发现这组中奖号是上一期的，也就是说，在你买彩票之前这组中奖号码已经过期了，瞬间1 000万元没了，这时你是开心还是不开心呢？你是不是觉得自己瞬间损失了一套豪宅、10辆名车呢？

1981年，丹尼尔·卡尼曼（Daniel Kahneman）和阿莫斯·特维斯基（Amos Tversky）对公众面对一种罕见疾病的态度做了研究。该疾病发作将导致600人死亡，有两种治疗方案可供选择，要求被试人员选择其中一种。他们对两组人进行了测试。

第一组，152人。对于这组人叙述以下情景。

（1）如果采用A方案，200人将生还。

（2）如果采用B方案，有1/3的机会600人将生还，而有2/3的机会将无人生还。

第二组 155 人。对第二组人叙述同样的情景，同时将解决方案改为 C 方案和 D 方案。

（1）如果采用 C 方案，400 人将死去。

（2）如果采用 D 方案，有 1/3 的机会将无人死去，而有 2/3 的机会 600 人将死去。

实验结果如表 4-2 所示。

表 4-2　两种不同表述下人们的不同选择

被试组别	方案	选择人数比例
第一组	A 方案	72%
	B 方案	28%
第二组	C 方案	22%
	D 方案	78%

实际上，A 和 C、B 和 D 的方案完全一样，只是换一种描述而已。但仅这小小的语言形式改变，使得人们的认知参照点发生了改变，由情景一的"收益"心态变为情景二的"损失"心态。

选择不同的参照点，人们对待风险的态度是不同的。面临收益时人们会小心翼翼，选择风险规避；面临损失时人们甘愿冒风险，选择倾向风险偏好。因此，在第一种情况下表现为风险规避，第二种情况下则倾向风险追逐。不同的表达方式，参照点不一样，人们决策的方式也不一样。这就是框架效应（framing effect）。

因为框架效应，同一信息的不同表达方式常常会激发人们不同的情感。"手术后一个月内的存活率是 90%"的说法要比"手术后一个月的死亡率是 10%"更令人安心。同样，说凉菜"90%不含脂肪"要比说"10%含有脂肪"更具吸引力。

通过不同的表达方式，改变人的心理参照点，可以影响人的选择。

你发现市场上出现了一项新技术专利，如果花些钱购买这项专利，可以提高项目团队正在开发的新产品的性能。要说服高层进行这项投资，怎么办？

很多人的通常做法是，给领导汇报这项技术的优势和作用，把重点放在购买专利的好处上。事实上，更为有效的方法是，警告公司如果竞争对手购买了可能会把公司的这项产品挤出市场，会导致多少损失。实际上，以损失为导向进行沟通往往更有效。总之，忠告不如警告！

面临变更时，变更提出者的参照点往往是不变更对自己遭受的损失，因此他们会选择风险较大的方式。与此相反，拒绝变更者的参照点往往是变更对自己得到的利益的损失，因此他们会选择风险较小的方式。角度不同，产生矛盾不可避免。

为化解所处角度导致的矛盾，你可以利用框架效应来重新阐述这个问题："如果不进行变更，我们可以在规定时间内得到一个稳定的可运转系统；如果进行变更，我们有很大的概率不能按时得到这个系统，而且质量也无法保证。不如让我们先把已经确定可以实现的功能实现了，之后再来尝试增加新的功能。"

请记住，忠告不如警告，以损失为导向的沟通更加有效。

4.2.5　"挺尸"：哪种选择会让你更后悔？

后悔是一种情绪，也是一种自我惩罚。人们做出的许多决策都是因为不想后悔（"不要这样做，否则你会后悔的"是个非常常见的警告），现实生活中我们也有很多令自己后悔的事。

心理学家丹尼尔·卡尼曼做过一个测试[1]，他让被试者看一个情境，然后回答问题。情境如下：

布朗先生几乎从不让旅行者搭便车。昨天他让一个男人搭了便车，然后他被抢了。

---

[1] 丹尼尔·卡尼曼. 思考，快与慢[M]. 北京：中信出版社，2012.

史密斯先生经常让旅行者搭便车。昨天他让一个男人搭了便车，然后他被抢了。

第一个问题是这两个人谁更后悔？有 88% 的受试者认为布朗先生会更后悔，12% 的受试者认为是史密斯先生。

第二个问题是谁更应该被责备？结果是，选择布朗先生的占 23%，选择史密斯先生的占 77%。

因为布朗先生让旅行者搭便车是一件反常规事情，他平时并不这么做，所以会更后悔。而史密斯先生一直让旅行者搭便车，常在河边走，总有一天会出事，简直就是自食其果。总之，个体的后悔感与所受的责备与行为是否常规有关。

决策制定者容易感到后悔，而痛苦的情绪则对很多的决策制定都有影响。后悔的直觉非常一致，而且还很明显，下面这个例子就说明了这一点。

卡尼曼博士关于后悔的实验，还有第二部分，情境如下：

保罗在 A 公司持有股份。在过去一年里，他想要将股份转移到 B 公司，但最终决定还是不那样做。现在，他了解到，如果他当时将股份转到了 B 公司的话，可以多赚 1 200 美元。

乔治在 B 公司持有股份。在过去一年里，他将股份转移到了 A 公司。现在，他了解到，如果他当时坚持保留 B 公司股份的话，可以多赚 1 200 美元。

谁会更后悔呢？结果不出意外：8% 的受试者说是保罗，92% 的受试者说是乔治。

这很令人好奇，因为从客观上来说，这两位投资者的情况是一样的。他们现在都拥有 A 公司的股份，而且如果拥有 B 公司的股份可多赚同样多的钱。唯一的区别在于，乔治没能赚更多钱是因为他采取了行动，而保罗则是因为没有采取行动。

实际上，人们对由于采取行动而导致损失，会比因不行动而导致损失更后悔。在偏离了默认情况时，人们更容易以常态作为评价标准。总之，偏离常态往往是痛苦的来源。

当相关人员提出变更时，他们的思考时常并不严谨，在这种情况下如果轻易拒绝或反对时常会导致对抗。在即将做出决定前，我建议召集对这个决策有所了解的人开一次简短的会议，在会议上请每个人回答以下问题："设想我们在一年后的今天已经实施了这个变更，但结果惨败。请给这次惨败找到 3 个理由。"你会发现，当你提出这个问题时，他们开始表现得不再那么自信，很多人都会提出来："这个变更先暂缓吧！"

我把这种方法叫作"挺尸"，这个方法非常神奇，使用几次下来，简直成了我的一个"终极秘籍"。需要说明的是，"挺尸"是迫不得已时才使用的方法，不到最后不要亮出来。

当我为自己练成"挺尸"大法沾沾自喜时，德国心理学家诺伯特·施瓦茨（Norbert Schwarz）教授的一篇论文让我找到了依据。他首先让被试者对一个问题给出判断，然后让被试者给出支撑判断的理由或依据。实验证明，人们在被要求用更多的论据支撑自己的选择时自信心下降，在列出多个避免某种问题的方法后，对避免此问题显得更加不自信。

4.2.6　给客户提供多个选项

大卫（David）和托尼（Tony）是用户的两个不同部门的经理，二人对一项关键需求的实现方案争执不下，大卫主张采用方案 A，托尼主张采用方案 B。最后，客户公司的副总经理拍板选择了方案 B。

4 个月后，客户发现方案 A 对解决其现场的另一个业务问题十分有益，提出了正式的变更请求，希望将方案 B 改回方案 A！

这里，方案 B 被选择，但方案 A 却埋下了变更的"祸根"。解决这类变更的手段是让项目具有更大的灵活性。

有一种在软件系统中的常用方法叫系统变量设计（System Dariables Design），思想是在设计时把可能的变化作为可选项来处理[1]。

---

[1] 高茂源.项目管理心理学[M]. 北京：机械工业出版社，2014.

图 4-10 是 Microsoft Office Word 的选项功能面板,把系统默认的、用户可能的需求配置集中在此。此选项面板提供了用户十二大类上百种功能配置,一定程度上覆盖了用户可能发生的需求变化。从某种意义上说,软件的选项功能是其对用户业务了解程度的标志。对于上述案例中的方案 A 可以考虑使用此方法。

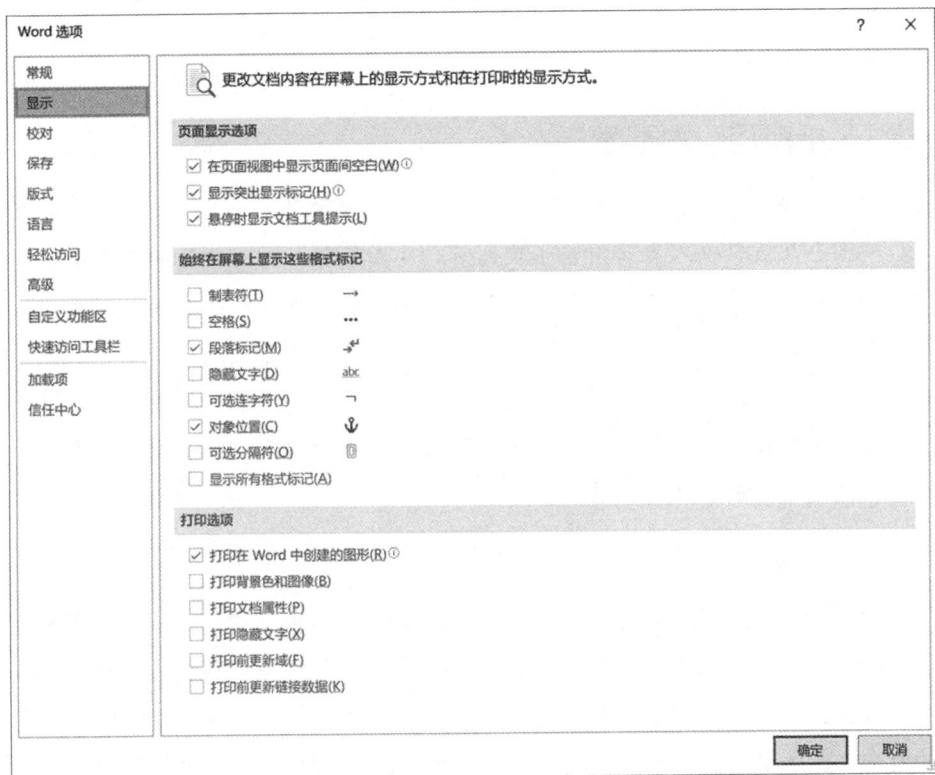

图 4-10　Microsoft Office Word 的选项功能面板

现在的软件系统正越来越多地把用户可以个性定制功能作为其主要卖点。遗憾的是,软件系统对深入业务规则上的定制尚不成熟,大部分还是集中在用户界面上。所以,业内人士了解一个软件系统对业务的适应性,常常直接去看这个系统的配置管理部分。

系统变量设计在技术实现上常表现为一个配置文件或者是数据库里的一个表格。在前端,用户可以通过界面自行修改;在后端,技术人员可以根据需要改变配置文件使系统在不修改代码的情况下适应客户业务。

4.3　借力使力不费力

每个人都生活在自己的世界里，相关方和项目管理者的关注点不一样，这一点项目经理应时刻提醒自己。

4.3.1　小技巧，大智慧

1966 年，美国心理学家弗里德曼与弗雷瑟做了一个实验：让助手到两个居民区劝人在房前竖一块写有"小心驾驶"的大标语牌。在第一个居民区向人们直接提出这个要求，结果遭到很多居民拒绝，接受者仅为被要求者的 17%。在第二个居民区，先请求各居民在一份赞成安全行驶的请愿书上签字，这是很容易做到的小小要求，几乎所有的被要求者都照办了。几周后再向他们提出竖牌的要求，结果接受者竟占被要求者的 55%。

1. 登门槛效应

承诺和一致原理（见第 2.4.1 节）告诉我们，人类更喜欢始终如一，并在他们的行为中表现得始终如一。一个人一旦接受了他人的一个微不足道的要求，为了避免认知上的不协调，或想给他人以前后一致的印象，就有可能接受更大的要求，这就是著名的登门槛效应（Foot In The Door Effect）。这种现象，犹如登门槛时要一级台阶一级台阶地登，这样能更容易更顺利地登上高处。国人将这种效应俗称为"得寸进尺"。

你也可以在日常中应用登门槛效应化解麻烦。

当你和一位朋友约好一起吃饭，你由于临时有事，耽搁了一些时间，于是，你满怀歉意地打电话告诉朋友，可能要晚到一个多小时。朋友很生气，见你真的有事，也只好眼巴巴地等着你。结果，你半个小时后就满头大汗地赶到了。朋友惊喜之余，怒气全消，也就不会在意你的迟到了。

在一些服务性的行业中，登门槛效应经常用于化解顾客抱怨、不满的情绪。

在一架即将着陆的客机上，乘客们忽然听到话务员的通知："由于机场拥挤不堪，飞机暂时无法降落，着陆时间将推迟一小时。"顿时，机舱里响起了乘客们的抱怨声。他们不得不做好心理准备，在空中备受煎熬地等待一个小时。

几分钟之后，乘务员甜美的声音再度响起："旅客朋友们，晚点时间将缩短到半个小时。"听到这个消息，乘客们都欢喜雀跃。

又过几分钟，乘客们再次听到广播："最多再过 3 分钟，本机即可着陆。"乘客们个个拍手称庆，喜出望外。虽然飞机晚点了十几分钟，乘客们却感到格外的庆幸和满意。

一般情况下，人们都不愿接受较高较难的要求，因为它费时费力又难以成功，相反，人们却乐于接受较小的、较易完成的要求，在实现了较小的要求后，人们才慢慢地接受较大的要求。

自己有一件棘手的事情需要朋友帮忙，先向对方提出了一个更大的要求，遭到拒绝后，再将真实的要求提出来，对方往往比较容易接受。

上司需要将一项复杂的工作交给下属完成，可以假装让员工完成另一件更为艰巨的工作，当他面露难色的时候，再将这件工作交付给他，他便会愉快地接受任务。

在项目中更是如此，如果需要相关方做一个大的改变来配合项目极可能被拒绝，此时不妨先提出一些小的让对方无法拒绝的要求，之后再逐渐提出真正的要求，成功率将大大提高。

可以利用登门槛效应来要求相关方（特别是客户和某个重要领导）加入项目中来。比如，项目经理可以先要求得到对方的某一份可以公开的资料，继而再让他帮你看看自己对业务的理解有没有不足之处，最后再要求对方加入项目组中来。

2. 宜家效应

宜家家居是来自瑞典的全球知名家具和家居零售商，宜家出售的绝大多数是各种半成品，尽管其初衷是节省库存空间、压缩价格、薄利多销，但是却让人们爱上了 DIY（Do It Yourself）家具。购买了这些商品，就意味着你得自己动手干活儿，意味着你得举着扳手和螺丝钉，对着好几页说明书研究怎么组装一把椅子、一张桌子、一个柜子，甚至是能伸缩的沙发床。即便手忙脚乱、汗流浃背，人们还是乐于这么做，他们享受这样劳动的过程，并从自己亲手完工的商品中获得了长远的享受和回报。用户在商品创建中付出的劳动或心智越多，对商品产生的爱恋则越深。

对于一件事付出的劳动或精力越多，就越支持这件事，也越容易高估该事的价值，这就是宜家效应（IKEA effect）。宜家效应是一种认知偏差，可以在很大程度上影响人们的行为。

芝加哥大学商学院的院长理查德·罗塞特（Richard Rosett）教授对理性的经济人假设深信不疑，他是一名葡萄酒爱好者。罗塞特教授非常不愿意卖掉自己收藏的葡萄酒，即使对方出价高达 100 美元（当时可是 1975 年）一瓶也不行；他也常在拍卖会上买葡萄酒，但无论品质如何，出价从不高过 35 美元一瓶的上限。若价格在 35~100 美元，他就既不买也不卖。

对所拥有的物品投入精力和感情，使得人们明显高估其价值，连经济学教授也不能幸免！

宜家效应非常有价值，我们可以让一个人为某项事务付出，从而获得他/她的支持。

从一个人到一个可以议价的市场购物，如何让卖方把价格降到自己的心理价位呢？

很多人会先走开，等卖方把自己喊回来。他们认为自己离开，卖方会感觉要失去一笔生意，因此就会降价。殊不知，商家对这种场景见得比你多得多——他当然会劝你回来，但就是不答应你的出价！

其实，一个简单的办法是你要尽可能地"麻烦"对方。你要不断地向对方咨询关于商品的优点、使用方法、原理等一切可以询问的信息，并让对方帮你挑选款式。当然，如果购买的是服装鞋帽，你要让对方帮助你试穿。某些商品的摆放位置过高，你还要让对方搬来梯子或椅子取下来。总之，你要占用对方服务普通顾客至少 3 倍的时间。提醒你不能太过，激怒对方引起纠纷可不关我的事！

经过这番折腾，接下来是收获成果的时候了。

下面的讨价还价，你会惊讶地发现对方在与你的博弈中简直软弱无力。因为在付出这么多努力后，卖方内心对成功交易已迫不及待，更无法承受交易达不成所带来的内心"挫败感"。所以，此时你往往能获得一个连自己也无法拒绝的低价。更有意思的是，对于这个不轻易给出的低价，卖方会改变自我认知——给自己找一个"降低库存""赚的少一点也比不做强"的理由。

3. 让相关方参与项目①

在项目启动阶段，应识别出项目的重要相关方，并尽可能把该相关方纳入项目中的一个正式的岗位上。在这里，岗位名称不关键，关键点在于要有个正式的项目岗位名称，甚至虚职也无所谓，只是该岗位需要花点精力。一个注意事项是，不要让这个岗位承担责任，否则会被拒绝。

前期要明确向该相关方汇报项目情况的方式，包括格式、手段、频率等。比如每周五下班前给他/她发送电子邮件，一定是对方不好拒绝的方式。常见的情形是，对方会说他/她只关注结果不需要知道具体过程，或说他/她比较忙没有精力看这个汇报。此时，你不必解释什么，只说是例行公事也不需他/她承担任何责任。当然，你还可以补充说如果没有时间他/她甚至都不需要看，该报告

① 高茂源.项目管理心理学[M]. 北京：机械工业出版社，2014.

只提供他/她参考，更不需要签字。这样，对方就很容易接收这个报告。请注意，一旦他/她同意每周接收报告，就意味着他/她已经开始在为这个项目付出努力了。至少他/她知道每周要获得项目进展报告，这本身就要多操一份心，会消耗其精力。

我多年的实践证明，相关方往往很配合，甚至十分乐意接受这份报告。因为对于相关方而言，对项目信息多一分了解对自己的长远利益也较为有益。另外一个事实是，这在客观上也可以满足某些人的控制欲望。

项目实施过程中，要按计划定期向相关方汇报项目进展。注意这一定要在项目开始前策划好，临时这样做会有各种不可控的情况产生。人们会支持自己付出过努力的事项，即便仅仅提供报告，也会让人对项目产生感情。曝光效应（见第 1.5.2 节）告诉我们，人们会偏好自己熟悉的事物，只要经常出现就能增加喜欢程度并最终支持它。

在上述过程中，该相关方主要是在心理上对项目投入，很多时候他并不会真花时间去看报告。为增加对方的投入感，适当时候你可以就某个业务问题向该相关方征求意见。在提问题时的一个要点是，多使用疑问句，少用甚至不用反问句。疑问句具有请教的属性，它将自己摆得比较低，是一种学习和探讨的姿态，表明自己有不明白的地方，希望能够获得答疑解惑。它暗含着尊重和感谢。封闭式疑问句是更佳的选择，"您认为这个报表是使用固定格式还是让客户自定义？""这项工作的最终批准权限是 A 部门还是 B 部门呢？"就是不错的问题。这些问题的回答不要太耗精力，这样容易被接受。与此相对应，反问句具有挑战的属性，这极容易引发对抗。

一个重要的注意事项是，如果相关方的建议被采纳了，一定要在适当的时候为他/她对项目的贡献公开表示感谢。这里，"公开"是关键点。

项目的重要会议要请该相关方出席，如可能可以请其主持会议。

这个方法简直是我管理项目的法宝，屡试不爽。在 2016 年的某项目中，被我麻烦过的某领导在验收阶段的帮助，甚至被人怀疑接受了我们的贿赂！

4. 警惕登门槛效应导致的范围蔓延

通常，对项目大的调整，产生的影响比较大，因而都会得到人们的重视。

而那些看起来微不足道、无关大碍的小变更，反倒是更容易被忽视。一方面，这些看起来影响不大的改变经长时间、多次积累后，有可能发生从量变到质变的转化，最终影响项目成败；另一方面，登门槛效应导致的防御感受弱化，会让人放松警惕，一旦接受了第一次"看起来影响不大的"小变更，后面接踵而来的更多、更大的变更就难以拒绝了。这就是范围蔓延。

实践中，项目范围蔓延产生的原因主要有两种：一种来自客户，另一种来自项目组自身。

关于客户导致的范围蔓延问题，我需要提醒你，客户在描述问题时，会有意或无意地弱化影响，比如"只需要增加一个菜单项，其他的都不用改""再把尺寸稍微改动一个单位即可，很简单的"。这就是登门槛效应，会让人放松警惕或放弃变更控制的原则，你务必小心应对。无论如何记住一个原则："决不让步，除非交换。"变化是客户的权利，但任何变更都需要通过正规的变更控制程序来完成，必须在项目工期、费用或质量等方面做出相应的、正规的变更。

另外，来自项目组自身原因造成的范围蔓延同样值得注意，因为这种情况的发生是没有人买单的，所造成的损失只能由项目组或其所在组织承担。更麻烦的是，项目组自身造成的范围蔓延较为隐蔽，它一般是由于项目人员的技术心态造成的。技术人员从技术中获得成就感的渴望促使他们自觉不自觉地按照自己的兴趣去创造一些没有必要的、不合理的、满足自身情感需要的产品。

4.3.2 用好你的发起人

徒弟：在项目上我经常感觉能力不足，甚至无助。怎么办？

师父：找一个旁观者帮你。因为任何人都是这样，处理别人的事情总是大刀阔斧一把抓住主要问题，轮到自己却沉浸在细枝末节不肯放手！所以可以借助他人的智慧帮你抓住主要问题，然后加以解决。

1. 永远不要让发起人从别人那里得知你该给的信息

有一天，老板走到樊骏嘉的座位前，关切地问："最近工作忙吗？项目一切顺利吗？跟客户的关系处得怎么样啊？"樊骏嘉感到老板的态度有点怪怪的，马上敏感地想到前几天客户代表曾经表示过对他们的表现不满意，并暗示要告诉他的老板。

樊骏嘉到现在都不觉得自己的项目团队真的有什么问题，只是客户代表因为要求樊骏嘉请吃饭被拒绝而有点不高兴而已。樊骏嘉马上将情况如实告诉老板，表明项目本身没有太大的问题，同时说如果客户代表有什么意见请老板指示并解决这些问题。老板说："你小子嗅觉很灵敏嘛，客户代表刚从我这里离开，他真的是来抱怨了。既然你把情况都说清楚了，我估计也没有大事，我选择相信你的话。"

很多时候，人们的语言背后常有某种目的，作为聆听方，要仔细思考对方说这些话的真正含义——弦外之音，而不是只注重表面字眼。如果樊骏嘉没有敏锐地感觉到老板话外的意思，而是回答说项目挺好、没有问题，那老板很可能会认为他/她把项目问题捂着、报喜不报忧，如果碰上小心眼的老板，后面可就有的受了。

2. 高层管理人员的支持是项目取得成功的第一因素

当项目经理的权力不足时，要在第一时间找到能够影响最终决策的相关方。项目经理不能解决所有问题，尤其是在项目团队成员中涉及复杂的组织架构，并且这些不同团队和部门对项目关键技术、交付内容、进度等有重要影响时。项目经理要充分利用项目发起人这个最重要的资源。

决定项目成败的很多原因（甚至大部分原因），在项目经理的层面上是不能解决的。据 2019 年 Standish Group 的调查，成功的项目中有 61% 是由于项目得到高级管理层和组织的有效支持，而失败的项目中有 70% 是由于高级管理层的能力和支持力度缺乏。可见，高层管理人员的支持是项目取得成功的第一因素。对于项目经理而言，获取并用好高层相关方（特别是发起人）是至关重要的。

3. 站在领导角度找到其痛点

对于项目经理来说，如果希望影响领导的思想，就得先充分地了解领导，揣摩领导在想什么，领导最关心什么，尝试转变视角，站在领导角度思考企业中的各种问题。

切记，我们提倡的是"站在领导的角度思考我们自己关心的问题"，而不是

"站在自己的角度思考本该领导关心的问题"。

这里，必须对"转变视角、站在领导角度"进行澄清！譬如，作为一个项目经理，站在领导角度思考问题的含义并不是说应该站在项目经理的视角评论或质疑企业高层管理者的所作所为，而是应该尝试换位思考，站在高层管理者的角度思考他会如何看待项目经理的这点事儿，尝试站在高层管理者的整体角度思考他处理问题的种种方式背后的合理性。

> 一个新入职的大学生，就华为公司的经营战略问题，写了一封"万言书"给创始人任正非，任正非批复："此人如果有精神病，建议送医院治疗；如果没病，建议辞退。"
>
> 我不完全赞同任总措辞严厉的批复，但严重理解高级管理层的做法，这名大学生的做法很可笑。这种做法实质是典型的，站在一个基层员工的角度，在不了解公司整体的情况下，没有看到公司内种种貌似不合理现象背后的合理性，却从局部角度出发，断章取义、以偏概全地评价。这绝不是我们提倡的行为。

我们希望看到的是，大家都可以像高层管理者一样，站在公司整体角度思考问题，考虑公司内各种错综复杂的关系、资源限制，再思考自己的那点小事，正确理解管理层对自己项目工作安排的合理性。

每个领导都有自己在工作中的目标和思路，对于与自己相关的每一个项目，也都有着自己心中的目标和期望。很多时候项目经理在与领导沟通时，总感觉得不到领导的回应或无法与领导达成共识，很可能是由于自己并没有讲到领导关心的事情，也就是"痛点"。很多人经常觉得沟通困难，多半是这个问题。在沟通的时候，尤其跟领导沟通的时候，一定不要总说自己关心和自己想听的，而忽略了领导关心的事情。因为你要想引起领导的注意、关注和赞同，就必须得讲领导关心的和领导想听的。即使自己的想法非常好，如果领导没有兴趣听，没有听进去，那说了也是白说，达不到影响领导来支持自己的目的。

你一定要能清楚管理层的"痛点"，再强调一下，"痛点"表现出来就是其最担心的方面，能否找到其"痛点"（或者说看清其最担心的事）几乎决定了项目的成败。

4.4 人际关系技能被低估了

常常有人问我，项目管理者的什么技能是最重要的，我会毫不犹豫地回答"人际关系技能"。不会与人打交道的项目管理者，会遇到很多麻烦。

一位大公司的董事告诉我，他不得不把一位项目经理调到一个不必与人打交道的岗位。这位项目经理懂技术，也知道如何做计划，但他常常惹人生气，使那位董事要花费很多时间去平息人们的情绪。

然而，人际关系技能在大多数组织都被低估了。我几乎没有见到因为项目经理不会制作甘特图而失败的项目，倒是常见很多项目因人际关系问题而陷入严重危机。

4.4.1 影响项目的治理与人际因素

夏阳是 A 项目的项目经理，根据项目安排，A 项目工作计划由甲、乙、丙 3 个部门来完成工作，如图 4-11 所示[①]。

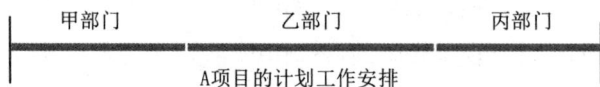

甲部门	乙部门	丙部门
	A项目的计划工作安排	

图 4-11　A 项目的计划工作安排

工作在各部门实施的结果如图 4-12 所示。

---

① 丁荣贵. 项目管理：项目思维与管理关键[M]. 2 版. 北京：中国电力出版社. 2013.（有改动）

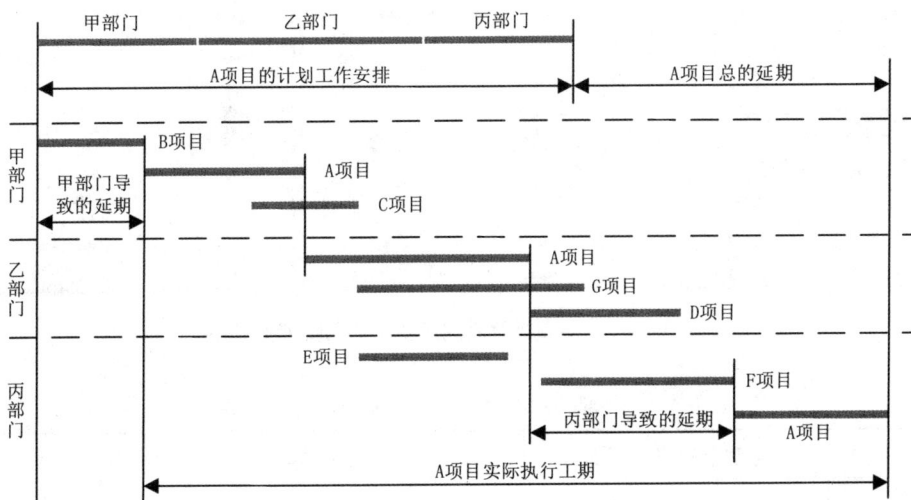

图 4-12　组织因素和政治对项目进度的影响

工作交给甲部门，待 B 项目工作完成后，A 项目工作方才开始。
原因可以有多个：

- 内部工作优先级排序，资源做优先级高的工作；
- 局部效益（资源利用效率）最大化；
- 甲部门经理与夏阳的个人人际关系一般；
- 其他政治因素等。

甲部门工作完成后，乙部门可以开始工作了。乙部门经理和 A 项
目经理关系甚笃，立马开始并全力支持，A 项目在该部门进展顺利。

在上一个项目中，夏阳跟丙部门经理的合作有发生过不太愉快的
事。当夏阳找到他，得到的回复是："按照程序办吧！"这种冠冕堂皇
的话，你懂的，在某些地方"按照程序办"的话，连"你妈是你妈"
你都证明不了！

事实上，各部门对项目 A 的工作安排理由（见图 4-13），可以分
为可明示的（可以放在桌面上的）和隐晦的（只可意会不可言传的，
往往与组织政治或/和人际因素相关联），具体总结如表 4-3 所示。

图 4-13　各种安排背后的可明示的和隐晦的理由

表 4-3　各部门对项目 A 的工作安排、理由与结果

部门	可明示的安排理由	隐晦的安排理由	结　果
甲部门	内部工作优先级排序，资源做优先级高的工作 局部效益（资源利用效率）最大化	甲部门认为项目 A 没有什么价值（有形的、无形的）	既没有置于最重要位置，也没有置于最不重要位置
乙部门	气儿顺了，还需要理由吗？	"自己人"的工作是必须要支持的不说了……	马上干、全力支持
丙部门	按程序来吧	甲部门对 A 项目经理的个人成见 哪个工作都是工作，凭什么就要先干你的？ 组织中的政治因素，你懂的！	其他工作完成后，最后干

　　请注意，各部门安排的结果导致了项目 A 的较长总延期并增加了失败的可能性。

1. 流程与制度是框架，人际关系是润滑剂

　　良好的组织因素和建设性的人际因素是项目成功的有力保证。谈起项目管理，人们会想到"项目经理负责制"，但实际上项目经理拥有的权限和资源很少，项目取得成功，一般说来，与项目的工作效率关系最密切的人往往不是项目组成员，而是来自其他领域工作的人。他们可能是职能经理，也可能是高级管理层、客户或其他项目经理。

在多项目同时运转的现实中，你需要"抢"资源，"抢"资源不代表你不讲理，而是一种"气场"，是对项目的"责任感"。各职能部门没有什么理由就"应该"把你工作置于高优先级，最重要的是你要努力，你要让职能经理们感受到这种项目必须成功的"气场"。资源掌握在部门经理和高层经理手上，要学会同掌握资源的人打交道，不只是在你需要资源的时候，平时也要和他们始终保持良好的人际关系。

作为项目经理，一些想法是不应该有的：

- 工作是他们分内的事，他们应该做；

- 领导安排了，他们必须配合（我反对"挟天子以令诸侯"，不是迫不得已不建议使用参照性权力，更不建议成为经常性行为）；

- 写在计划或者落实到字面上的，他们就会按时完成（必须告诉你一个事实，如果把每件事都写在字面上，让人感觉是为后续吵架留证据，情绪估计不会太好；更重要的是职能部门经理们比你更懂得如何找借口）。

当然，工作争取管理层支持、形成正式计划都是对的，但更重要的是和职能部门持续地沟通、维护良好的合作关系。组织的流程与制度是框架，人际关系是润滑剂，完全依靠程序未必行得通，毕竟国人在文化里有人情的成分。

2. 搞好项目=搞好人脉+搞好关系+搞好资源+搞好工作

胡宇是某研究所电子战电磁环境干扰系统的项目经理，他在制订完研制计划后意识到，再过两个月总装三厂的发射天线总装模具将会成为系统研制的瓶颈，因为发射天线总装模具的搭建需要占用该厂发射装配车间的 1/3 场地，这不仅会与其他项目产生冲突，而且会阻碍设备和车辆进出。

于是他上门与总装三厂厂长进行了一次面对面的沟通，并与相关人员做了一次团队建设。然后，他交给发射分系统的项目主管一项额外任务：每周请发射装配车间的人活动一次。

两个月后，发射装配车间将电子战电磁环境干扰系统置于最优先完成的任务，甚至在安排其他项目工作之前都会先询问胡宇的意见。项目顺利实施中……

项目管理者比职能经理面临更多的利益相关方，因而，他们受到的干扰也更大。因此，项目管理者的一个重要工作就是做好时间管理。需要说明的是，这里的时间管理不仅是对项目进度的管理，还包括对项目管理者自身的时间管理。如果你问项目管理者们他们在做什么，他们最有可能告诉你他们在进行计划、组织、协调和控制。然而，当你看到他们所做的事情与以上4个词语毫无关系时，也请不要感到奇怪。

对时间不同的使用方式，取决于经理人对工作的不同理解，也决定了他们的成效。

我们可以将经理人员分为3种：一种是普通的经理，大部分的经理人员属于此种类型；另一类是有效的经理，工作干得漂亮，任务完成得很好；还有一类是成功的经理，他们得到的提拔比较快，尽管有时他们的工作完成得好像没有那么完美。当然，成功的经理和有效的经理是有区别的：工作干得漂亮的不见得提拔得最快，提拔得快也不见得工作做得最好。

表4-4给出了不同类型经理人对时间的分配。一般的经理花在传统的管理活动方面的时间占到其总工作时间的32%，沟通方面占到29%，对下属的管理占到20%，社会交往占到19%。

表4-4 不同类型经理人对时间的分配

经理人类型	传统活动	沟通	人力资源（下属）	社会交往
一般经理人	32%	29%	20%	19%
有效的经理人	19%	44%	26%	11%
成功的经理人	13%	28%	11%	48%

对于有效的经理，他们在沟通方面花费的时间平均占到44%，在管理下属方面要用去26%的时间。在项目中，项目管理者要不断地和项目组成员、职能部门经理及高层管理人员进行沟通，确保项目得到足够的支持。

成功的经理花在传统管理活动上的时间只有13%，而在沟通方面占到了 28% 的时间，特别是将近一半的时间（48%）用在了社会交往方面，仅仅有 11% 的时间花在管理下属上。

一个成功的项目管理者必须协调好各方面的关系：应该理解项目的运行过程，以及如何与不同的人打交道，应该有较高的组织和协调能力。然而，很多的项目管理者由于具有的技术背景，他们不愿意去跟团队以外的人交往，很容易干活多，反而不一定得到提拔。

这里，如果用一个公式（见图 4-14）来表示如何做好项目的话，那就是：搞好项目=搞好人脉+搞好关系+搞好资源+搞好工作。注意这里面是有顺序的，先搞好人脉，再搞好关系，接着搞好资源，最后才是搞好工作。

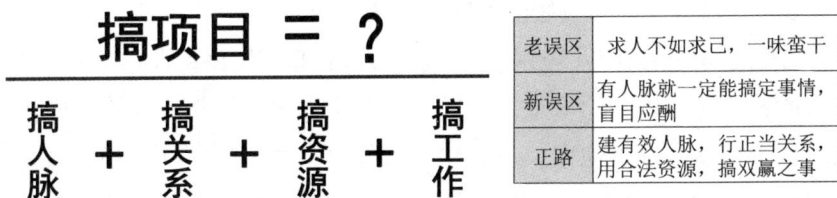

老误区	求人不如求己，一味蛮干
新误区	有人脉就一定能搞定事情，盲目应酬
正路	建有效人脉，行正当关系，用合法资源，搞双赢之事

图 4-14　搞好项目的公式

在微信中，一个人经常给你的朋友圈点赞，你喜不喜欢他？实际上，每次点赞都是双方的一次交流和互动。多次互动下来，假如某一天他发微信，需要别人帮他点赞，你也会帮他点。经常给你点赞的结果是，此时不给他点就会有一种愧疚感，总觉得欠他点儿啥。

遗憾的是，很多人却是反着的：工作遇到了问题才想起自己缺资源，资源不足了才发现自己缺关系，关系搞不定了才发现自己没人脉！

某人一直在我微信里潜水，甚至我从未意识到有这样一个人在我的朋友圈里。一天，这个人给我发了条微信："朋友圈第一条，帮我投个票，注意一定要选三号哦！"

请问，如果是你，这票投还是不投？

有人说："不投！"

哈哈，我把三号以外的所有号都投了一遍……我是不是有点坏？

我还必须提醒你，在图 4-14 中的公式中，需要谨防新老两个误区，老误区是"求人不如求己，一味蛮干"，新误区是"有人脉就一定能搞定事情，盲目应酬"。一定要建有效人脉，行正当关系，用合法资源，搞双赢之事。

4.4.2　不愿暴露自己的隐私，就不会有良好的人际关系

1. 暴露自己的短处，更能赢得信赖和敬重

在通常情况下，人们习惯于展示自己的长处，隐蔽自己的劣势和不足。20 世纪 50 年代，美国心理学家约瑟夫·勒夫（Joseph Luft）和哈里·英格拉姆（Harry Ingram）研究发现，适当向对方暴露自己的短处，能够赢得别人的信赖和敬重，这就是约哈里之窗（Johari Window）。

约哈里之窗（见图 4-15）揭示了诚恳待人、心胸坦荡在人际交往中的重要性。从某种意义上讲，约哈里之窗是一种关于沟通的技巧和理论。它可以帮助我们认识自我、了解他人，从而建立信任、提高人际交往成功的效率。因此，约哈里之窗也被称为"自我意识的发现—反馈模型"或"信息交流过程管理工具"。

	自己知道	自己不知道
别人知道	公众区	盲目区
别人不知道	隐私区	未知区

图 4-15　约哈里之窗

从自我认知角度，人与人之间交流的信息包括情感、经验、观点、态度、技能、目的、动机等；约哈里之窗根据人们在人际交往中存在的相互了解程度，将这些全部信息区分为 4 个区域：公众区、盲目区、隐私区、未知区。

（1）公众区：代表所有自己知道，他人也知道的信息。例如，你的名字、

发色，以及你有一只宠物狗的事实。人与人之间交往的目的就是扩大公开区，实现这一目的的主要做法有提高个人信息的曝光率、主动征求反馈意见。

（2）盲目区：代表关于自我的他人知道而自己不知道的信息。例如，自己的处事方式，别人对自己的感受、看法等。

（3）隐私区：代表自己知道而他人不知道的信息，这些信息有的是知识性的、经验性的，甚至是创造性思维的结果。例如，自己的秘密、希望、心愿，以及自己的个人好恶等。

（4）未知区：代表自己不知道，他人也不知道的信息，是潜意识、潜在需要。这是一个大小难以确定的潜在知识。未知区是尚待挖掘的黑洞，它对其他区域有潜在影响。

2. 公众区大小与人际关系的和谐程度成正比

约哈利之窗不是静止的而是动态的，我们可以通过内、外部的努力改变约哈里之窗 4 个区域的分布。

人与人开始接触之际，公众区较小，因为缺少时间和机会进行信息交流。根据一般的交往经验法则，你应不断增强信息的透明度、公开度和诚信度，也就是扩大公众区。当你开诚布公的时候，对方可能也正在为你打开心扉。在这个过程中，公众区扩大、盲目区和隐私区缩小，双方建立了信任的基础，关系也变得和谐，如图 4-16 所示。

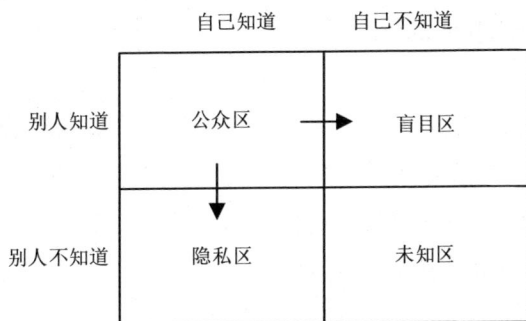

图 4-16　建立信任的基础是扩大公众区

需要说明的是，在一个值得信任的关系中把自己公开地表露给另一个人是逐渐理解自我的重要一步；自我表露是改善个人适应的重要方式，当人们压抑自我的时候，他的自我也就停止前进了；通过自我表露，人们逐渐认清自己；那些倾向隐瞒自己消极信息的人更可能遭受抑郁和焦虑；通过自我表露，可以促进沟通效果，增强人际关系。

　　G 公司科研部的一位经理想把女儿送往一英文培训学校补习以准备雅思考试（International English Language Testing System，IELTS），他从人力资源部经理那里听说系统技术中心一位女士的儿子就在他欲了解的机构就职，于是就去找她打听情况。"你怎么知道的？"——她的反应让他大吃一惊，这位经理只好打住了。

像这种情况，建立良好的人际和合作关系，几乎是不可能的。

如果你真想与别人建立良好的关系和沟通，你必须愿意披露自己的一些事情，帮助别人了解你自己。当然，这一定是个交互的过程。如果对方封闭，那就很难了解他。我们彼此之间了解越多，沟通就越有效。根据约哈里之窗，这意味着你要向对方透露更多的"隐私区"。

很显然，未知区因为没有信息可以产生因而不具备沟通条件，公众区的信息是公开的不需要沟通。盲目区的信息他人知道，故沟通主动性取决于他人；隐私区的信息自己知道，故沟通主动性取决于而自己。

总之，建立与他人良好关系的沟通模式是：循序渐进地使用自己了解的隐私区与他人知道的未知区进行交换；换言之，公众区的扩大程度与人际关系的和谐程度成正比。

如果某人只让你知道他表面上的一些事情，而不让你知道他的其他事情，你就不可能了解他，也不可能与他建立良好关系。遗憾的是，有些公司弥漫着猜疑和恐惧的气氛，员工不愿让人了解，任何试图了解他们的做法都会遭到抱怨。他们害怕，你了解他们就是要利用他们。

3. 暴露自己时要恰如其分

人际交往由低水平的信任和自我暴露开始，随着双方的程度越深，感情越好越亲密，自我暴露的层次也就越高。研究发现，良好的人际关系是在逐渐自我暴露的过程中发展和亲密起来的。也就是说，自我暴露的广度和深度，是测量人际关系深浅的"尺度"。

有意思的是，有人说世界上只有 5 种人是可靠的：一起同过窗的、一起扛过枪的、一起下过乡的、一起嫖过娼的、一起分过赃的。尽管这是实用的厚黑学，却也在某种程度上道出了约哈里之窗的内涵。

（1）自我暴露的 4 个层次。自我暴露的增加并不是只停留在数量上，而是跟哲学上所说的量变引起质变类似。自我暴露共分为 4 个层次。

第一层次：态度方面，对某人、某机构的态度或看法等；

第二层次：情趣喜好方面，如兴趣爱好，生活习惯等；

第三层次：自我意识和个人的人际关系状况；

第四层次：隐私方面，比如自己的不为人知的秘密。

（2）自我暴露是个技术活。自我暴露并不是越多越好，而是需要掌握一定的技巧和分寸。恰如其分地自我暴露能够快速拉近彼此的距离，而过早、太少和太多的自我暴露反而让双方更加疏远。

- 过早的自我暴露容易引起对方的慌乱和怀疑，进而产生自我防卫的措施，反而拉大了双方的心理距离；
- 太少的暴露不利于建立平等和谐的关系，过多的暴露又容易让人产生厌恶的情绪；
- 彼此自我暴露的程度要趋于一致，暴露的过程一定要循序渐进。对比较亲密的朋友可以做较多的暴露，对泛泛之交可以做中等程度的暴露。

4.4.3　你太"非人类"了，我不想跟你玩儿

一位游客来到了一个市镇，镇上一家商店橱窗上的广告不仅写错了字母，而且语法不通。游客走进这家商店，问老板："您橱窗上的广告的字母是错的，而且还语法不通，难道一直没有人告诉您吗？"

"不瞒您说，其实我是故意的。这样写，人们都认为我是个笨蛋，都来我这里买东西，以为能趁机捞点便宜。多亏这个广告啊，它为我带来了源源不断的生意。"老板得意地告诉游客。

1. 出丑效应

1966 年，社会心理学家艾略特·阿伦森（Elliot Aronson）教授找来了 48 名大二学生做了一个关于印象形成（Impression Formation）的实验。他把 4 段情节类似的访谈录像分别放给这些学生看，然后他们从这 4 个人中选出一位他们最喜欢的，一位最不喜欢的。

这访谈录像分别是：

第一个接受访谈的是个非常优秀的成功人士，他在自己所从事的领域里面取得了很辉煌的成就，在接受主持人采访时，他的态度非常自然，谈吐不俗，表现得非常有自信，没有一点羞涩的表情，他的精彩表现，不时地赢得台下观众的阵阵掌声。

第二个接受访谈的也是个非常优秀的成功人士，不过他在台上的表现略有些羞涩，在主持人向观众介绍他所取得的成就时，他表现得非常紧张，竟把桌上的咖啡杯碰倒了，咖啡还将主持人的裤子淋湿了。

第三个接受访谈的是个非常普通的人，他不像上面两位成功人士那样有着不俗的成绩，整个采访过程中，他虽然不太紧张，但也没有什么吸引人的发言，一点也不出彩。

第四个接受访谈的也是个很普通的人，在采访的过程中，他表现得非常紧张，和第二个人一样，他也把身边的咖啡杯弄倒了，淋湿了主持人的衣服。

测试的结果出来了，最不受测试者们喜欢的当然是第四位先生了，几乎所有的被测试者都选择了他；可奇怪的是，测试者们最喜欢的不是第一位成功人士，而是第二位那个打翻了咖啡杯的先生，有 95% 的测试者选择了他。

才能平庸者固然不会受人倾慕，而全然无缺点的人，也未必讨人喜欢；最讨人喜欢的人物是精明而带有小缺点的人，这就是出丑效应（pratfall effect）。

2. 人们更喜欢成就突出又真诚的人

对于那些比较成功的人而言，一些微小的失误不仅不会影响人们对他的好感，相反还会提升他们的真诚感与可信任度。如果一个人表现得过于完美，几乎难以从他身上寻到一个缺点，人们就会觉得他不够真实，毕竟缺点是人性的衍生品，看似十全十美的人反而降低了他在别人心目中的可信度。

　　　　在阿伦森教授的实验中，第二位那个打翻咖啡杯的先生，虽然小有"出丑"，但这反而正面放大了他的魅力，并让人从心底感觉到他很真诚，值得信任。

从自我的角度出发，当然是越完美越好，然而对于旁人而言，他们更喜欢完美中带一点瑕疵的人。所以，在某些时候，大智若愚不失为一个交际良策。

在人们的意识里，往往奉行这样一个法则：绝对的完美才能建立绝对的权威，才能够保障绝对的服从。然而，"出丑效应"却颠覆了这一逻辑常识。

　　　　你给爸妈发一条祝福短信，如何才能把一条普通的短信变得有意思，让父母有点记忆、动点情绪呢？

　　　　很简单，出点小错误就行了。比如假装把要发给女朋友的"提醒她记得给她父母发短信"的短信发给你父母，或者把原本要发给老爸的发给老妈，把要发给老妈的发给老爸。这种小错误丝毫不影响两老对你的态度，反而能让他们会心一笑——这傻孩子，真大意。

　　　　一点点错误不仅不会有负面影响，反而能引起注意。

出丑效应是一种对于人性的回归，人们往往更偏好那些成就突出又很真诚的、值得信任的人。真诚可信的人更能让人产生情感共鸣，增进彼此之间的亲近度。因此，对于项目管理者而言，事事苛求完美虽然是优良的素质诉求，但在一些无伤大雅的小事上，适当地表现出一些小失误，反而会增加员工的好感度，有利于团队的和谐与沟通。

必须说的是，决定人际吸引的因素通常是极复杂的，出丑效应的应用需要一个前提或基础："出丑者"必须有才华。

3. 完美主义是一种"美丽的错误"

追求完美是一种可贵的精神，完美主义也历来被认为是一种优秀的品格。但在项目中，完美主义是一种"美丽的错误"，因为项目的目标是在有限的时间、成本、范围、质量等约束下让相关方满意。换言之，项目讲求平衡，要的是合格，而不是优秀！

完美主义者和随随便便的人都不是项目的最佳人选，他们是两个相反的极端，如果让他们负责项目，估计就像玩跷跷板一样，要么压到地上，要么翘到空中。项目经不起这种折腾，项目中需要有平衡能力的人，他们很好地把握追求完美的"度"，使得项目功能既能满足相关方需求，又不至于花费过大的代价。遗憾的是，国内的项目经理们多是技术出身，从技术中获得成就感的渴望常促使他们自觉不自觉地按照自己的兴趣去创造一些没有必要的、不合理的、满足自身情感需要的产品。对他们而言，避免完美主义并不是一件容易的事情。现代质量管理理论普遍认为，质量并不是越高越好。事实上，市场已经对此无数次给出了证明。

很多人骂过微软公司的产品烂，据说乔布斯也曾经大骂 Windows，但微软公司却成了软件行业的霸主。

追求完美本身并没有错，但如果上升到完美主义，时时处处要做到最好，却不一定符合项目的条件限制。一个"最"字会害死人，因为"没有最好，只有更好"。要完美不要完美主义，本质上是一个度的问题，项目应力求平衡，避免极端。项目需要平衡范围、进度、成本、质量、风险等方方面面，花最小代价达到各方满意，这就是成功。项目管理中完美就是被相关方接受、认可。

4.5　面对压力，管好情绪

2006 年 7 月 10 日，法国和意大利在德国世界杯决赛中相遇，这是作为法国队队长、民族英雄和国宝的齐内丁·齐达内（Zinedine Zidane）为法国效力的最后一场比赛。意大利队球员马特拉齐对他进行了一系列的口头侮辱，结果齐达内用头撞击对方而被罚下场。最后，意大利队在点球大战中以 5：3 获胜。来自世界各地的球迷都很诧异为何像齐达内这样经验丰富的球员也能做出如此不当的举动。

这是齐达内职业生涯最重要比赛的加时赛，法国迎来了卫冕世界杯冠军的机会，这可以让他们成为足球史上成功卫冕的伟大球队。获胜的压力无疑是巨大的，甚至老练的球员也会觉得很难表现出最佳状态。

人们经常讲"压力产生动力"，事实上当人们陷入极大压力时，大脑深处的一个小器官——丘脑背内侧核会触发应对反应，这会导致不同的症状：心跳加速、呼吸加快、应激激素释放，甚至是临时性的呆滞。此时，人们合理处理信息的能力在一段时间内变得十分有限。这个非理性的时期可能仅持续几秒钟、几分钟甚至更长时间，这取决于不同的人和不同的环境。此时，人们就会更多地基于情绪而非理性分析实施行为。

4.5.1 压力是人生的调味品

压力是指当人们去适应由周围环境引起的刺激时，人们的身体或精神上的非特异性反应。通俗地讲，压力是对环境中的压迫、责任和真实的或想象的威胁的自然反应。压力是一种反应，而不是引起它的因素。产生压力的因素称为刺激因子。

压力可能对人们的心理和生理健康状况产生积极或消极的影响。压力如果没有及时宣泄就会积累起来，并导致许多内部无序。

1. 压力应对三阶段

加拿大生理心理学家汉斯·塞利（Hans Selye）被称为"压力理论之父"。汉斯·塞利研究发现，当人体遭遇到一个刺激因子时，会经历 3 个阶段：警觉阶段、抵抗阶段和衰竭阶段。

（1）在警觉阶段，人们体会到一种"战斗或逃避"的感觉。人体会发生生物化学变化，从内分泌腺中释放出荷尔蒙来抗击压力。这些荷尔蒙会尝试着让人体回到受刺激之前的稳定状态，或者鼓舞人体细胞与刺激因子进行抵抗。在警觉阶段，人体的心跳加速、血流加快、耗氧量和血糖上升，肌肉开始变得紧张、瞳孔放大、消化能力也下降。

（2）在抵抗阶段，人体适应了刺激因子并尝试着抵抗它。如果人体能够战胜刺激因子，就可以修复在警觉阶段受到的伤害。压力导致的身体上的表象逐渐消失，人体也更能抵抗刺激因子。虽然此时人体更能抵抗刺激因子，但是人体抵抗病毒侵略的能力也下降了。

（3）在衰竭阶段，当人体已不再能适应压力。人体从维持抵抗阶段到进入衰竭阶段的时间长短是高度可变的，并受到多种因素的影响，包括个体不同和压力的程度不同。在衰竭阶段，警觉阶段的信号再次出现，但此时人体已经没有力量来做出任何响应了。因此，人体就开始受压力的支配并产生了头痛、溃疡、高血压和心脏病等生理疾病。

在这个过程中，人体调动自身资源并做出自我保护性的调节，如果调节生效，就会恢复到正常状态，不会进入下一个阶段。塞利说"压力是人生的调味品"。适度的压力能够激发个人潜在的能量，提高工作效率，从而推动人们成功。只有管理不善的压力才会产生消极影响。

没有压力的项目是不存在的，项目压力的来源也多种多样，比如各相关方过高的期望、频繁变更的需求、紧张的进度安排、突如其来的变化、职责模糊等。

2. 适度压力是有益的

研究发现，引起压力的事件中只有 8%是合理的，其他的或者永远不会发生，或者是由过去所做的决定导致的结果无法改变，或者只是出于个人的心理因素。我们大可不必在众多的压力面前担心顾虑太多而过度反应，失去自信。

图 4-17 是彼得·尼克松（Peter Nixon）博士给出的压力—绩效曲线。这个曲线能够帮助我们理解压力对日常工作效率的影响。

从压力—绩效曲线来看，压力和工作效率呈现倒"U"形关系。在没有压力时，效率很低。随着压力的提升，人的士气被激发，工作效率也随之提高。但当压力超过一定阈值时，人们会"崩溃"。现实中，每个个体的压力阈值不同，而且压力阈值会随着个体的认知和承受能力而变化。

面临同样的压力，有的人能尽快调整转而迎接挑战，而有的人却容易产生挫折感，焦虑、烦躁，而且长时间不能自拔。其关键原因就是不同人面对压力的态度及抗压能力不同。抗压能力越强，越能承担更多的压力。个体差异会导致相同的压力作用于不同的个体，对这些不同个体产生不同的心理、生理反应。

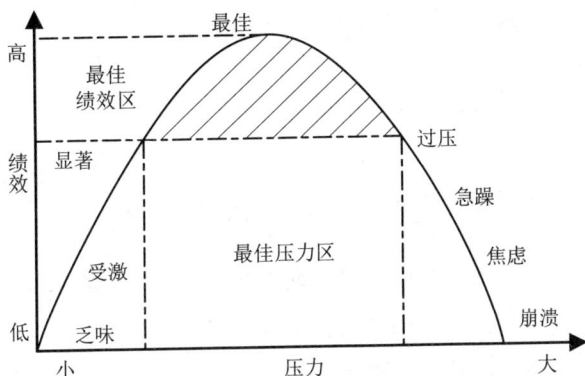

图 4-17 压力—绩效曲线

1954 年，心理学家贝克斯顿（Bexton）等人在美国麦吉利大学做了一个著名的"感觉剥夺实验"。他们募集了许多大学生志愿者，让这些志愿者在完全没有任何压力、没有任何外部环境刺激的条件下躺在床上睡觉，每待一天可以领取 20 美元的酬劳（在当时可是一笔不少的收入），他们可以自己决定何时退出实验。

这种毫无压力的生活应该是惬意的，还有钱可以拿，真不错！

实际情况怎么样呢？开始阶段，被试者都大睡特睡，但大多数志愿者在实验开始后 24~36 小时内通过各种理由求退出，没有人坚持 72 小时以上。在试验期间，他们由惬意的睡眠渐渐变为厌倦和不安，而后开始唱歌、吹口哨和自言自语，直至有幻觉出现。

维持正常的状态，人们需要一个最低水平的刺激和压力。一点压力都没有，并不会让我们有非常幸福的感觉。大家应该都有过这样的生活体验，一个长假的开始感觉很舒服，但是时间一长、无所事事，反而希望能尽快忙起来。相信经历过新冠肺炎背景下 2020 年春节的人们一定深有同感。

卡拉塞克（Karasek）的工作要求—控制模型理论认为，工作压力来源于工作要求和工作控制的共同影响。高工作要求、低工作控制导致高工作压力；当工作要求和工作控制均处于高水平时，工作动机增强，有利于提高员工的工作绩效和工作满意度。在这种情况下，高工作要求非但不是压力源，反而是对员工的激励因素，产生所谓"有益的压力"。也就是说，当员工面对高工作要求时，高工作控制能够帮助员工避免过大的工作压力的伤害。

3. 积极面对，提升自己的压力阀

有很多压力来源于不切实际的目标或者不现实的期望，尤其在这个成功学盛行的年代。改变自己的期望值，压力就会随之消失。

> 有人说很多城市家庭由"一个焦虑的妈妈+一个缺失的爸爸+一个出了问题的孩子"组成，我不完全认同。
>
> 我承认妈妈们很焦虑、爸爸们也时常是缺失的，但孩子是否出问题却未必！这些家长们基本犯了同一个错误，就是对孩子寄予了不切实际的期望，过高的目标恰是其焦虑的压力源。事实上，这些人觉得自己的人生不成功，却总是希望孩子成功。

当然，试图消除项目的压力源几无可能，如果不能很好地管理疏解压力，项目管理者很容易陷入个人健康危机中。积极面对、做好压力管理才是正确方式。

（1）视压力为机会，勇于接受挑战。压力面前，积极的心态很重要。我们可以变换角度看待压力，给我们带来压力的问题，往往是我们提高自己能力、锻炼自己的机会。

（2）加强时间管理，了解轻重缓急。好的时间管理方法会帮助管理者更高效地利用时间，并且集中注意力在那些真正重要的事情上。

（3）锻炼好身体，平衡饮食，保持规律的作息。好的身体能帮助管理者提高抗压能力。许多管理者会通过慢跑、瑜伽等方式锻炼身体，同时调节自己的情绪。

（4）放松与冥想。暂时抛开烦心的事情到另一个环境中去放松心情，或者通过冥想得到放松和休息。

有了个人较强的承担压力的能力，你才能遇事不慌、临危不乱，积极识别压力，分析压力背后的刺激因子，依靠团队的力量化解危机，或者找到其中蕴

藏的有利机会，善加运用，从而推进项目的成功。

4.5.2　给时间时间，让过去过去

> 徒弟：每每事情过后，我都后悔自己是多么幼稚！怎么办？
>
> 师父：不要羡慕别人比你成熟，那是因为，一路走来，他遇上的坏人比你多……

1. 事情经历的太少，连鸡毛蒜皮都是烦恼

基洛维奇（Kirovitch）是康奈尔大学的心理学教授，他的一名学生找他，坦言自己的压力过大，因为他觉得其他人的注意力都在自己身上，这使得他感到压力和紧张。

为了排解这名学生的压力，基洛维奇做了一个有趣的实验。首先，他让这名学生穿上了一件样式前卫的新款 T 恤，然后特意让他在所有其他人都已经坐好之后，最后一个走进教室。这位身着异样服装的学生内心倍感紧张和焦虑，因为他认为教室里所有人的目光此刻都集中到了自己的身上！等到下课的时候，基洛维奇对教室里所有的学生进行了调查，询问大家是否注意到了那个最后走进教室的同学穿的是什么样的衣服。

在这位学生心里，自己早已经像个滑稽的小丑一样，被所有人牢牢地记住了。可调查的结果却大大出乎了他自己的意料：居然只有23%的人表示注意到了他的存在！

焦点效应（spotlight effect）是人们高估周围人对自己外表和行为关注度的一种表现。焦点效应意味着人类往往会把自己看作一切的中心，并且直觉地高估别人对我们的注意程度。焦点效应是个体的一种认知错觉。实际上，我们既不会对身边人的偶尔失误给予过多的关注，自己也不会轻易成为别人关注的焦点。

焦点效应有一定的积极作用，人们可以利用焦点效应进行自我监督，如第4.1.2节的探讨，当有第三只眼睛盯着自己的时候，人们会自觉约束自己的行为。

很多人在朋友圈将自己锻炼、学习或者减肥的消息公之于众，特别是每天"打卡"通报进展，这也相当于把自己放到了舞台的"聚光灯"下，这会让人感到有更多的人在"监督"自己。有了焦点效应产生的约束感，人们就能做得更久。

期望别人关注，希望成为别人眼中的焦点，这是人们的正常心理诉求，大多数人都会有这样的想法，这无可厚非。但是很多人太过于把自己当回事（听起来有些苛刻），造成太大的心理压力负担，从而变得紧张、焦虑，严重的情绪失控。真的不用为自己无心的失误过分紧张和尴尬。人往往不是被事情本身所困扰而是被他对事情的看法所困扰，很多事，真的是你自己想多了，只是在当时你会觉得很重要，睡一觉就过去了。对此，我称为睡一觉法则（overnight rule）。

现实的项目管理，本质上是在条件不完备情况下寻找可行解。这样那样的问题总会发生，客户要求不合理、项目人手不足、相关方期望不切实际……身处其中的人常会放大问题，于是类似抱怨出现了：

- 客户总是挑三拣四！
- 公司一直这样不正规！
- 现在的团队成员都是自私的！

高考前，我们对是否会做一道试题是很看重的，多年后回忆起高考前的经历，谁还会对当时试题的会做与否当回事儿呢？

当身处某个环境中时，人们会放大某种感觉，问题扩大化的结果是限制了解决问题的可能。请记住，项目的艰难过程，在项目结束后几乎没有人还会记得。这就是"好了伤疤忘了痛"！

每次有人跟我探讨项目中的人的问题，到最后我经常送他这么一句话：事经历得太少，连鸡毛蒜皮都是烦恼。

当你发现身边有人做着愚蠢、不合理或者适得其反的决定时，很可能是由于他们的情绪而导致的。此时，生他们的气不仅起不到任何作用，甚至还会使得事件恶化。给予他们充足的时间，当压力消失后，他们的情绪就会恢复，到那时他们自己都会后悔。

2. 翻旧账坏了情绪并降低了解决问题的能力

下面是白灏和她女朋友卓银之间的对话：

"卓银，我想跟你说，你刚才来我们公司，我让你离开，只是个玩笑而已。"

"什么玩笑？我们这么长时间了，你从来没这样跟我说过话！"

"好了，卓银，一个玩笑，别当真了。"

"刚才你赶我出来，听起来就是认真的，现在想推卸责任了！"

"卓银，你怎么这么傻？"

"啊，现在又说我傻！你是不想让傻子到你们公司给你丢人吧！"

"我绝对不是这个意思！"

……

请注意所发生的事情。如果现在问卓银她为什么那样做，她会告诉你，她只不过是对白灏的行为做出反应。如果问白灏为什么那样做，他也会告诉你，他只不过是对卓银的行为做出反应。也许，白灏还会补充一句："她误解了我的意思，而且反应过度。"

人们总是认为自己的行为是对他人行为的反应，通常每一方都把自己的行为视为防卫或应对对方行为的措施，"以眼还眼，以牙还牙"是这种局面的最常见行为策略。各方行为的结果，时常导致恶性竞争，甚至使得最终形势恶化到远超出任何一方的预想。

正是因为每个人都认为"自己的行为是对他人行为的反应"，白灏和她女朋友卓银的交流过程可用图 4-18 表示。白灏看到的交流是图中的 1—2—3，而卓银看到的是 2—3—4。

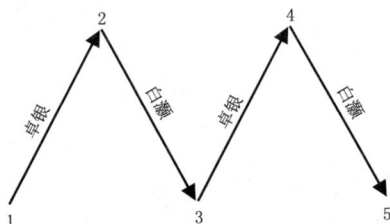

图 4-18　知觉转折

　　在个体之间的持续交流中，我将其称为知觉转折（perceptual turn）。一旦出现知觉转折，就很难停止，交流就变成永无尽头的游戏，最终导致纠结于过去、翻旧账。这是许多冲突的本质，并且说明了冲突为什么很难解决——双方都认为自己的行为只是对另一方的反应，他们会告诉你："如果他没有那样做，我肯定不会这样做。"

　　有人说"婆媳关系是一对天敌"（我不完全赞同），原因就是知觉转折的存在，婆婆和儿媳在讨论问题时时常会把过去多年的事拿出来。这严重影响了当下问题的讨论和解决。

　　实践中，应对知觉转折最有效的方法是"将关注点回到当前"。过去的事已经成为历史，除了接受，没有人能够改变。纠结于过去、翻旧账，人的情绪就会变坏，这除了降低我们解决问题的智商没有任何好处。

　　婆婆和儿媳在讨论问题时，如果有人首先能改变原有模式，打破知觉转折将关注点回到当前问题本身，立马就会天下太平。

　　实际上，请时刻提醒自己，人类没有能力改变过去，能改变的是当下和未来！

4.5.3　表达愤怒请不要拿猫撒气

　　拥有良好的情绪管理能力并逐渐提升自己的情商（比如脸皮厚一点），抗压能力自然会得到提升。我们可以表达情绪，但方式方法很重要。

1. 你可以表达愤怒，但不可以愤怒地表达

　　我的一位好友是某著名互联网公司的产品总监，他是我系列公益课程的志愿者。业余时间，他同我一起从事项目管理体系的推广。最近和他聊天，他跟我诉苦："咱们这些学员都很优秀，辅导他们轻松而且愉快。我的几个团队成员怎么教都不行，烦死了！"

　　我很好奇，于是我们就探讨了起来。我问他："和你的团队成员沟通的时候，你是怎么说的？"他说："我在公司是做项目出身，对工作

很熟悉，我看到他们犯错，就非常着急，马上指出来，这样才有助于他们的快速提高啊！"

　　我又问："你对咱们学员的辅导是怎么进行的？"他回答："我对学员们所处的行业很多都不算了解，所以我主要以了解和分析为主，然后问一些问题激发他们的思考，他们在我的问题启发下，很有想法。"

当他面对自己的下属时，带有很强的操纵欲；而面对学员们时，他的情绪很平和，是中立的。结果大相径庭！对情绪处理不当时常会导致各种问题，人与人之间的互动，70%是情绪、30%是内容，如果情绪不对，内容就会扭曲。

　　一个常见的情况是对愤怒情绪的处理，有些人害怕别人认为自己的行为欠妥，就学会了压制愤怒情绪。但这会导致一个问题，就是会积累消极因素，至一定程度终会导致一次爆发。这种爆发可能是感情方面的，也可能是身体方面的。

　　感知"情绪"是一个重要的管理技能。"先处理情绪，再处理问题"是一个重要原则。情绪好了，问题都好解决；情绪坏了，一切都是问题。尝试解决任何实质性问题前，先要解决各种可能的情绪问题。与他人保持健康关系，适当表达感情是必要的。

　　对如何处理情绪，我的建议如下。

　　（1）你可以表达愤怒，但绝不可以愤怒地表达。在这一点上，外交部发言人给我们做了很好的表率！

　　（2）要了解并承认你的情感和情绪，特别是那些所谓的"坏的"或不想有的感情。

　　（3）为自己的感情用事承担责任，当需要表达情绪时要在头脑中想一下自己能否承担起相应的后果。

　　（4）告诉别人你的感受，如果你信任他。同理心是一座桥。

　　（5）不断学习了解自己的情感。思考一下是什么导致了自己当时的感受。

2. 谨防"踢猫效应"

　　一天，某公司的董事长在家和妻子吵了一架，耽误了上班的时间，这违背了自己亲自规定的不能迟到的公司纪律，他为此非常愤怒。

他刚到办公室，销售经理过来让他审批一项工作，他不耐烦地说："这只不过是一件小事情，你连这点决定都做不了，还能做其他决定吗？"

销售经理垂头丧气地走出了董事长办公室。他回到办公室刚坐下，正巧秘书过来说有事要请示，他用挑剔的口吻说道："这种事情不是一向都不请示吗？"还挑剔她上个月的销售报表做得不清晰。

秘书无缘无故被经理挑剔，碰了一鼻子灰，自然一肚子气。她刚走出办公室，正巧清洁工在拖地，她就对清洁工说："这地拖得也太湿了，容易滑倒，以后拖布要拧干点再拖。"

清洁工无可奈何地回到家后，对正在玩的儿子大发雷霆，儿子莫名其妙地被母亲痛斥之后很恼火，狠狠地踢了一脚地上的猫。

这就是踢猫效应，用以表示对弱于自己或者等级低于自己的对象发泄不满情绪而产生的连锁反应。

踢猫效应描绘的是一种典型的坏情绪的传染。人的不满情绪和糟糕心情，一般会沿着等级和强弱组成的社会关系链条依次传递。由金字塔尖一直扩散到最底层，无处发泄的最弱小的那一个元素成为最终的受害者。

心理学家研究发现，情感、情绪像病毒一样具有很强的传染性，而且传染的速度非常快。踢猫效应是一种心理疾病的传染。

一般而言，人的情绪总是会受到身边环境及一些偶然因素的影响，比如工作不顺利、身体不舒服、拥堵的交通、糟糕的天气、偶然遗失了重要或有价值的物品、不小心错过了关键的事情，这些都有可能让情绪变坏。

当一个人情绪变坏时，无论是心理还是生理上，都会产生缓解、发泄的需求，都有将负面情绪转移出去的倾向。这时，人在潜意识里便会将那些弱者作为发泄对象，因为这对自己是安全的。当然，被发泄者受到攻击后，也产生了负面的情绪，他们同样需要发泄，也遵照安全原则寻找属于自己的"出气筒"。就这样，负面情绪被一路传递下去，形成一条清晰的愤怒传递链条，而最终的承受者（也就是那只"猫"）只能是整个链条中最弱小的群体，他们也往往是受气最多的群体。当他们的压力终于不能承受时，会走向极端，这也是某些组织充满戾气的原因之一。

　　显然，踢猫效应是一种不正确、不符合现代文明社会规范的现象。但每个人都是"踢猫效应"这条长长的链条上的一个环节，可能去"踢"别人，也可能被别人"踢"。当今社会，每个人压力都很大，排解压力和负面情绪是每个人的本能需要，但是简单粗暴地转嫁压力，甚至欺负弱小，既不是正确的途径，更不是强大的表现。我们每个人都应该理智地对"踢猫效应"说"不"！

第5章

收尾与复盘

实践是最好的老师，但智者还能从其他的地方有所收获。

5.1 收尾好才是真的好

徒弟：年终总结，或者面试的时候，该如何来评价自己呢？

师父：实话实说。

徒弟：那就写"我能做什么"，这样就可以展示我拥有的能力了。

师父：如果是年终总结，你的年终奖就没了；如果是面试，你就不会被录取了。每个人都喜欢用"我能做什么"来评价自己，但别人只会用"你做过什么"来评价你！在写总结时一定要注意写明你做过什么，取得过哪些业绩。你如果想找到一份好工作，另一个重点是，在过去的工作经历中，你收获了哪些经验教训？优秀人才普遍擅长总结，还建议你用项目管理思维进行结构化的总结，不仅显得高大上，而且显得逻辑清晰，格局大。

徒弟：关于面试，我还要做点什么呢？

师父：面试就是讲故事，通过讲述自己的过去来推销自己，放平心态，把故事讲好，面试就成功了一半。当你用独特而丰富的语言在面试官前表述自己的优缺点时，那必定是一个精彩的故事，而你自己，也成了用自己魅力来影响他人的人！

开头简单、结局不易，项目亦如此。在快速变化的商业环境下，项目收尾好坏，不仅影响组织利润，也影响人们对项目的评价，甚至会成为获取新商业机会的关键。

5.1.1 峰终定律和过程忽视

丹尼尔·卡尼曼和唐·雷德梅尔（Don Redelmeier）共同做过一个关于结肠镜检查痛苦指数的研究，在这个研究时麻醉药物还没有使用于临床[1]。

实验中，每60秒就要求这些患者说出他们当前的痛苦程度。这些痛苦程度用1~10来表示：0表示"没有任何的痛苦"，10表示"无法忍受的痛苦"。这个研究共有154位患者参加，最短的过程持续了4分钟，最长的有69分钟。

研究结果出人意料，如果一个患者在痛苦程度很高时立即结束检查，他的整个回忆都痛苦不堪；如果一个患者即便痛苦程度很高也坚持完成后续的检查，尽管痛苦持续的时间更长，但最后的喘息让他的痛苦感受得以缓解，最后回忆起来反而觉得可以接受。

峰终定律（Peak-End Rule）指人们对一件事物的记忆仅限于高峰和结尾，事件过程对记忆几乎没有影响。高峰之后，终点出现得越迅速，这件事留给我们的印象越深刻。峰终定律的发现，为经济研究、企业管理、政府决策打开一扇窗户，形成极具震撼力与影响力的服务模式。

我在课堂上多次做过一个相同的试验，我让学生们聚精会神地听一曲交响乐，听完后用一两个关键词表达乐曲的主题。这其实是一个噱头，真正的问题是在乐曲的尾部我加入了5秒钟令人厌恶的噪声。

每次放完，大家的感受几乎如出一辙——"糟糕的结尾毁了全部"。

---

① 丹尼尔·卡尼曼. 思考，快与慢[M]. 北京：中信出版社，2012.

问题已经很明显，几乎完美的过程没人在意，但糟糕的 5 秒钟就将整个体验定义为失败。

我们常听有人说："结果不重要，重在过程。"果真如此吗？峰终定律的研究结论简直令人沮丧！

在对快乐事件的回忆上也存在类似的矛盾现象，当研究者要求学生对自己的假期进行回顾，并评判是否愿意再过一次假期时，他们的结论并不基于自己在日记中描述的每天的经历的平均情况，而多由假期中最难忘的日子和结束时的愉快程度所决定。

由此可见，当评价过去的某段经历时，回忆中高潮和结局往往是最终评价的决定性因素，过程其实是被我们所忽视的。

我相信很多人有这样的体会：你对一个人做了 10 件好事，他/她未必能记住；但只要一件事不能令其满意，他/她就会记住。这真令人郁闷！

5.1.2　好的结尾是成功的一半

宜家冰淇淋在中国的售价是 1 元，在德国的售价是 1 欧元。1 元或 1 欧元的冰淇淋不会亏本吗？

在宜家购物会有很多不愉快的体验：线路复杂，哪怕只买一件家具也需要走完整个商场；店员很少，找不到帮助；要自己从货架上搬货物；要排长队结账；等等。但是它的峰终体验是好的，它的"峰"就是物有所值的产品或过程中的小惊喜，它的"终"是什么呢？就是出口处 1 元或 1 欧元的冰淇淋！

项目是临时性的，但项目成果却往往是长期的，如果能有一个好的收尾能大大提升项目在相关方心目中的成功感。

我们知道，重要的事儿得有仪式感（见第 2.3.2 节），一个良好的项目收尾仪式（如验收会）非常重要。此外，进行正式的项目成果移交、团队庆祝和项目文件存档都是必不可少的。

5.2　最大的浪费是经验教训的浪费

我的一位朋友是某研究所的总工程师，近两年该所发展迅速、项目任务饱满。但是，他向我诉说了"幸福的苦恼"：项目普遍拖期严重，他们还自嘲道"没有我们完不成的项目，但我们也没有按时完成的项目"。受他之邀，我帮他们诊断。

他安排了项目经理、各部门经理、工程师和主要代表同我一起访谈。

项目经理："工程师完成系统调试的时间太迟。"

工程师："元器件到位的时间太迟，调试周期被压缩。"

采购经理："工程师对元器件采购的申请提出时间太迟，设计周期太长，采购时间不够。"

工程师："设计周期已经没有办法压缩，使用的技术是新技术，需要验证。市场部门签订的合同为什么这么短？"

市场经理："我们的合同周期算长的了，竞争对手比我们短得多。"

近两个小时的访谈无果而终，大家都有问题，也都没有问题。这个过程可以用图 5-1 来表示。

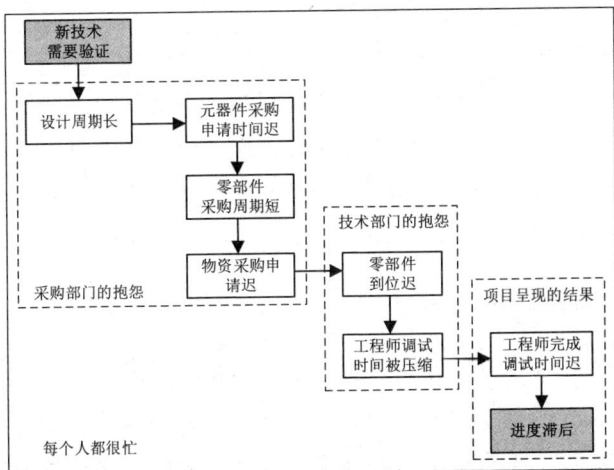

图 5-1　进度是怎么被延迟的？

根据我的建议，他们对声称的"新技术"做了调查，并将各项目采用技术进行统计，分析汇总的结果发现，那些所谓的"新技术"有大部分在另外的项目组使用过，只是没有在组织内分享！以致同一个错误，在组织内的不同项目上复现。

人类最迫切的愿望莫过于改变过去和预知未来，以目前的科技水平改变过去是不可能的，但预知未来却并非梦想。众所周知，经验教训总结的目的是了解哪些工作做得好，哪些工作需要改进；在自己和他人的错误中学习、不重复犯错是成功的捷径。然而，这个过程经常被忽视。

5.2.1　从无知之错到无能之错

经常可以听到有人抱怨"相同的问题一直在发生！"我要说的是：

- 问题出现一次，是可以理解的；
- 同样的问题出现两次，是很不幸的；
- 同样的问题出现 3 次，就是不可理喻的。

类似的道理也适用于机会：

- 机会错过　次，是可以理解的；
- 机会错过两次，是很不幸的；
- 机会错过 3 次，就是不可理喻的。

调查发现，项目中问题不断重复出现，相同的机会一次又一次错失。

当然，因为项目存在不确定性，某个问题管理之后还是发生了，或某个机会还是失去了，这也是可以理解的。如果再次发生同样的事情，那也可能仅仅是"运气差"，不一定就是管理不善。但是，如果第三次发生相同的问题或错失相同的机会，那就肯定是管理出现了问题。

1. 无知之错和无能之错

人类的错误可以分为两大类：无知之错和无能之错。

无知之错也被称为"必然的谬误"，也就是人们所做的事情完全超出了自己的能力范围，从而导致的错误。人类并非全知全能，即便是得到先进科技的支持，我们的能力也是有限的。关于世界和宇宙，其中很大一部分是我们无法理解也无法掌控的。因为没有掌握全部知识，无知之错不可避免。现在如此，将来也是如此。所以，有些超高难度的项目我们还不知道该怎么实现，有些自然灾害（如地震）我们还无法预测。同样，面对今年发生的新冠肺炎疫情，我们需要不断认识这个疾病，其预防和救治过程必然会存在无知之错。

无能之错是指人们并非因为没有掌握相关知识，而是没有正确使用这些知识而导致的错误。在不少领域，人类已经具备很多知识，能够一定程度地控制事件的发展。一些项目错误众所周知，但是很多知识没有被正确使用，总结的经验教训（甚至没有做总结）没有切实落实，导致同一错误重复发生。

在人类历史的绝大部分时间里，我们的生活主要被"无知之错"所主宰，给人类带来巨大痛苦的疾病即明证。就大多数疾病而言，我们以前并不知道病因是什么，也不知道该如何治疗。但仅仅就在过去的几十年时间里，我们积累了大量知识，以至于我们现在不能只应对"无知之错"的挑战，还要投入大量精力来应对"无能之错"的挑战。

2. 不可原谅的"无能之错"

现在，我们面临的错误更多的是"无能之错"，也就是如何持续地、正确地运用我们所掌握的知识、所积累的经验教训。对项目而言，在众多项目管理方法的选项中选择最有效的手段非常困难。即使对经验丰富的专家来说，也不是一件容易的事情。不仅如此，每种方法都存在很多隐患，可能会引发众多麻烦。

"无知之错"可以原谅，"无能之错"不能被原谅。如果解决某类问题的最佳方法还没有找到，那么只要尽力了，无论结果如何，都能接受；但是，如果明明知道该怎么做，却没有做到，这类错误就很难让人接受。

然而，研究发现，原来倾向"无知之错"的天平现在越来越倾向"无能之错"了。

3. 事件、问题和风险

在这里，我们需要澄清一些基本概念。

如图 5-2 所示，根据事件发生的时间，我们把过去已经发生的事件叫作问题，问题中的一部分被我们记录并总结下来成为经验教训，而另一部分则被人们健忘和漠视；还没有发生的事件分为两类，一类是必然会发生的确定级事件，另一类是可能发生也可能不发生的风险。比如，明天太阳会从东方升起是确定级事件，明天有暴风雨则是一个风险。确定级事件并不需要特别管理，只要顺应事件的进展就好。

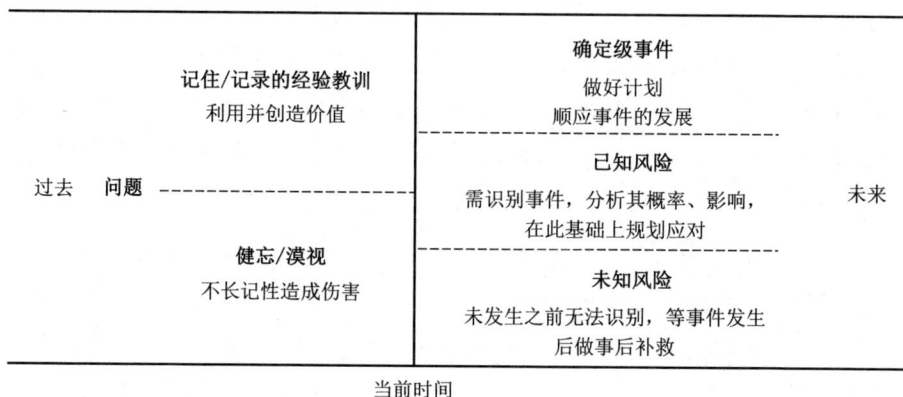

图 5-2　事件、问题、风险

经常有人问，坐火车和坐飞机的风险哪个大？这个问题并不好回答。回答坐火车风险大的人，他指的是事故发生的概率比较高；而回答坐飞机风险大的人，他指的是飞机发生事故的概率不高但事件产生的影响更大。这就讲到了风险的两个基本属性：风险发生的概率、风险发生后产生的影响。在这里，我们把风险的事件本身、发生的概率、产生的影响称为风险三要素，简称风险的事件、概率和影响。

根据风险的属性，风险又分为两类，一类是识别了风险事件，需进一步分析其发生的概率和影响，我们把这类风险称为已知风险；另一类是连事件本身都不清楚，事件发生的概率和影响更无从谈起，我们把这类风险称为未知风险。

项目经理预计到项目后期会拖期，但不知道拖期发生的概率和产生的影响，这是一个已知风险。2020年世界发生了新冠肺炎疫情，在疫情发生之前，人类对新冠肺炎并不了解，其发生的概率和影响更无从谈起，在今年之前新冠肺炎就属于人类的未知风险。

显然，人类只能对已知风险进行事先管理；对于未知风险，人们只能等事件发生后做事后补救。正如图 5-2 所示，未知风险超出了我们的认知范围，会导致无知之错，确定级事件如果管理不善时常会犯无能之错，对于已知风险则同时伴随着无知之错和无能之错。

5.2.2 不知道历史的人注定会犯相同的错误

国内经验主义盛行，然而在项目这个行当中如果过度相信经验，事实证明效果并不好。还有一个不容忽视又自相矛盾的问题是，我们"做得多而总结得少"。相关数据积累的不多，缺乏分析与总结，以至于同一个错误反复发生。一方面强调经验之法力，另一方面又不做总结与提炼。这绝对有些滑稽！

1. 相同的问题一直在发生，不总结

在一次项目管理前沿会议上，主题发言人向 400 多位听众问："你们当中多少人在项目结束时做过经验教训总结？"

大约十几个人举手。

他接着问了一个更尖锐的问题："你们当中有多少人被要求向管理层说明，如何在下一个项目上避免再犯上一个项目犯过的相同错误？"

只有 2 人举手。

项目尽管有其独特性，但在同一组织内部同类项目间的问题却十分相似，记录、总结这些问题形成自己的经验教训检查表（数据库）极具价值。只有将这些经验和教训在后续项目中得以应用，才能减少不可饶恕的无能之错、避免重复性问题的发生。很多人一方面强调经验，事实上他们在项目开始前又很少仔细研读过往项目的文档——这便失去了学习其他项目经验和教训的绝佳机会。

不知道历史的人注定会犯相同的错误。相同的错误总是不断重现，这简直就是一个悲剧。

如果我们在遇到问题的第一次就学会了如何处理问题，形成自己的经验教训总结，就为避免事情的重复发生奠定了基础。如果个人、群体和组织都有良好的"问题记忆"，那么先前的不好经历或许就不会再次发生。

2. 项目经验教训总结不足的恶果

项目经验教训总结不足的首要影响是，必须花时间和精力去应对重复发生的相同问题。如果知道当前情形与以前曾经面对的情形具有相似性，组织或项目也许能够采取实际行动，从而避免常见问题或利用常见机会。项目经验教训总结失效的结果是，组织或项目不得不"重复发明轮子"——做别人做过的事、犯别人犯过的错，陷入"吃二遍苦、受二茬罪"的恶性循环。

> 在 IT 行业的一个常见情形是，一个软件工程师在完成某个功能模块开发后，另一个软件工程师在遇到同样的功能需求时重新开发一个同样的功能模块。

项目经验教训总结不足的第二个影响是，在反复遭遇同样的问题之后，人们开始怀疑项目管理的价值，认为经验教训总结纯属浪费时间和精力。既然有证据显示这个过程是无效的，那还不如把资源用在问题发生后的应急和补救上。

5.2.3 不真正认可总结的重要性

1. 双曲贴现

> 请设想以下情景：在一项投资中，假如现在就兑现收益，你可以立即获得 1 000 元；如果再等半年你就能得到 1 100 元，你会怎样选择？
> 研究表明，很多人会不假思索地立即领取 1 000 元。

对于享受，人们总认为及时行乐远远好过留到未来；而对于痛苦，则宁愿将其推迟承受。这就是双曲贴现（Hyperbolic Discounting）。因为双曲贴现，人们总是有一种倾向，就是避免从事一些需要在短期内付出成本但需要较长时间才能体现其收益的活动。

- 锻炼很好，但我们更喜欢葛优瘫；
- 阅读很好，但现在我就是想看抖音；
- 瘦身就要吃少点，但这个提拉米苏（Tiramisu）实在太美味了我等不及！

享受眼前快乐而漠视远期痛苦，这就是人性。

软件工程师不花时间给自己的源代码写注释，他们不去考虑过一段时间可能连他们自己都理解不了自己开发的软件，到时候还得重新再开发一次！

2. 很"忙"以至于没有时间总结

完成工作时就急着做下一个工作（他们已经有了下一个工作，这是一个"忙"的社会，貌似很多人如果不装作"很忙"就有一种被"消失"的感觉）；项目中的人们常常优先考虑工作中的主要活动——那些可以看得到、对利润和/或进度较为明显重要的方面，经验教训总结常被退居次位，因为这是帮助"以后"工作的事！

尽管"磨刀不误砍柴工"这句俗语人人皆知，但具体到一个项目，"磨刀"则很可能会暂时误了"砍柴"。虽然老总们希望员工采用正规方法，但是他们却不太会允许暂时的"误工"。如果这种误工可能使自己的绩效不足甚至受到惩罚，人们就不会去"磨刀"，而不好使的"钝刀"在看不见的将来才会使用。

3. 没有经费支持

对项目进行总结就要召开经验教训总结会议，这需要大家来参加，但是一般人们都"痛恨"开会、写报告；管理工作、编写文档需要成本，更需要时间，如果组织是向客户收取项目经费的，尤为如此。客户可能拒绝支付项目总结的费用，而组织也不愿意从管理费中开支总结费用，在成本有限的情况下，项目后评价常被视为可有可无的奢侈品。

因为双曲贴现，经验教训总结工作常成为一项主观上的活动，而且还时常被认为没啥作用，以至于总是缩减到最少甚至力图避免。

4. "贤人"们不屑于经验教训文档的撰写

经验教训总结工作差的另外一个原因在于经验教训文档的撰写者。重要的项目团队成员在组织中属于"贤人"，一个项目未完，就往往被分配到另一个"重要"项目上。简而言之，"贤人"不是用来编写文档的。为了解决这个问题，职能经理们使用另外一些"闲人"编写文档。换句话说，编写者水平可能有限。

解决这个问题要考虑需要编写的文档及文档的预期读者。一般的规则是，写文档需要团队协作，这样就需要"贤人"们放下身段、花点时间，向文档编写者提供技术细节并予以指导，当然，文档形成后还必须让"贤人"们审阅。

5.3 复盘：变经历为实力，不让项目白做

徒弟：为什么做项目的时候，一定要写文档？

师父：因为文档总是要写的，领导也许永远想不起来你做了哪些事，但他一定会想起你写过的文档。

徒弟：那为什么大家写文档的时候都非常痛苦呢？

师父：因为很多人更看重的是形式，而不关注过程，领导或者客户的很多要求是根本做不到的，异想天开；写文档是件烦心事儿，痛苦的不是写文档本身，而是明知道写的是垃圾还在写；更痛苦的是连写个垃圾都这么慢，还要尝试让它看上去不那么垃圾；更加痛苦的是好不容易写出来了还是个垃圾；当然最让人痛不欲生的是，居然连垃圾都写不出来。

5.3.1 拒绝花架子，隐性知识显性化

我们的某些传统文化、非物质文化遗产逐步濒危，很大一部分原因就是依赖口口相传的方式和学习者的悟性，文档资料却远不够翔实。

不重视文档好像已经成为我们的一种习惯，毕竟我们喜欢做、讨厌写。

中餐馆开遍全球，简直是中资企业的典型：企业的命运很大程度上依靠大厨的手艺。换句话说，企业的命运很大程度上寄托在能人身上而不是企业自身；而能人又靠的是个人的悟性、经验、直觉或秘方（这常是所谓正宗与非正宗的区别）。有意思的是，与中国人相比美国人似乎强调个人英雄主义，但在企业经营中，反而是中资企业更依赖个人英雄。

很多总结就像某些菜谱——"盐少许、味精适量、中火"，让人看得一头雾水。在这一点上，我们应该向麦当劳等餐饮企业学习，他们的菜谱写得非常清楚，按照说明文件一步步做下来就行。一个中学生就可以按照文件的描述，把麦当劳汉堡在全球做成一个味儿。如果按照我们的某些文件来，不要说小学毕业，就是读完硕士、博士甚至壮士也不管用。你想把那个"少许"弄明白，要不断地试错，需要进行很长时间的摸索，还得有"悟性"。

事实上，如果文件撰写的实在，后人可以轻松达到前人的水平。当然，如果后人智商稍微高一点，就可以在前人基础上向前迈一小步，实现一点点突破，从而实现持续不断的积累。这也是现代自然科学逐渐进步的过程。

很多项目都有经验教训总结，但不够务实，往往沦为应付领导们看的"花架子"。这不仅没有意义，还给人造成"给员工增加无谓工作"的印象。

> 某项目的分包商使用了新技术，该技术未经过充分验证，存在技术失效的不确定性。在项目的经验教训库中，问题描述为"分包商使用的新技术存在风险"，应对措施是"强化与分包商的沟通、关注新技术的发展和应用"。
>
> 这属于典型的"花架子"式的经验教训总结，说的全是"正确的废话"，你要看明白就需要很高的悟性！完全没有可操作性，像"强化沟通""关注新技术"这样的经验根本无法衡量更无法落实。

5.3.2　成功经验说得多，失败教训说得少

1. 自我服务偏见

事实上，人类都自我感觉良好，在加工和自我有关的信息时，会出现的一种潜在的偏见。人们常常从好的方面来看待自己，当取得一些成绩时，容易归因于自己，而出现坏的结果，就会怨天尤人，归因于外在因素，还时常说是一个意外。也就是说，人们总是把成绩归于自己，把问题推给外界，这就是自我服务偏见（self-serving bias）。

在项目总结时，我们也不可避免地存在自我服务偏见，以至于成功经验总

结得多、失败教训总结得少，而且，总是将成功归因于自己，将问题归因于外部，这就导致总结得非常不完整，更缺乏客观性。

为减少自我服务偏见的影响，请时刻记住：取得成绩的时候，多想想外部因素；遇到问题时，多找找自身责任。一句话，在经验教训总结时，多说教训、少谈经验。

关于自我服务偏见的更多主题，请参考第 6.5.1 节。

---

2. 幸存者偏差

第二次世界大战期间，盟军对法西斯德国本土展开空袭。盟军飞机遭到了德国地面防空炮火的猛烈攻击，大量飞机被击伤、击落，损失惨重。

为降低飞机被击落的概率，有必要对机身的关键部位进行相应的加固。工作人员对参战返回的飞机做了全面的检查，他们发现，几乎所有飞机的机腹部分都弹痕累累，而机翼却几乎没有被炮火击中的痕迹。军方决定对飞机的机腹部分进行加固，以应对敌方密集的枪弹。

哥伦比亚大学的统计学教授亚伯拉罕·沃德（Abraham Wald）却给出完全不同的建议：真正需要加固的是机翼，而不是机腹！

沃德教授是对的。飞机的机腹中弹，对飞行的影响不大，但是如果机翼被击中，安全返航的概率几乎为零！那些能接受检查的飞机，只不过是因为幸运，躲过了机翼中弹的灭顶之灾罢了。最终，军方采纳了专家的建议，对参战飞机的机翼部分做了合理加固。果然，飞机被击落的数量大大减少了。

幸存者偏差（survivor bias）也俗称"死人不会说话"，指人们只能看到经过某种筛选而产生的结果，而没有意识到筛选的过程，因此忽略了被筛选掉的关键信息。成功者的言论总是被记录，而死去的人又怎么说话呢？

实际上，成功需要很多因素共同发挥作用，而失败只要一个条件就可以重现。因此，学习别人怎样成功几乎不可行（成功人士的经验也存在自我服务偏见），倒是可以学习如何避免重复别人的失败。问题是，成功者的言论总被奉为金科、广为流传，而一个失败者的教训谁又愿多听一句呢？我们是普通人，避免不了这些生理上与生俱来的自然"缺陷"。

3. 切忌抓凶手、揭伤疤

在"不留任何俘虏、不惜一切代价成功"的文化中，承认我们还可以做得更好，简直是不可想象的。如果已关闭的项目运转良好，往往没有人想浪费时间对其进行审查；如果项目运转情况很糟糕，没有人愿意重蹈覆辙。

特别是近年来"抓凶手"的风气日盛！也许，一则是不敢面对糟糕的事实，也常是为了不让任何人难堪——特别是有人把其称为"揭伤疤""补刀"。然而，无论一项工作已做得如何好，总有可以改进的余地。我们应当以这种思想来做经验教训总结。很显然，责备、抓凶手或惩处之风只会导致没有人愿意对工作进行"诚实"的评价。

另一个值得警惕的现象是，从人性角度而言，人们总结自己做得不好的方面似乎可以接受，但是被他人指出自己的不足却时常会引起对抗。

5.3.3 从负向激励到正向激励：内部专利法

在某些情况下，大家好像缺乏帮助后人的利他精神。很多时候，会觉得自己掌握了某种知识，一旦免费教给别人自己就吃亏了，不是有一种说法叫"教会徒弟饿死师父"吗？

1. "猫抓老鼠，老鼠戏猫"的游戏

很多组织意识到了知识掌握在少数人手中有较大风险，天真地希望每个员工都可以被替代，于是要求大家把知识分享出来，写成文档。后来，组织发现仅仅要求是行不通的，于是开始引入考核——强迫大家做总结、写文档。

但是，如果没有机制保证，这简直是一厢情愿。如果员工们感觉到了不安全，即便考核也只能产生一些连自己都不愿意再看一眼的垃圾。一方面，写的文件充满了"正确的废话"；另一方面，把大部分内容都说了，但最为关键的一点儿不告诉你——留一手。

貌似留一手也是有文化背景的，武侠小说中记录盖世武功的秘籍总是少一页！

在意识到危险时，人往往会选择自我防护，这是人性。要求员工是圣人不光是奢望，更是不负责任的。"猫抓老鼠，老鼠戏猫"是普遍的管理现象，可笑的是，管理者和被管理者都是天生的演员，都觉得自己演技高明。

2. 正向激励：内部专利法

事实上，这个问题并不难解决。

做完一件事以后，如果你把做的方法和步骤写出来，你就得到一个权利，后面谁要用谁就要付钱给你——专利。

参考专利制度，我们在实践中设计了一套行之有效的经验教训管理方法——内部专利。一方面，文档被其他人查阅一次就付一次费用给撰写人；另一方面，如果总结的方法被使用后，的确防范了问题的再次发生，由此降低的成本也给撰写人分成。在我所供职的研究院，有人撰写了非常有价值的文档，因为被人查阅的次数多、对问题解决的贡献大，仅此一项就拿到了不菲的现金奖励。

在引入这套方法后，每个人对待经验教训文档的态度完全不同了。以前，为了保证文档质量，一篇文档需要经过拟制、审核、会签、批准的层层把关，增加了很多工作量，还是无法保证质量。现在，每个人撰写完文档后主动找人审核、组织评审以保证质量，同时还自己认真在文档系统中精心撰写关键词，力争让更多人看到、借鉴。因为，不被查阅就没有任何收益。

内部专利方法在给不同公司的咨询中百试不爽，后来我自己形成了一种心智模式——只要有公司来咨询经验教训方面的问题，脑海中第一个解决方案便是：内部专利！

许多组织都缺乏必要的知识管理基础设施，组织也就无法记住已完成项目的经验教训，从而无法利用过去的经验教训。如果不从根本上建立经验教训总结的制度体系和基础设施，不犯重复错误简直是痴人说梦。

第 5.3.1 节的例子是我们一个项目经验教训的内容,在引入内部专利法后,该项目经理主动对经验教训报告做了更新,将问题描述改为"由于分包商使用了新的电路板组件焊接技术,所以存在电路断路的风险,造成低温下的控制系统失效",相应的应对措施改为"使用双点双线焊接;电路板组件完成调试后、按照新的环境条件进行高低温环境试验"。

表 5-1 对更新前后的总结做了比较。

表 5-1　糟糕的经验教训总结与有效的经验教训总结

糟糕的经验教训总结		有效的经验教训总结	
问题描述	应对措施	问题描述	应对措施
分包商使用的新技术存在风险	强化与分包商的沟通、关注新技术的发展和应用	由于分包商使用了新的电路板焊接技术,所以存在电路断路的风险,造成低温下的控制系统失效	使用双点双线焊接;电路板组件完成调试后、按照新的环境条件进行高低温环境试验

3. 结构化、可视化、价值化

缺失复盘这个环节导致组织和项目团队经常忘记先前的问题经历。因此,在组织层面上,应该把复盘作为项目的一项必须开展的工作。

一份冗长、未合理编排、满是相关专业术语但缺乏充分解释的文件很难对未来的项目有参考价值。一定不要把文档做得复杂、晦涩。要善于使用图表、插图等可视化工具(见图 5-3),以最短时间、最小篇幅,把复杂内容简化,迅速让人刻意了解真实情况。

为了使总结的经验教训发挥作用,经验教训文档中的描述,必须实实在在、可落实、可度量。每一个问题描述和应对手段,必须是具体的、可以落实的工作项。

从实践效果的角度,如同应对帕金森定律,使用结构化的方法往往能取得更好的效果。

图 5-3　文档务必要简洁、可视化

在实践中，我把复盘水平定义为如图 5-4 所示的 4 个层级。

（1）隐性知识显性化：不显性化就不能传承，从无到有，写成文档。

（2）显性知识结构化：不结构化就难以上手，从文到图，做成图表。

（3）结构知识形象化：不形象化就难以掌握，从图表到配套，打造一套组合拳。

（4）形象知识价值化：不价值化就难以长久，从知识到价值，建内部专利体系。

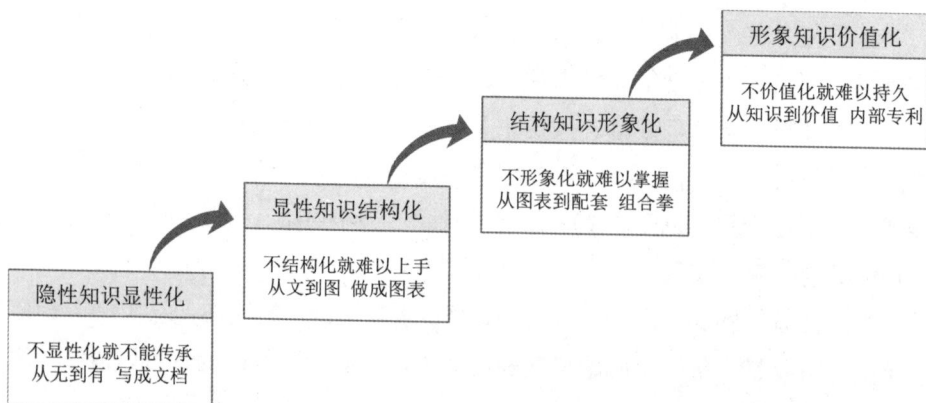

图 5-4　复盘水平的 4 个层级

第 2 部分

自我修炼与职业提升

你们知道了,但是我们做到了。

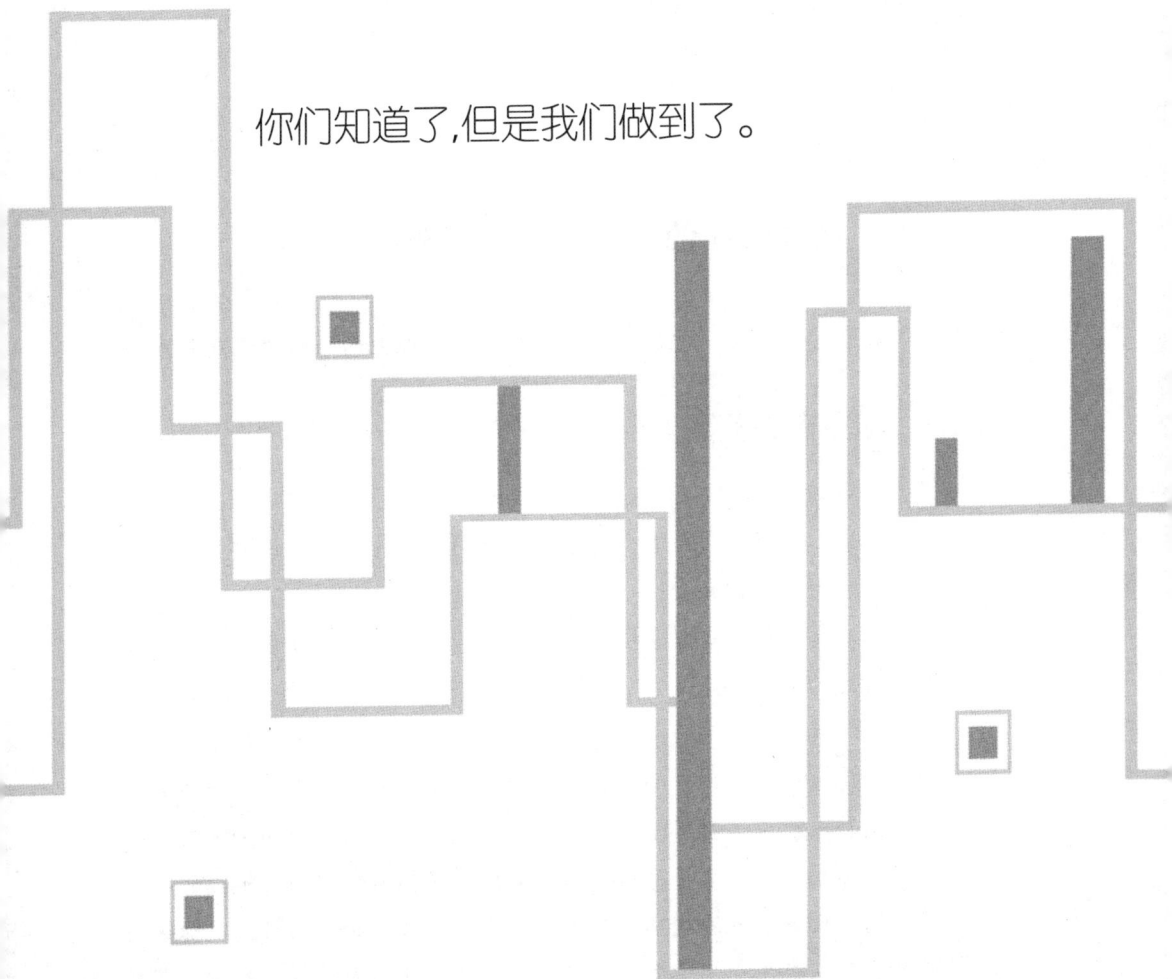

第 6 章

有效管理者必定是心理学高手

我唯一知道的，就是我一无所知。

6.1 项目管理的科学性和艺术性

如果你给孩子一把锤子，那么整个世界在他的眼睛里都是钉子。

6.1.1 眼见未必真实

1951 年 1 月 23 日，普林斯顿大学和达特茅斯学院举行了一场橄榄球比赛，比赛异常火爆，发生了严重的肢体冲突，最终演变为一场双方队员间的拳脚大战！

比赛结束后，双方学校的学生们怒气难压、互相指责，不断出现有关对方的苛刻评论。

这场混战引起了两个心理学家的兴趣，一位是来自达特茅斯学院的艾伯特·哈斯托夫（Albert Hastorf）教授，另一位是来自普林斯顿的哈德利·坎特里尔（Hadley Cantril）教授，他们分别向 163 名达特茅斯的学生和 161 名普林斯顿的学生提出了相同的问题：根据你对比赛现场或比赛录像的观察，又或者从你所了解到的比赛报道，你认为是哪支队伍最先挑起了争端，哪一方更应对冲突承担责任？达特茅斯的学生中有53%的人认为双方都有错，只有36%的人认为是自己的校队先惹的麻烦。而普林斯顿的学生中，却有80%的人认为冲突责任在于达特茅斯校队，只有10%的人认为双方都有错。

在环境中，参与者所感知的方面与他所承担的活动和目标有着明显的联系，一个群体对于组织活动的知觉会有选择性地与他们所代表的既定利益相一致。这就是选择性知觉（selective perception）。选择性知觉往往导致个体根据自己的需要与兴趣，有目的地把某些刺激信息或方面作为知觉对象，而把其他事物作为背景进行组织加工。

一天，一位历史学教授刚走进教室准备上课。突然，教室闯进两个人。这两个人一句话也没说，三拳两脚就把教授打倒在地！一教室的学生都被眼前这突如其来的一幕惊呆了，没等学生们反应过来，那两个人溜之大吉。在学生们惊恐的目光注视下，教授从地上缓慢地爬起来，他拍了拍身上的灰土、整理了下衣服和蓬乱的头发，然后对学生说："请你们每个人拿出一张纸，把刚刚看到的真实情况都写下来，这就是今天的作业。"

全班几十个学生把作业交给教授，竟有几十种不同的描述：有的说作案的是两个身高体壮的大汉；有的说是中等身材的蒙面人；有的说歹徒打倒教授后，教授又跳起来把他们打跑了；有的说教授的眼镜被打掉了，坏人跑出去以后才勉强站起来……

教授把学生们的描述一一念给学生们听，大家不禁哄堂大笑。教授却一脸严肃地对大家说："看，这就是历史！"

莎士比亚说过，一千个人眼中就有一千个哈姆雷特。眼见未必真实，即使面对相同的客观环境、客观问题，反映到脑子里形成的概念和认识也很可能是不一样的。很多时候，我们看的"事实"并不是"事实"，而是经过我们认知加工过的想象中的"事实"。

做流程管理的人，往往会误认为现在管理中各种问题的关键点都是没有很好地利用流程进行过程控制。从事供应链管理的人，时常认为管好供应链是解决组织问题的一剂良药。人总爱把成功归功于自己的努力，而将失败归因于外部因素，这就是自利性偏差导致的归因错误。也正是这种错误的归因，时常导致很多经历过的实际经验反而会对自己产生负面的影响。

我害怕自己也陷入这种选择性知觉中，所以经常提醒自己要时刻审视是否夸大了项目管理和心理学的作用，尽管我也希望它们是包治项目中各种疑难杂症的良药！

6.1.2　瞬间成为管理高手

项目管理既是一门科学，也是一门艺术。

科学的一面是指：项目管理者需要深入挖掘、理解并实现真实需求，懂得定义、协调和记录项目工作，具备预算、计划、决策、冲突等知识，更需要掌握网络图、甘特图、挣值分析、质量控制、风险分析的工具和技术。

艺术的一面是指：项目管理者需要提升判断力和学习如何领导他人。研究发现：人际关系和人们行为的问题，往往是项目失败的根本原因。项目管理的艺术性在于如何通过管理自己、影响他人，有效地完成项目任务。

管理由于难以建模，特别是每个项目都是独特的（这是一句正确的废话，它还有一个常见的变种——"我们有自己的特殊情况"），导致没有大家普遍接受的"公理"！在关于项目管理问题的争议中，由于没有所谓的"公理"作为标尺，争论到最后，大家就会得出一个结论：不一定！

（1）项目风险管理重不重要？不一定。

（2）瀑布方法好还是敏捷方法好？不一定。

（3）是不是所有项目管理问题的答案都是不一定？这个问题啊，也不一定！

由于不能很好地建模，不能重复实证，因此心理学中的选择性直觉就会有很多的应用场合。

另外，模糊性、不确定性本身就是项目管理的最大特点。因此，项目管理者在很多时候需要坚定地去做自己的安排，不要过多解释。这种坚定本身就是别人服从安排的最大理由。这在需要项目相关人员达成一致的时候十分重要。

回到本节标题，如何让你瞬间变成令人敬佩的管理高手？强调一下，是看上去像一个管理高手。

答案很简单，你需要这样做：当别人说管理方面的任何观点和意见时，你不要去争论，要双臂环抱在胸前，一只手托着下巴，双眉做思索状，等他/她说完后，你很有把握地说："这个问题啊，不一定……"

如果别人问你：为什么不一定呢？

你真的不要解释，只需要像蒙娜丽莎那样笑一笑。

瞬间，一个管理高手产生了（见图 6-1）!

图 6-1　一个管理高手的诞生

需要特别说明的是，"不一定"的确是管理学所有问题（貌似也"不一定"）的标准答案，但喜欢说"不一定"的人，他们的套路是举某种情况下的个例来反驳一个普遍结论。如果你在陈述某种事实时有人说"不一定"，大概率是碰到了一个"怼"你的人。此时，我建议你用一句话结束对话——你说的很对！

6.2　小心沉没成本，不纠结过去

朋友聚会，餐厅价格昂贵，一不小心餐食点多了，眼看着剩下的餐品吃不完造成浪费，大家很惭愧，甚是自责！接下来是否要吃光盘呢？如果继续吃下去，可能会撑坏肚子，甚至有可能生病，那就会花更多的钱治病，造成更大的损失；但是不吃下去，对不起花掉的昂贵费用。

于是，纠结开始了！

沉没成本（sunk cost）是指以往发生的，但与当前决策无关的费用。如果用经济学原理解释，花在这顿饭上的钱已经发生了，在进行决策时就不需要考虑这些已经发生的费用，因为无论如何，花出去的钱都是收不回来了。西方谚语"别为打翻的牛奶哭泣"，说的就是"沉没成本"。

现实中，很多人面对此问题做出的选择是，既然已经花了这个钱，那么就继续吃下去。同理，花了很多钱买的食物，第一口发现很难吃，这时肚子还是饿的，那么这时该如何决策呢？吃了吧，不舒服；扔掉吧，又觉得浪费，还要花另外的钱买食物。

同样的事情在生活中不胜枚举。

一个人从事一项工作很多年，对于手头的工作已经十分熟悉，但是却得不到升迁的机会，在这种情况下，很多人的选择是不跳槽，因为已经为这份工作付出了很多，而跳槽意味着一切重新开始。

对于买卖股票来说，如果以每股 15 元的价格买了一只股票，现在跌到 10 块，卖还是不卖，很多人会纠缠于沉没成本，认为 10 元卖了亏了。

在公交车站等车的人，车久久不来，空驾的出租车从他眼前一次次驶过，因为心里总想着既然已经花了这么多时间等待，于是一次次抑制打车的欲望。

衣柜里总有些不舍得扔但却一次也不会穿的衣服。

家里也总有些用不到却也不会扔的东西，不扔的理由往往是这些东西以后还有很多用处，扔掉了以后想用的时候就没得用了……

人们在做决策的时候，时常考虑到"已经付出"了很大的代价，导致纠结，以至于最终选择坚持继续做一件似乎并不值得的事情。

6.2.1 损失憎恶是人类的一大动机

1985 年，俄亥俄州立大学心理系教授霍尔·亚科斯（Hal Arkes）和利物浦大学的卡特琳·布拉默（Catehrine Blumer）做了一个著名的实验：他们让实验对象假设自己花了 100 美元买了密歇根滑雪之旅的票，但在那之后发现一个更好的威斯康星滑雪之旅只要50美元，于是也买了它的票。然后，研究者让实验对象假定，这两个旅行的时间互相冲撞，而两张票都不能退或者转让。你认为他们会如何选择呢？是选100美元那个"不错"的旅行，还是50美元的那个"绝佳"的旅行？

在实验中，有一半人选择去参加前者那个更贵的旅行。虽然它可能不像后者一样有趣，但是不去参加它的话，损失也更大。

这又是一个沉没成本谬误的例证！

丹尼尔·卡尼曼和阿莫斯·特维斯基的"电影票试验"也证明沉没成本谬误的普遍性。

情景一：假设你要去看一场门票价值10美元的电影。当你打开钱包后，你发现少了一张10美元的钞票。那么，你还会买电影票吗？你可能会的。在实验里，只有12%的人说他们不会。

情景二：现在，假设你还是要去看一场门票价值10美元的电影，但正在你掏票的时候，你意识到你把它弄丢了。那么，你会回去重买一张票吗？也许你会，但是这大概会让你心疼不已。在实验里，有54%的人说他们不会重新买票。

这两个情景其实是一模一样的：你丢了10美元，然后又要付10美元看电影。但是两者给人的感觉却不同。在第二个情景下，那笔钱似乎已经被赋予了特定用途，然后它丢失了这就更加可恨。

原则上，理性人做决策时，仅需比较下一步行为需要付出的成本和将来可收回的收益。至于在此之前的事情，不管怎样都是一个确定的常数了，不应该影响我们之后的决策。沉没成本谬误让人们无法意识到，不仅是看这件事有没有好处，而且还看过去是不是已经在这件事情上有过投入。

沉没成本谬误时常让那些看起来高智商的高层管理者在项目中犯低级错误。

第一个商业化的超音速客机协和式飞机项目从一开始就是失败的，但所有参与该项目的人（主要包括英国和法国政府）还是坚持为其注入资金。他们的共同投资给他们自己戴上了沉重的枷锁，让他们无法跳出来进行更好的投资。在损失掉大量金钱、人力和时间之后，投资者们不想就这么轻易放弃。因此，沉没成本谬误有时又被称为协和谬误（concorde fallacy）。

损失憎恶（loss aversion）是人类的一大动机。在确定了一个损失之后，它就会在人的头脑中萦绕不去；当再次想到它的时候，人们会发现它比之前更加沉重。然而在决定未来时抱住过去不放，必将面临沉没成本谬误危险。

6.2.2 用已付出代价来引导相关方

1. 项目管理者往往意识不到问题的大小

星座计划是一个航天计划，用以取代航天飞机并将宇航员送到月球或者火星。星座计划包括了"战神一号"和"战神五号"助推器火箭、猎户座乘员舱、牵牛星月球登陆器和其他部分。

2010年时任美国总统的奥巴马发现这个项目太耗成本，并且进度落后，缺乏创新，决定取消该项目。宇航员尼尔·奥尔登·阿姆斯特朗（Neil Alden Armstrong）、小詹姆斯·"吉斯"·阿瑟·洛弗尔（James 'Jim'Arthur Lovell, Jr.）和尤金·安德鲁·赛尔南（Eugene Andrew Cernan）极力阻止奥巴马的政策，阻止的原因是："如果项目取消，投资的100亿美元将毁于一旦。"

事实上，100亿美元已经被用掉了。在一个无法实现预期结果的项目上继续投资是一种浪费行为。事实上，尽快将无效的项目取消是理性的选项。针对星座计划而言，解决办法要么就取消该项目，要么就改变它的范围。奥巴马之后宣布了项目主要的改变，将集中用于人类对火星的探测，而猎户座乘员舱将作为国际空间站的救援飞船使用。

项目管理中一个主要的问题是管理者往往意识不到问题的大小。他们相信在既定的框架和设计下，问题就能得到解决。因此，他们经常尝试无用的方法来修正问题，而不是重新开始。

1978年，俄罗斯开建其最长铁路隧道——西伯利亚的北穆亚山隧道（全长15 343米）。项目开始后，建设者发现隧道穿过的山洞里有很多加压的地下水、沙子和黏土。这些问题的存在导致传统工艺无法实施，否则会造成隧道塌陷、人员伤亡和整个项目的延期。除了这些问题，该隧道还处于地震频发地段。

一些专家建议，最好的办法是停止该工程并在一个相对更加稳定的环境里建设隧道。

然而，经历每次挫折后，主要的决策者时常产生以下思考："是，我们的确遇到了问题，但是伴随着我们科技的进步和处理这些问题经验的增加，下一次一定会成功。"不幸的是，这只是理想中的想法。

尽管开通隧道的方法和技术逐渐改善，但由于最开始的问题而导致的工期延误和成本丧失无法得到弥补，工程持续得越久，就越难逃离沉没成本的困境。这个隧道最终推迟了25年才完成，并有31人在建设中失去了生命。

2. 应对沉没成本谬误

为了克服行为困境，让自己保持理性是最好的办法。实践中，以下方法对管理沉没成本极为有效。

（1）向未参与过去项目的第三方专家咨询意见（参见第2.2.3节）。

（2）试着搞清楚是什么动力让你坚持之前的决定。记住：聪明或者经验老到不足以让人对心理错误免疫。

（3）参与之前决策的相关方要么回避，要么不参与接下来的决策。

银行发放了一笔贷款，并且借款人无力偿还，银行就会给借款人提供额外的资金来帮助借款人恢复生产。如果这类事情发生了，经常会导致更多的坏账，最终无法收回。研究者发现，如果发放最初贷款的客户经理和允许追加资金支持的管理者是不同的人，那么做出错误决策的机会就会小得多。

3. 用已付出代价来引导相关方

关于本主题，请参考第 4.2.5 节。

6.3 凡勃伦效应，为自认为的"好东西"付高价

在市场上不管是买什么东西，消费者都有"货比三家"的观念，但是最后买下来的绝大多数不是最便宜的东西，相反一些东西虽然价格较贵，但是更受消费者的青睐。有的人明明预算有限，却依旧会选择购买贵的东西。更有趣的是，很多时候你的价格越高，大众趋之若鹜，买的人就越多。

众所周知，商品的价格和需求量呈反比，这种关系被称为需求定律，也就是说同样一种东西，价格高的时候销量会低，当它的价格下降的时候销量会变高。

6.3.1 疯狂的石头

有一天，一位禅师为了启发他的门徒，给他一块石头，叫他去蔬菜市场，并且试着卖掉它。这块石头很大，很美丽。但是师父说："不要卖掉它，只是试着卖掉它。注意观察，多问一些人，然后只要告诉我在蔬菜市场它能卖多少钱。"

这个人去了。在菜市场，许多人看着石头想：它可做很好的小摆件，我们的孩子可以玩，或者我们可以把它当作称菜用的秤砣。于是他们出了价，但只不过给几个小硬币。

这个门徒回来说："它最多只能卖几个硬币。"师父说："现在你去黄金市场，问问那儿的人。但是不要卖掉它，只问问价。"从黄金市场回来，这个门徒很高兴，说："这些人太棒了。他们乐意出到 1 000 块钱。"

"现在你去珠宝市场那儿，低于 50 万元不要卖掉。"他去了珠宝商那儿。他简直不敢相信，他们竟然乐意出 5 万块钱，他不愿意卖，他们继续抬高价格——他们出到 10 万元。但是这个门徒说："这个价钱我不打算卖掉它。"他们说："我们出 20 万元、30 万元！"这个门徒说："这样的价钱我还是不能卖，我只是问问价。"虽然他觉得不可思议："这些人疯了！"他自己觉得蔬菜市场的价格已经足够了，但是没有表现出来。最后，他以 50 万元的价格把这块石头卖掉了。

门徒回来后，师父对他说："现在你明白了，这要看你是不是有试金石、理解力。如果你不要更高的价钱，你就永远不会得到更高的价钱。"

美国经济学家托斯丹·凡勃伦（Thorstein B. Veblen）研究发现，商品价格定得越高越能畅销。这就是凡勃伦效应（Veblen effect）。

6.3.2　证明你的身份和地位

消费者购买高价商品的目的并不仅仅是获得直接的物质满足和享受，更大程度上是为了获得心理上的满足。这些商品对别人往往具有炫耀性的效果，如购买高级轿车显示地位的高贵、收集名画显示雅致的爱好等，这类商品的价格定得越高，需求者反而越愿意购买，因为只有商品的高价，才能显示出购买者的富有和地位。更有意思的是，这种消费随着社会发展有增长的趋势。

款式、皮质差不多的一双皮鞋，在普通的鞋店卖 200 元，进入大商场的柜台，就要卖到上千元，却总有人愿意买。1.88 万元的眼镜架、8.88 万元的纪念表、198 万元的顶级钢琴，这些近乎"天价"的商品，往往也能在市场上走俏。

美国经济学家凡勃伦研究发现，人类总是追求自身的身份与地位的欲望有关系，他把这种欲望分成了两种。

（1）金钱竞赛，想在别人那里证明自己属于上流阶级。

（2）歧视性对比，就是不想被别人认为自己属于较低的阶层。

想想这几年中国人从顶级奢侈品限量版包包，到加价才能购买预定的各种名车。好像是你的东西越贵，买的人就会越多，就会有足够的富人去追捧你。

我就曾经真心地被一个有钱朋友的话碎过节操，他高冷痛心地对我讲："你知道吗，在中国做有钱人太累了，买什么都得排队……"

用凡勃伦效应来分析的话，奢侈品牌最重要的功能就是身份认同，消费者可能想要通过使用价格高昂的奢侈品来引人注目。换句话说，人们买的不是包，而是一种身份认同的标签。

我的一个朋友买东西的原则是："只买贵的，不买对的。"问起缘由，给出的理由是："买便宜的东西，当你出手付钱时会爽一次，但后面用一次就难过一次；买贵的东西，当你出手付钱时可能不爽，但后面用一次就爽一次！"

帮助用户证明自己这招，在现在的广告和产品定位及营销传播当中屡屡被当作大规模杀伤性武器来使用。比方说，当年的老罗英语的广告语就是："有思想的年轻人都来老罗英语。"

某手机品牌在公众中被贴上"屌丝"的标签（其实标签是自己给自己贴的），以至于很难"高大上"起来，其恶果是难以形成品牌价值，这就是很多人不用此品牌手机的原因——档次不够！这也是此品牌手机价格上不去，很难获得高利润的根源。其实，产品本身并不错。

记得前段时间有个段子："看看巴黎车展上的车模，高贵有气质。再看看国内某些车展上的车模，除了没底线地脱，剩下的也没什么了。"——国外的理念是"像她这样的人才能开这样的车"，而国内的理念是"开这样的车才能娶她这样的人"。

6.3.3　有钱难买我愿意

德鲁克说："每家公司最重要的工作是争取客户、留住客户，并竭尽所能地扩大客户的获利贡献度。"调查结果表明，客户之所以不再选择一家企业的原因如表 6-1 所示。

表 6-1　客户弃你而去的原因

原　因	死　亡	搬　迁	价　格	产　品	感　觉	其　他
占　比	1%	3%	9%	14%	68%	5%

第一种原因是客户死亡。客户死亡是企业所不能解决的，属于事业环境因素，它不是企业应该考虑也不是企业能够解决的问题。幸运的是，这种因素只占总原因的 1%，不足以影响大局。

第二种原因是客户搬迁。因为距离太远了导致不方便，客户不会再采购我们的产品。如果客户移居到北京，即便她是上海淮海中路的某家沙龙里的 VIP 客户，她也不太可能再回到那家沙龙去打理发型。这个原因也属于事业环境因素，好在这个原因平均也只占总原因的 3%。

第三种原因是价格。这里指，在产品本身没有明显差异的情况下，我们的价格比竞争对手明显高。这种原因也占到总原因的 9%。

第四种原因是产品方面，主要是产品质量和技术方面的原因。因为我们的产品质量不过关，产品的特征与特性不能满足客户的需要，而竞争对手能够满足，因而客户弃我们而去。这种原因占总原因的 14%。

第五种原因是客户的感觉。客户感觉也即感知，如果客户感知到我们不值得信任，或者客户感觉到我们对他们漠不关心。这种不信任感或被漠视感可能来自一些很微妙的、只可意会不可言传的事件，也可能来自一些道听途说的传闻，但是这种原因却占到总原因的 68%！

前几年，很多中国游客去日本抢购马桶盖、电饭煲、电吹风等生活用品。有网友惊呼，去国外买这些小玩意儿，中国制造实在太没面子了。《人民日报》也对此进行了报道和分析[1]。

常常会听到这样的话，消费者越来越聪明而且很挑剔了；价格吸引貌似不再有效，有时甚至会发现他们就是乐意花更多钱去消费其他

---

[1] http://politics.people.com.cn/n/2015/0209/c1001-26533955.html.

家的"贵货"。

客户愿意为一个好产品付出更多代价。问题是，国内很多企业对商品的关注重点还不在注重品质的层次，尚未走出价格战的"红海"。当然，我对某些人所持的"即便是花再多的钱，在国内也买不到好东西"的观点并不认可。这种观点的本质是信任缺失的体现，并非商品本身。

6.4 沉锚效应，起始值制约你的估值

一家卖三明治的店，店里有两个售货员 A 与 B。售货员 A 的营业额总是比 B 的高，而这两位售货员的工作时间、效率都是一样的。而对于顾客数量来说，顾客都会选择排队人比较少的那一方去排队，所以顾客数量也几乎相等。可为什么 A 的营业额总比 B 高呢？

有一天，老板过去观察，发现售货员 B 问顾客"需要加一个蛋吗？"顾客往往回答"加"或"不加"，比例大概是 1∶1。而售货员 A 问顾客"加一个蛋还是两个蛋？"顾客往往回答"一个""两个"或"不加"，比例为 4∶3∶3，所以大多数人都选择了加鸡蛋。自然而然地，后一个售货员的营业额比前一个售货员的高出许多。

6.4.1 沉锚效应

丹尼尔·卡尼曼和阿莫斯·特维斯基做了一个实验。实验要求实验者对非洲国家在联合国所占席位的百分比进行估计。因为分母为100，所以实际上要求实验者对分子数值进行估计。

首先，实验者被要求旋转摆放在其前面的罗盘，随机地选择一个在 0 到 100 之间的数字；接着，实验者被暗示他所选择的数字比实际值是大还是小；然后，要求实验者对随机选择的数字向下或向上调整来估计分子值。

有趣的是，志愿者最后估计出来的数字，都受到了一开始的随机

数字的影响。比如，有两组志愿者得到的随机数字分别是 10% 和 65%，而他们最终估计出来的数字分别为 25% 和 45%，非常接近这两组志愿者一开始得到的随机数字。

卡尼曼和特沃斯基发现，当人们需要对某个事件做定量估测时，会将某些特定数值作为起始值，起始值像锚一样制约着估测值；在做决策的时候，会不自觉地给予最初获得的信息过多的重视。这就是沉锚效应（anchoring effect）。

售货员 A 与 B 的营业额之所以不同，是因为他们在询问顾客要不要加鸡蛋这个环节不同。售货员 A 的问题是"加一个蛋还是两个"，这成功地在顾客做出决策之前就埋下了一个"沉锚"，这个"沉锚"限制了顾客的思维，让顾客局锚定在加几个鸡蛋的问题上，只有少数人会想到，他还有第 3 种选择——不要鸡蛋。

而售货员 B 问的是"需要加一个蛋吗"，这就是顾客思维局限于加还是不加，给了顾客"不加"的选择，也就等于提醒了顾客可以不加鸡蛋。

生活中，沉锚效应随处可见。

星巴克店员总是问："要大杯还是要中杯？"

餐馆的菜单上最先映入眼帘的是"海鲜拼盘 300 元/份"，而紧挨着它的菜品是，"豪华拼盘 99 元/份"。

在 4S 店，聪明的销售人员总是在车成交后，再推荐附属物件（比如真皮座椅），这往往很容易就能卖出去，因为和车子十几万的价格一比，几千块的真皮座椅就显得太微不足道了。

6.4.2　根植于潜意识的存在

之所以称为"沉锚"，是因为这个锚点埋于意识的深处，很多人甚至都意识不到自己已经被埋入了锚点，以为自己是通过独立思考做出了决策，其实，已经不知不觉地被各种先入为主的信息误导了。

锚定是指人们倾向把对将来的估计和已采用过的估计联系起来，同时易受他人建议的影响。当人们对某件事的好坏做估测的时候，其实并不存在绝对意义上的好与坏，一切都是相对的，关键看你如何定位基点。基点定位就像一只锚一样，它定了，评价体系也就定了，好坏也就评定出来了。

一般而言，"锚"只要受到人们的注意，那么无论其数据是否夸张、前例是否有实际参考效用、或对决策者是否有提醒或奖励，该沉锚效应都会起作用。当然，参照物与估测答案的相关性、相似性越大，沉锚效应越显著。

沉锚效应在绝大多数情况下是潜意识里自然生成的，是人类的一种天性，正是由于这种天性的存在，才导致人们在实际决策过程中容易形成偏差，从而影响最终的结果。

人的决策过程一般有 3 个阶段，即收集信息、整合信息、形成判断，沉锚在每个阶段都会影响决策。

第一阶段：通过记忆或收集与目标估计值有关的信息，此时与锚值相近的信息可能会被有选择性收集；

第二阶段：整合信息的过程，锚值可能作为一种信息被整合；

第三阶段：形成判断的过程，锚值将促使与它相关的信息一起被使用。

6.4.3　顾客要的是一种占了便宜的感觉

《经济学人》杂志当年搞了一个征订方案（见表 6-2）。电子版一年的订阅费用是 59 美元，印刷版一年的订阅费用是 125 美元，滑稽的是还有一个电子版加印刷版也是 125 美元。正常人看上去，这是一个非常诡异的方案——第 2 种方案放在这里是干嘛的？

表 6-2　杂志的征订方案

方案序号	方　　案	售　　价
1	电子版	59 美元
2	印刷版	125 美元
3	电子版+印刷版	125 美元

丹·艾瑞里（Dan Ariely）是麻省理工学院的著名行为经济学教授，他看到了这个方案以后感觉很纳闷，于是就给这家杂志社打电话，确

认杂志的征订方案是不是弄错了。接电话的人支吾了半天，最后说了一句只有中国的客服人员才经常说的话："负责人不在。"丹·艾瑞里教授作为一个美国人显然很不适应……

丹·艾瑞里教授找了两组实验对象进行了对比测试，测试结果令人吃惊：

当第 2 种方案不存在时，84%的人选择了相对理性的第一种方案。只有那些完全不缺钱或更重视阅读体验甚至收藏杂志的人——占16%左右——选择了相对昂贵的第 3 种方案。

当第 2 种方案存在时，32%的人选择了便宜的第 1 种方案，68%的人选择了昂贵的第 3 种方案。

事实是，人们在消费时，除非是这个领域里的专业人士，大多数人判断的依据常是做粗略的横向比较。实际上，第 2 个方案起到了沉锚的作用；换句话说，第 2 个方案唯一的用途就是使第 3 个方案显得特别超值，在这种超值的感觉诱惑之下，很多人忍不住多掏了更多的钱，我觉得这是比较奸诈的方案。小伙伴们对直播间某些商品频频出手，往往也是受到商品原价沉锚效应的影响。

> 我们的顾客不是要占便宜，而是要有一种占了便宜的感觉。
>
> ——乔布斯

6.4.4　先发制人的确是一个好策略

男生：出去玩好吗？（男生向心仪的发出邀约）

女生：下次吧。（其实，女生内心并不排斥）

男生可以利用沉锚效应改为：

男生：出去玩玩吧，逛街或者逛书店，随你。

女生：逛书店吧。

在实际工作中，我们应该怎样运用"锚定效应"呢？

1. 给对方设定"沉锚"，使自己处于一个更有利的位置

一天，邻居盗走了华盛顿的马，华盛顿也知道马是被谁偷走的，于是，华盛顿就带着警察来到那个偷他马的邻居的农场，并且找到了自己的马，可是，邻居死也不肯承认这匹马是华盛顿的。

华盛顿灵机一动，就用双手将马的眼睛捂住说："如果这马是你的，你一定知道它的哪只眼睛是瞎的。""右眼。"邻居回答。华盛顿把手从右眼移开，马的右眼一点问题没有。"啊，我弄错了，是左眼。"邻居纠正道。华盛顿又把左手也移开，马的左眼也没什么毛病。

邻居还想为自己申辩，警察却说："什么也不要说了，这还不能证明这马不是你的吗？"

邻居为什么被识破？是因为华盛顿利用了沉锚效应给别人设计了一个陷阱，致使邻居猜完了右眼猜左眼，却想不到马的眼睛根本没瞎。华盛顿真是聪明！

2. 先发制人的效果要好得多

锚定效应最好的用武之地是在谈判桌上，在现实生活中，聪明的谈判者们都特别注意在不为对方提议所限的同时，寻找恰当时机，为对方设定"沉锚"，使谈判向有利于自己的方向发展，以达到自己的目的。

谈判时的一个常见现象是，双方都不愿意最先报价，生怕先开口就会暴露自己的策略、弱点似的。然而锚定效应告诉我们，先发制人的确是一个好策略；因为先报出的价格会成为锚点，后续的谈判就会一直围绕着这个价格做文章。而且这个价格越高越好，当然也不能太离谱以免惹怒对方。

在项目变更时，给对方设定"沉锚"，使自己处于一个更有利的位置。比如，我们可以设置优先推荐成本较高的方案，而将我们想推的主推方案紧跟其后。

6.5 自我服务偏见，我很优秀而你只是运气好

人们常说"婚姻是爱情的坟墓"，好像结了婚的人往往都变得并没有那么幸福。尤其是在人们思想不断开放的今天，仿佛离婚更是很正常的一件事。如果你采访一些婚姻不和睦的伴侣，男人觉得主要原因在于女人，女人却又满腹委屈的觉得责任在于男人。

那么到底错在谁？是因为每天只顾在外打拼挣钱，却忘了安慰陪伴妻子的丈夫，还是每天操持家务、照顾一家老小，但在老公心中就只会唠唠叨叨吵个没完，不知道体谅丈夫的妻子呢？

6.5.1 自我服务偏见

澳大利亚的一位心理学家，曾对任职于某家公司的经理级高管的自我认知度做过一个调查，结果发现，90%的高管对自己的成就评价超过对普通同事的评价。其中，86%的人对自己工作业绩的评价高于实际的平均水平，只有1%的人认为自己的业绩低于平均水平。

得到这个结果后，心理学家虚构了一个全公司的平均奖金水平，让那些高管评价自己的报酬和能力的关联度。

结果发现，当他们的奖金高于平均水平时，他们往往认为这是理所应得的——这是他们工作努力、成绩突出的合理报答。而当奖金明显低于平均水平时，他们往往觉得自己努力工作了却没有得到公平的待遇——总而言之，他们很少能坦然接受自己其实不如人的现实，并想办法改变；他们大都会怨天尤人，并找各种借口为自己开脱。

为什么会有这样的结果？是因为这家公司的高管都是自大狂吗？

事实上，作为独立思考的人类，我们大多数都感觉自我良好。人们在加工和自我有关的信息时，会出现一种潜在的偏见。人们常常从好的方面来看待自己，当取得一些成功时，常常容易归因于自己，而出现坏的结果，则怨天尤人，

归因于外在因素；也就是说，人们总是把成绩归于自己，把问题推给外界，这就是自我服务偏见。

在日常的社会交往中，人们为了有效地控制和适应环境，往往对发生于周围环境中的各种社会行为有意识或无意识地做出一定的解释。这种解释基于两个强烈的动机：一是形成对周围环境一贯性理解的需要，二是控制环境的需要。

为了满足这两种需要，人们必须要对行为进行归因，并且经过归因来预测下一步的行为和结果，唯有如此，才有可能满足"理解环境和控制环境"的需要。因此，人们总是试图解释行为并且从中发现因果关系。

6.5.2　不和睦婚姻的元凶

自我服务偏见无论是对自身、对他人、对事件等都有各种影响，这种影响可能是短暂的也可能会持续较长一段时间。

因为自我服务偏见，人们在取得成功时把原因更多地归结于自身，会夸大自己的价值，忽视别人的贡献与成就，这不利于正面认识自身与他人的价值关系，可能会产生人际关系的矛盾。

> 在一个合作型团队中，居于领导者身份的人如果在团队中总是认为自己的功劳高于其他人，就可能会使得团队成员在心里对这个领导者不满。所以，常听到有人抱怨"成绩是领导的，问题是员工的"。
> 在队员之间也是如此，如果有队员争强好胜，出风头凸显自己的价值，团队成员之间就会产生矛盾。必须时刻提醒自己，每个人的力量都可以说是不可或缺的，每个人的价值都应该得到肯定。

在失败时，自我服务偏见表现为怨天尤人，归因于外在因素。这是一种逃避责任的表现，没有从自身寻找问题的原因而是首先怪罪于客观环境或他人，这既而不利于自身进步，也不利于事件问题的解决，还会产生人际关系矛盾。

一个女生走路时埋头玩手机撞上自行车，她本能的反应是怪罪车主而不是从自身找原因。没有按规则停车的车主不肯首先承认错误。最终这个事件演变为一场吵架。

　　心理学家调查了 256 对夫妻，对于家务活的承担，丈夫们觉得自己至少承担了有 42%，而妻子们觉得丈夫承担的只有 33%，可根据观察员的调查跟踪结果显示，丈夫们实际承担的家务约为 39%。

　　一个奇怪的现象出现了：评价自己对家庭一个共同工作的贡献度的时候，妻子和丈夫对自己的评价之和总是会超过 100%。

　　所以，在不和睦的婚姻中，你常常会听到妻子抱怨丈夫不做家务，全都是自己一个人在操持，自己有多么辛苦，为这个家庭付出了很多。真正原因是，由于自我服务偏见，她高估了自己对家庭的贡献，而忽略了丈夫其实也在为家庭付出。

　　同理，有的丈夫会觉得妻子脾气差，爱唠叨，不理解自己的工作压力，认为自己辛辛苦苦挣钱养着整个家庭，最后还要每天受气，觉得自己快要崩溃。同样由于自我服务偏见，他高估了自己对整个家庭的贡献度，忽略了妻子每天为家庭的付出。

　　总而言之，不和睦的婚姻，自我服务偏见总是罪魁祸首。

遗憾的是，自我服务偏见司空见惯。

　　当公司利润增加时，很多 CEO 会把这个额外的收益归功于自己的管理能力，而当利润开始下滑时，他们则会想：究竟怎样才能让这些不争气的员工有点责任心呢？

　　很多运动员在取得胜利后，一般会认为这是因为自身的努力，对于失败则归咎于其他因素，如错误的暂停、不公平的判罚、对手过于强大、裁判吹黑哨……

　　在保险调查单上，出现了交通事故的司机们总是这样描述事故的原因："我开得好好地，不知从哪里钻出来一辆车……""我刚到十字路口，一辆电动车忽然出现，挡住了我的视线，以至于我没有看见别的车……"

6.5.3　成绩想外因，问题找内因

减少自我服务偏见，个人首先要对自身有较为全面的正确认识，对自身优

缺点有较为客观的评价，接纳而不是逃避存在的缺点，也不可过度自信。为此，我们需要根据自身情况改变不足，提升自我素质；同时，也要有谦虚的态度、平和的心境对待自身及他人，而不是拔高自身却贬低或一味地责怪他人。

对于夫妻，在自己因家务而劳累不堪想发脾气时，想想另一半是否从来没干过家务。每个人都觉得自己是优秀的、辛苦的。丈夫是否也在打拼，以另一种方式在对这个家庭付出呢？

我们需要反思，是否因为自我服务偏见，高估了自己做家务的贡献，而选择性地忽视了丈夫的工作。时刻记住，每个人都有自己的难处，别人无法看透，也无法感同身受。

我们是现实中实实在在的人，避免不了这些生理上与生俱来的自然"缺陷"。为减少自我服务偏见的影响，一句话时刻记住：取得成绩的时候，多想想外部因素；遇到问题时，多找找自身责任。

第 7 章

提高情商，打开职业通道

虽变化万端，而理唯一贯。

7.1 一个人的认知水平越低就会越固执

前几天，项目现场出了一个问题——一项测控数据不正常！工程师老张坚称是设备故障的原因。

项目经理刘某说先别着急，等查一查再说！

检查发现，数据不对并非设备运行不正常，而是因为那个时刻正好有工人在检修，同时又受其他很多不可控的因素影响，才出现了这样的问题。

刘经理把检修记录发给老张，并指出了几项可能性的因素，但无论怎么说明，他就是认定是设备故障的原因……而且不肯听解释，还说这是他多年的经验！

7.1.1 怎么有这么固执的人！

相信你一定有这样的经历，跟人交谈时，你把一个问题掰开了、揉碎了从各个角度分析，提出中肯的建议，但是他怎么都听不进去，表现得异常固执。

一个女孩深陷感情骗局，外人一看就知道是一个渣男，但女孩子却固执地认为她找到了真爱，任凭外人怎么说，她都不会改变主意，甚至认为别人在不怀好意地破坏他们。

你苦口婆心地跟他人说年轻的时候多学点东西，多增长见识，对自己的事业、人生都有帮助，他却认为什么文化、知识都没有用，遇到事情还得靠钱、靠关系、靠运气。

……

这时，所有的建议压根就不会起作用，他总会固执地寻找理由，固执地放弃努力。

争论到最后毫无结果，每每此时你也许会有一种挫败感，甚至捶胸顿足地喊道："从来就没有见过如此固执的人，这么简单的道理，他怎么就是不懂呢？"

1. 人格构念

美国心理学家乔治·凯利（George Kelly）是人格构念理论（ personal construct theory）创始人，凯利说人不是环境的牺牲品，环境事件本身虽不可改变，但人可以自由地选择如何对它进行解释。每个人都像个科学家，总是不断地以不同的方法重新构造（认识）自己的过去（反省历史），定义自己的现实问题（检验现实），预测未来的环境。在这个过程中，个人通过分析、构建并做预测的理论称为个人构念。

简而言之，个人人格构念就是由个人过往的见识、期望、评价、思维等所形成的观念。一套个人构念组合起来就构成一个人的观念系统，这个系统决定着他/她如何去思考、体验、行动和认识新情境。

可见，一个人的整个构念系统就是一个人的人格。当然，构念系统完全是个体的，每个人都是独特的，内容不同、数量不同、相联系的方式不同，复杂性也不同。

现实中，当遇到相同或者相似的场景时，一个人的脑海里便会呈现出他/她以往的经验来对该问题或者场景做出判断；当遇到的场景或事件在构念体系的范围以外时，人们就会体验到焦虑；当人们预测构念体系的重要方面由于不佳的预测效率而需要重新组织时，人们就会体验到威胁。

2. 一个人的人格构念体系决定了其对待事件和问题的方式

当一个人的认知能力很低时，个人构念就会趋向于单一，缺乏弹性；因为他的个人构念所提供出来的认知和对策很少，以至于可选择性很狭窄，本来的多种可能却成为了他的全部，最终导致其误认为这就是所有的、最好的对策，没有其他的可能。

当一个人的认知能力很高，也就是个人构念丰富和饱满时，他见识到的事广、读的书多、有独立思考能力，那么他遇到事时就会有多种应对方式，表现出来就是往往很淡定和从容。

为了进一步说明问题，我们用数学的集合来表示人的个人构念——也就是他/她的认知水平。假如一个低水平的人的认知是 A，而一个高水平的人的认知是 B，A 和 B 都是认知的集合，A 集合中包含 a，B 集合不仅包含 a、还有 b、c、d、e、f，也就是说 A 仅仅是 B 的子集。

> 举个例子，认知水平低的人固执地认为读书、上大学没用，一句"那些读了大学的人，不是还没有初中毕业的人赚得多"总挂在嘴边！这时候，他们的衡量标准就只有一个——金钱。
>
> 认知水平高的人，关于读书的价值衡量标准中，除了金钱之外，还有工作选择的机会、自身潜力的挖掘、精神趣味的提升、个人素养的修炼等。
>
> 当然，认知水平低的人不知道，能过上安稳生活的大学生数量远高于暴富且读书少的人；也不会理解，学习给人的改变，从来不只是薪酬而已。

总之，在同样的问题面前，个人构念丰富的人一般不会只是执着于一种答案，而是有几种可能的答案。与之相对应的是，一个人的认知水平越低，其想法就越单一，越缺乏判断力，人就会表现得越固执。

> 回到张经理和老张的事，老张的固执很可能就在于他的人格构念问题。从个人构念的角度来说，很多人的固执并非什么性格使然，而是经历的事少、读的书不够。而很多人在日常中的纠结和矫情，也总

是个人构念出了问题！所以，我常说："挫折经历的太少，才会觉得鸡毛蒜皮都是烦恼！"

认知水平相当的人，交流起来往往轻松自如，认知水平差距大的人在一起交流时，往往会很煎熬——时间怎么过得如此之慢！

多年不见的老同学、老朋友相见，很多人会感觉除了聊聊当年的那些事，简直无话可说！表面上看，是生活环境的差异；实质上是个人构念的不同，也就是每个人的认知差异在不断扩大。

因为每个人的构念与他人的构念有潜在的不同，人们之间如何进行有效的互动就成为一个问题。因为认识他人意味着检验自己的构念与他人构念的不同之处，人们的构念体系在多大程度上相似，他们就在多大程度上相似。实际上，人际互动包括体验他人的角色，也就是体验他人的人格构念。显然，不能体验他人的人格构念，所谓的换位思考基本上就无从谈起。

可见，要想理解人，就必须努力以对方的方式看世界，以对方的构念系统而行。

7.1.2　害惨你的可能是你一直自豪的

一位著名的漫画家参加一个朋友举办的鸡尾酒会。有人请他给在场的每一个人画一幅漫画，他寥寥数笔就勾勒出一幅，很快就给每个人画了一幅肖像画。当把这些漫画拿到众人面前辨认时，每个人都很快认出了别人，但对自己的那幅却很难辨认出来。

认识别人很容易，但是认识自己却很难。古人讲究"放下"。但是，对于一个孩子来讲，做到"放下"很容易，因为他本无所依。而对于一个成年人来讲，真正做到放下自己一贯坚持的东西，迎接改变，却不太容易。有些固执的人往往成功过，也或者说成功的人往往都比较固执，成功的经历会成为人的一种认知模式、成为人格构念，从而使得自己更加迷信自己的某些做法。

1. 认知水平低的最明显表现是"不听劝告"

前段时间，一位丈夫不愿在妻子的无痛分娩书上签字的事件上了新闻。

因为害怕影响孩子，所以丈夫拒绝给妻子上麻醉。无论麻醉医生如何解释，保证无痛分娩的麻药不会对产妇和胎儿造成影响，丈夫的态度依旧坚决。

因为对麻醉相关认识的缺乏，丈夫始终坚持己见，最终忍受不了疼痛的妻子，直接喊出"我恨你一辈子"这样的话。

一个人的认知水平低，最明显的表现就是"不听劝告"。

一个人的认知水平越低，越固执，那么他的个人视角就越小，想法越单一，结果便是越难以接受新的信息、新的方法和新的世界！可见，当一个人开始固执时，他就关闭了学习的开关，没有了自我反省。所以，固执己见的人，往往更难进步。其个人构念也就只能原地踏步。

2. 真正厉害的人往往很谦虚

一个人的认知水平越高，人格构念越丰富，也就越开放，他们往往也更乐于提高自己。因为他/她的认知水平越高，他/她就越明白外面的世界之大，也就越谦虚地学习。

这就是为什么当一个人知道的越多时，越明白自己的无知。因为认知水平高的人，能认识到自身的局限，明白事物具有多种模样，能够理解"世界可能和自己所想的并不一样"。

如图 7-1 所示，我们就像生活在一个圆中，认知水平决定了我们生活的"圆"是大还是小。圆大的人与世界接触的边界大，也明白外面的世界有多大；而圆小的人，则固守着自己小小的地盘，以为全部的世界就是自己所看到的。

总之，真正厉害的人物，反而很谦虚。

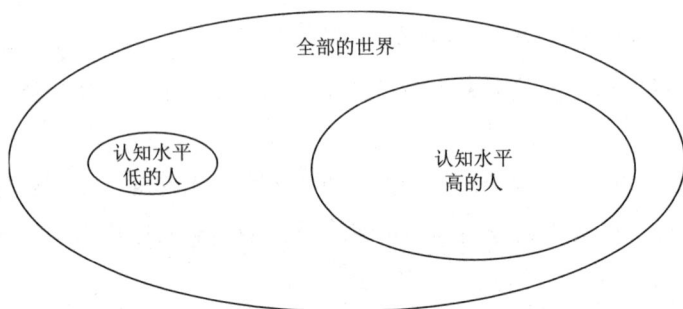

图 7-1　认知水平与人格构念

3. 达克效应

高估自己也就是过度自信，是人类的固有毛病。过度自信除了过高预估自己的能力外，还会过低评价他人实力。很多人喜欢对他人的优异表现不屑一顾，认为自己上也行。但等到自己上台的时候，才发现原来对方的举重若轻对自己来说是如此困难。这种高估自己、过度自信在管理学上被称作邓宁—克鲁格效应（Dunning-Kruger effect），简称达克效应（D-K effect）。

1999 年，社会心理学家邓宁和克鲁格通过 4 项心理研究发现：能力越低的人，越容易产生对自己过高的评价，至少会把自己的能力评价在平均水平以上；而能力较高的人，则会倾向低估自己的能力；随着认知水平的高低，一个人的自信程度也会呈现如图 7-2 所示的状态变化。

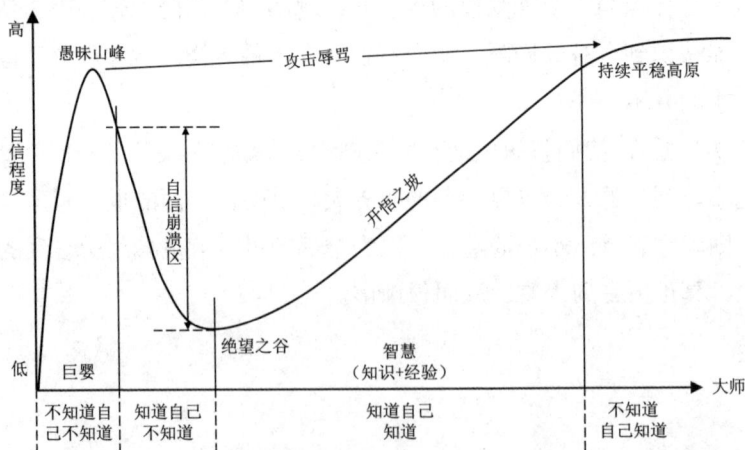

图 7-2　达克效应

你应该见过有人这样说：×××的位置换我来坐，我绝对干得比他好。这种唾沫星子横飞，指点江山的人往往出现在市井之中。他们还有一个共性：相信阴谋论。认为坏事都是坏人做的，每件事情的发生都有人在幕后操纵。自己没得到什么东西，不是因为自己能力不够，而是因为有人在背后下黑手。用一句话总结：凡是做成的事，都是因为自己能力强；凡是没做成的事都是因为运气差，或者是别人使坏。

与之相对，取得成就的人一般都很谦虚。很多人以为成功人士的谦虚话语往往是故作姿态，事实上，他们是发自内心地对知识和他人保持尊重。见识越多，越知道自己的无知，越会对万事万物保有敬畏之心。

实际上出现达克效应是由信息不对称和人格构念不足造成的。一个人在自己相对比较低能的领域里，不容易理解比自己能力高的人到底厉害在哪里，所以很多别人厉害的地方自己认识不到，就会产生彼此之间没有什么差距的错觉。

很多人认为富二代只是比自己有钱，其他的地方大家没什么区别。但事实是，有钱这个特点，只是普通人能感知到的区别。除了金钱上的差距，阅历、气度、知识储备、人脉等方面他们无一不占据优势。

有些人觉得，国足踢不好球，是因为不够拼命，所以便出谋划策，建议国家下强制命令，如果输球的话全体队员拉回来关监狱。别笑，真有很多人发自内心地这么想。2020 年 7 月 8 日，某知名公司 CEO 对中国足球的一番评论就遭到了足坛多位专业人士的回击。

这是因为这些球迷朋友不踢球，也不怎么看球，对这个领域了解得很少。他们不知道中国队和顶级强队之间的真正差距不是"精神层面"的，而是技战术能力、青训质量等各个方面。因为这种信息的不对称，他们不仅会建议把球员关监狱，更会感叹要不是已经老了，青春不再，自己为国家披挂上阵也能取得不错的成绩。

虽然能力比较强的人会时刻注意"不高估自己"，但"高估自己"作为人的本性还是会不知不觉间有所体现。

> 2011 年，曾经有一个包括了 2 000 位经理人的大规模调查统计，高达 90%以上的经理人都认为自己诚信正直，而按照对他们下属的调查，同意者只接近 50%。在沟通努力方面，90%的经理人都认为自己做得非常出色，但他们的下属中只有不到 60%的人同意经理人的自我评价。也就是说，在下属的眼睛里，这些经理人并没有他们自己想象的那样好。

事实上，缺乏特定领域知识和技能的人会遭受多重困境。一方面，他们会犯错误并做出糟糕的决定；另一方面，知识欠缺也会阻碍他们发现错误，再者他们会对专业知识的敬畏不足，进而表现出对专业人员的攻击性（见图 7-2）。

认知上的差距决定了思维上的不同。与不同认知的人进行争辩，不过是对自己的无益损耗，浪费了时间与口舌，也坏了一天的好心情。有一句很形象的话说得好：与其跟狗争辩，被它咬一口，倒不如让它先走。否则，就算宰了它，也治不好你被咬的伤疤。当你遇见了固执的人，不必嘲笑讽刺，也不必试图改变对方的意见与看法，少说话，做好自己就足够。

7.1.3　读书是提升人格构念的最低门槛的途径

当我们发现自己陷入偏激，先别做一个急于反驳的"杠精"，扪心自问这一立场观点的来源是哪里，看看自己是否存在认知上的局限。不妨多参与、多思考之后再发表意见。

1. 靠读书来提升自我

固执的个性所掩饰的是内心的无知，要改善这种现状，读书是不错的途径。

一个人只有接受良好的教育，不断在阅读中学习知识，拓展认知的维度，才能拥有更开放的头脑和更有活力的精神状态，对人对事时刻保持尊重和谦卑的心情。他才可以建立起更明晰坚定的世界观，在每一个生活的分岔路口，用更丰富的认知储备来帮助自己做出最好的决定。

2. 接触高水平的人

读万卷书，也不忘记行万里路，暂时告别熟悉的环境，接触陌生的事和人。当你见识各领域的人，与他们建立新的情感交互，获知各种各样的新故事时，也在无形中重新反思和认识了自己。

人往往对亲近熟悉的人存在偏见，当面对陌生人时，人们会更愿意在表达中厘清自己的思路、期待进行一场全新和平等的认知交流。因此，与陌生人之间发生公共交流，会给我们的生活带来很多益处。

回到日常生活中，你可以试着跟认知水平略高于自己的人群接触。尝试去结识和交往大于你 10 岁以上的人，财富多于你 10 倍或者 100 倍的人。

3. 做一个不迷信自己经验的智者

国内经验主义盛行，很多人只凭直觉做管理，对管理的认识很浅薄，他们的一个典型表现就是鄙视正规做法、嘲笑管理理论。然而，过度相信经验，事实证明效果并不好。因为，靠个人经验的积累往往很有限、个人构念就会比较单一。

如果你已经认识到了自己的固执，但又不知道如何去改正，除了刻意的提醒自己及时反省之外，最有效、最直接的办法就是读书（上课是请别人教我们读书），提高自己的认知。

多读书、多了解、多思考，当经历的多了，知道的多了，认知能力提升了，固执自然会有所改善。

当自己固执己见时，不妨提醒自己，也许我们的固执里，其实藏着低水平的认知。

7.2 寻找属于自己的未来之路

下面将介绍一种我思考并实践了二十余年的工具。遗憾的是，这个工具解释和理解起来比较容易，但你的修炼过程可能是漫长且不易的。

7.2.1　智商—情商矩阵

每个人都是一个智商（Intelligence Quotient，IQ）和情商（Emotional Quotient，EQ）的综合体，通过 IQ、EQ 的高低组合，便形成了智商—情商矩阵，简称 IE 矩阵，如图 7-3 所示。

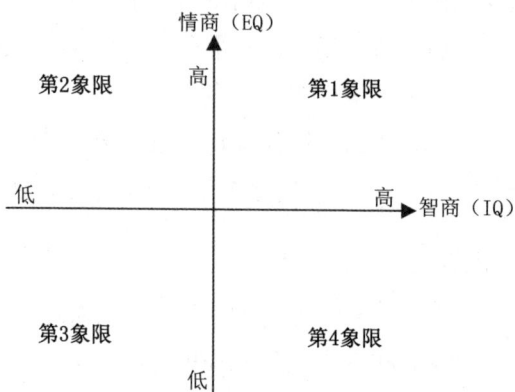

情商（EQ）

| 第2象限 | 高 | 第1象限 |

低 　　　　　　　　　　　　　　　高　智商（IQ）

| 第3象限 | | 第4象限 |

低

图 7-3　智商—情商矩阵（IE 矩阵）

在这里，我需要特别敬告你，矩阵只用于表述问题，请不要对号入座！

在 IE 矩阵中，处在不同象限的人，有着不同的特点。

（1）第 1 象限的人（智商高、情商高）很少见，属于异类（借用马尔科姆·格拉德威尔的说法），适合成为一个团队的精神领袖。他们有一种卓越的领导力，也就是说不清、道不明的神奇的人格魅力：他不给你发钱，也不能决定你升迁，但是你却愿意给他干活；有时候，不仅愿意给他干活，你还愿意把钱给他！在我的课上，我说了这些特点，有人脱口而出——传销！我必须提醒你，说出传销只能说明这个人没有信仰。事实上，每个宗教都如此，换句话说，也许宗教是最有领导力的组织。

（2）第 2 象限的人（智商低、情商高）很容易成为领导。你可能会奇怪，难道领导们智商低？其实，领导智商低不低不好说，但管的事多就很难深入；这就容易导致一个结果，下属说的事越细越深入，领导们就越听不明白，于是他们看起来有点傻乎乎的。但组织需要协调和整合不同专业的人在一起完成工作，这就要求情商必须高。事实上，第 2 象限的人追求合作而非共识，为了达成合作他们时常"自黑"，这是一个显著的特征。

（3）第 3 象限的人（智商低、情商低）最典型的表现是特别快乐，实际上他们也的确追求简单的快乐。一个人懂得越少，就越简单，也更快乐；反之，知道得越多，人越复杂，也往往更容易焦虑。

（4）第 4 象限的人（智商高、情商低）大多数是专业人才，他们对自己分内的工作非常在行。但是，他们往往过于关注局部而非整体，只见树木、不见森林；特别是，他们喜欢跟人讲理、期望共识，却时常藐视人情世故，黑白分明、绝对的对错。所以，第 4 象限的人更适合专业工作，而非跨专业协调的管理工作。

对 IE 矩阵，我总结为一个打油诗：

第 1 象限人稀少；

第 2 象限出领导；

第 3 象限欢乐多；

第 4 象限被人管。

表 7-1 对 IE 矩阵做了解释。

表 7-1 智商—情商矩阵（IE 矩阵）释义

类　　别	智商—情商组合	适合的工作	特　　点	打 油 诗
第 1 象限	智商高、情商高	团队的精神领袖	精神领袖	
第 2 象限	智商低、情商高	跨专业工作团队的领导（管理者）	追求合作而非共识、喜欢自黑	第 1 象限人稀少 第 2 象限出领导
第 3 象限	智商低、情商低	重复性工作	追求简单的快乐	第 3 象限欢乐多
第 4 象限	智商高、情商低	技术专家，专业性工作	喜欢跟人讲理、期望共识	第 4 象限被人管

7.2.2　成长路径

人刚出生时，不可能有高智商也谈不上高情商，起点都在第 3 象限，似乎我们每个普通人都不例外（见图 7-4）。

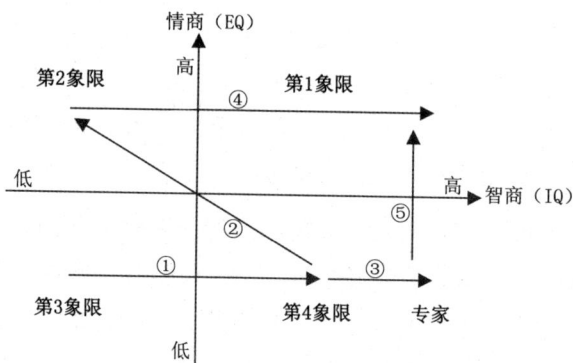

图 7-4　成长路径

1. 成为专业工作的承担者

随着我们不断长大，我们开始受教育，但学到的东西基本上属于知识范畴，于是我们的智商不断提高。终于，我们中的很多人上了大学（见图 7-4 的路线①），这是我们成长的第一个阶段。但是，这些人对专业工作非常在行，对与不同人的协调和管理却不够擅长，于是表现得"有点二"！

实际上，走到第 4 象限的人算是幸运，还有很多人根本就没有走完这条路，以至于一直待在第 3 象限。他们没有很好的专业教育背景，就只能做一些简单的重复工作。

2. 成为复杂工作的管理者

一旦到了第 4 象限，所做的工作就具备了一个属性：在某个领域里做出一点跟之前不一样的东西，也就是要实现或多或少的创新，这就需要跨专业的协作。可是，每个人的专业不同、背景不同、家庭环境不同、成长经历不同，这就导致很多人总感觉自己常被误解——时常会觉得别人"不懂我"。

跨专业协作越来越不容易，如何管好这样的团队呢？我们需要学点管理、沟通、领导力、心理学、逻辑、哲学……还要修炼点领导力，也就是要求提升自己的情商（见图 7-4 的路线②），即到了第 2 象限。

有人可能有疑问，从第 4 象限到第 2 象限，智商反而低了？其实，当不同专业、不同背景、不同家庭环境和不同成长经历的人在一起协作时，让所有人达成共识几乎不可能，所以，最应该追求合作而非共识。为了达成合作，第 2

象限的人时常自黑，这是他们的显著特征。

遗憾的是，在第 4 象限的人，最喜欢和别人讲理，讲不通了还喜欢跟人拍桌子。他根本就不去想一想，拍完桌子工作还要不要干，结果这一个行为让后面的工作更难干了！

一旦提高了情商就不同了：因为每个人有不同的专业和背景，大家都不一定能理解对方，但这没关系，我们是在一起做事的，只要能合作就行，这叫难得糊涂。

3. 成为专家

走到第 4 象限的人智商都很高，这一点不容置疑。他们中的很多人会把大量的时间花在技术学习和研究上，在一条路上越跑越远（见图 7-4 的路线③），终于成了专家。

需要说明的是，一旦成为专家，一方面，你说的话，别人越来越听不懂——这些话越来越专业；另一方面，别人说的话，你也越来越听不进去，总觉得这些话太幼稚。实际上，这是因为你离第 3 象限的人越来越远了。

总之，一旦选择成为专家，你再也不要指望别人理解你，自然你也未必理解他人——一句话，你要学会享受孤独。

4. 成为领袖

成为跨专业的管理者（第 2 象限）或者专家（第 4 象限）都不是人生的终点，成为第 1 象限的人才是最终目的地（见图 7-4 的路线④、路线⑤）。能不能成为第 1 象限的人（他们都是异类）需要造化，很多时候可遇不可求。

从第 3 象限到第 4 象限，从第 4 象限到第 2 象限，再从第 2 象限到第 1 象限，这是卓越管理者的 3 个阶段，也是一个螺旋式上升的过程。

5. 能不能从第 3 象限到第 2 象限？

在西方文化背景下，从第 3 象限到第 2 象限也许行得通（见图 7-5 的路线⑥），因为他们可以接受一个人通过学习成为管理者这个事实。

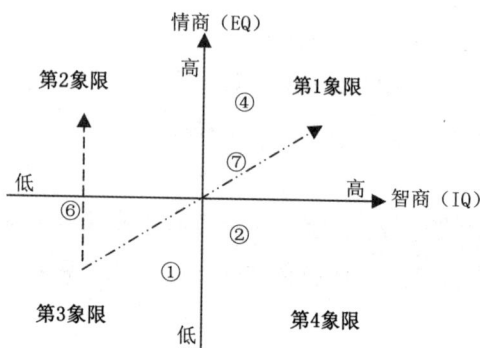

图 7-5　行得通吗?

在东方文化下，我们更相信管理者应该是干出来的，"技而优则仕"嘛！如果一个没有做过软件的人去管理一个软件工程师，他们一句"You can you up[①]"就足以噎死你。简而言之，技术专家们经常从内心里就不服。

1869 年 3 月，俄国科学家门捷列夫发布了人类史上的第一张化学元素周期表。在这个周期表中，有人类当时已经发现的 63 种元素，同时他还大胆预测了其他尚未找到的元素，为尚待发现的元素留出了位置。他在论文中指出：按原子质量由小到大的顺序排列各种元素，随着科学技术的发展，在原子量跳跃的地方（空余位置）会有新元素被发现。

众所周知，现在的元素周期表中共有 118 种元素。门捷列夫为研究指明了方向，大大促进了自然科学的发展。

试想，如果用喷子和键盘侠们"你不是说有吗？那你给我搞出来看呀！"的思路来逼问，情况将如何？显然，门捷列夫是幸运的。

很多时候，只有你干出来我们才相信。基于此，国内的管理者们也应该是 T 型人才（见图 7-6）。实际上，我们的项目管理者一般都出自较好的技术背景。

---

① 全句为："You can you up, No can no bb." 意思是：你行你上，你不行就不要说。

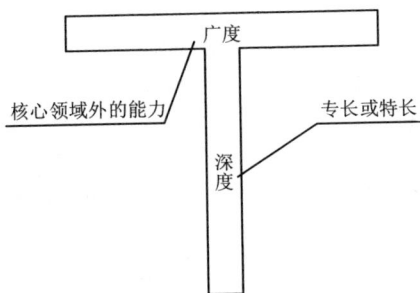

图 7-6　T 型人才

6. 能不能直接从第 3 象限到第 1 象限？

能否从第 2 象限或第 4 象限到第 1 象限需要造化，对普通人而言已相当不易；从第 3 象限到第 1 象限（见图 7-5 的路线⑦），也许只有圣人能走通了。我的建议是，如果认可自己是一个普通人，我等就不去追求了。

7.2.3　十年磨一剑

从第 3 象限到第 4 象限，再到第 2 象限（见图 7-4 的路线①至路线②）是成为卓越管理者的成长路径；从第 3 象限到第 4 象限，然后沿着专业一直深入（见图 7-4 的路线①至路线③）是成为专家的成长路径。

研究发现，成为合格的管理者一般需要 10 年，管理、沟通、领导力、心理学、逻辑、哲学等，都是对人的修炼，不可能在短时间产生明显的变化。

成为专家需要多长时间呢？马尔科姆·格拉德维尔（Malcolm Gladwell）给出的答案是一万小时（一万小时定律[①]）。去掉无效的时间浪费，如果每天有 5 小时（这已经很棒了）花在专业上，算下来大约也需要 10 年。

很多第 4 象限的人，在现实工作中会遇到种种困惑。他们常常感觉管理很虚，还是技术比较实在，一旦远离了技术便没有安全感，所以他们不屑于成为管理者。麻烦的是，成为专家需要静下心来花很长时间深入研究自己的专业，而且也会比较孤独，所以他们又没有能力成为专家，非常遗憾的是他们回去了——回到了第 3 象限（见图 7-7 的路线⑧）。

[①] 马尔科姆·格拉德威尔. 异类[M]. 北京：中信出版社，2014.

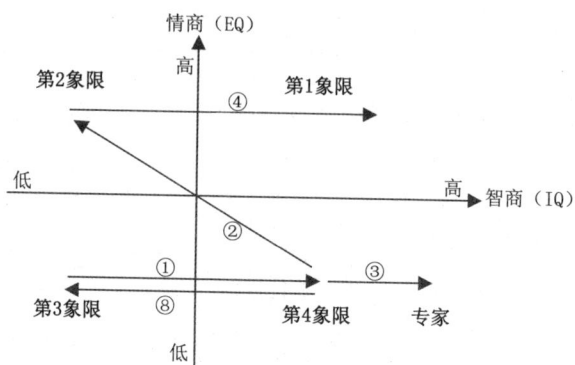

图 7-7 一个遗憾的事实

7.3 说与做，孰易孰难？

很多人冲着我二十余年的经验阅读了这本书，也有人因为这个原因上了我的课。我试图分享我的全部经验，为此我煞费苦心，还特地按照过程和知识领域做了非常细致地结构化进行阐述。但你真的已经能够成功应用了吗？

7.3.1 站着说话不腰疼

在日常工作和生活中碰到一些难题时，我们最经常做的事就是请教专家（最近"专家"这个称呼有点像骂人），专家在回答完问题之后，通常还会鼓励我们："这很容易的，按我说的做就能搞定！"

可是，我们真按照专家说的做了，却发现并不是那么回事！实际情况与专家所说的有很大的差别，结果也完全不同。就这样，很多人得出了一个结论："真是个'砖家'，站着说话不腰疼！"

问题来了，为什么按照专家的建议做了事情却没有搞定，是他们讲得不对，还是我们根本没有搞懂呢？

1. 似曾相识的场景

看看如下场景，我相信你一定会似曾相识！

（1）信息过载，不明觉厉。

教练：现在，按照我说的做！系好安全带，踩离合，注意不要踩刹车！

学员：哪个是离合？哪个是刹车？

教练：这还要说啊！离合在你的左脚，不是右脚，刹车和油门才在你的右脚！

学员：是快踩还是慢一点儿踩？

教练：当然是快踩！但也不要太快，注意节奏！在踩油门的同时慢慢地松开离合。接着，你要挂一挡。

学员：那挂挡是快些还是慢些？左脚踩离合时，右脚干什么？踩离合器的速度到底应该多快？

教练：快慢不是最重要的，挂挡速度要快。右脚干什么，那还用问吗？踩油门！脚不要放在刹车上啊！还有，你把油门踩那么大干什么呀？！

学员：车子开始抖起来了，该怎么办？

教练：把离合踩下去，放开油门，踩刹车！你这是在干什么呀？我的天呀！

学员：……

（2）显而易见，这还用问吗？

主管：今天，你们最重要的工作是把停电安排通知客户。

新入职的客服：是要求我给每个客户打电话吗？

主管：嗯！也不是！这么说吧，你不需给每个客户打电话，你可以把信息编辑整理好，然后发出去。

新客服：那这些信息都发给谁呢？

主管：看看受到影响的输电线路有哪些？再查数据库，找出受影响客户的地址。

新客服：受到影响的输电线路有哪些，我怎么知道呢？还有，数据库在哪儿？

主管：（失去了耐心）受到影响的输电线路到工单上去找啊！数据

库还能在哪里，在电脑里呀。（潜台词：这还用问）

新客服：这些客户的住址和电话，能在数据库里找到吗？

主管：（已非常生气）这个也要问！当然能找到。与电力传输或截止点有关的数字和字母的组合码（专业术语），你知道吗？

新客服：你说什么？（完全听不懂）

（3）会做不会说，这很容易的！

孩子：妈妈，你做的菠萝派我最喜欢吃，告诉我怎么做吧，我也来做一个给妈妈吃！

妈妈：真是一个好孩子，做菠萝派并不复杂，挺简单的！记住啊，准备一些面粉、鸡蛋、糖，还有牛奶。

孩子：需要菠萝吗？

妈妈：这是啥话，还用说吗？没有菠萝能做出菠萝派吗？

孩子：你说一些面粉，那是多少呢？还有牛奶和糖，都需要多少呀？

妈妈：就咱们两人吃的话，需要3勺面粉……或者4勺也行。还有糖……你想甜一点就多放一点。至于其他嘛，到底放多少合适呢？让我想想！

孩子：妈妈，你骗人！你根本不会做菠萝派！（开始懵圈）

2. 专家与初学者思维方式的不同

显然，不管是教练、主管还是妈妈，都是各自领域的专家，怎么就教不会别人呢？其实，这涉及传递知识或信息的两个概念：陈述性知识和程序性知识。

在信息传递时，专家与初学者思维方式是不同的。专家往往着眼于事物的模式和全局，而新手往往注重局部和细节。

在上面的3种场景中，你会发现：作为信息的发送者，专家在描述信息（因为这是他所熟知的）时出现了问题——专家们往往假定学习者也具备了一些基础知识，以至于他们常略去很多信息。我们会想当然地认为，既然是专家，懂得那么多，他们教会别人应该是毫不费力的。事实上，真要做到这一点需要一个前提条件，就是专家和初学者处理信息的方式要一样，也就是双方必须在同一水平层次上交流——但现实却完全不是这样！

7.3.2　说起来容易做起来难，做起来容易说起来也难

我们每个人都对自己的家非常了解，可以称为专家。请立即回答一下你家中有几个窗户。如果你现在就在家里，不要去数，请凭记忆回答。重要的是准确，请马上开始。

如果你最近刚刚换了窗户或者更新了窗帘另当别论。否则，你很难马上答出来。

实际上，你的思维是下面这个过程：首先会在头脑中勾勒出家的样子，然后，灵魂在每个房间里走了一遍。你在默数窗户的数量，嘴巴还可能会在动，也许眼睛还在发直！

我们为什么不能立刻回答这个如此熟悉的问题呢？这可是我们自己的房子呀！其实，答案跟前面几个场景中的知识和信息传递的问题是一样的。

1. 陈述性知识与程序性知识

为解释这个问题，我们详细说说陈述性知识和程序性知识这两个重要概念。

陈述性知识也叫描述性知识，是指个人具有有意识的提取线索，而能直接加以回忆和陈述的知识。陈述性知识主要是用来说明事物的性质、特征和状态，用于区别和辨别事物。陈述性知识具有静态的性质，主要是记忆和描述。

程序性知识是个人并未有意识地提取线索，只能借助某种作业形式间接推论其存在的知识。程序性知识是一套办事的操作步骤，是关于"怎么办"的知识。程序性知识具有动态的性质，主要是行动，而不是记忆。

举个例子来说，解释中美贸易战的前因后果是陈述性知识，开车是程序性知识，介绍京东商城是做什么的是陈述性知识，在京东商城购买一本书是程序性知识。

表 7-2 列出了 4 项内容，请在你认为是陈述性知识的那一项打对号。

表 7-2　判断是否为陈述性知识

序　号	问　题	是否为陈述性知识
1	中国的首都是哪座城市	
2	游泳	
3	解释新冠肺炎的传播机制	
4	制作一个项目的 WBS	

第 1、3 项与陈述性知识有关，第 2、4 项则与程序性知识有关。陈述性知识赋予我们把做的事情和任务进行描述的能力，只有人类具有陈述性知识，但是程序性知识是所有动物都有的。

2．知识传递的困境

至此，我们清楚了陈述性知识和程序性知识这两个概念，为了进一步解释"站着说话不腰疼"这种事产生的原因（这也是一个陈述性知识），我们还需要弄明白陈述性知识和程序性知识之间的关联性。

尽管我们非常了解自己的家，仍然无法立即说出窗户的个数。但是，我们擅长的是在每个房间中走动，定位每个窗子，这就需要程序性知识。你能"做"，但却没做好"说"的准备。为什么？因为人类对陈述性知识和程序性知识的处理方式是不同的，为做好说的工作，我们需要为每一扇窗户命名，这就需要掌握陈述性知识。

人类的大脑是一个超级复杂的系统，非常奇妙，由几百万个独立神经元组成，这些神经元各司其职。但是，这些神经元并非统一行动，它们会对不同的刺激分别做出不同的反应，进行不同的处理。最后，在处理并吸收后才将其会转化为知识。

再来看一个例子！

你会骑自行车吗？你能在自行车上保持平衡吗？对于这个问题，相信绝大多数人都能做到。那么，请帮一个不会骑自行车的人解释一下，在骑自行车时怎样保持平衡而不跌倒？相信很多人会提到蹬车动作、从一边跨上车座、握住车把等。然而，经过一番努力，你最后可能无能为力地说："好吧，我说不清楚！这样吧，我做给你看。"

事实上，大多数专家也是一样的。他们会做很多事情，但都不是通过听别人说而学会的，而是通过多次尝试（试错）之后慢慢掌握的。换言之，专家所掌握的很多知识是程序性而非陈述性的。

至此，关键问题来了！如何才能把程序性知识传递给其他人呢？答案是：专家必须想办法将程序性知识转化成陈述性知识说出来，而学习者必须要把陈述性知识转化成程序性知识来练习。这个过程可以用图 7-8 来表示。

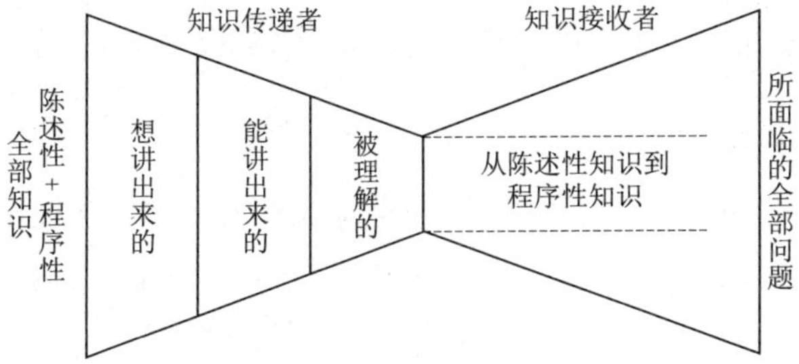

图 7-8　知识传递的困境

举个简单例子（这个例子并不简单）！

一个书法家教你写好一个"点"，他告诉你按照图 7-9 来，秘诀是："一笔下去，不能涂抹，要饱满，保证'三个角一个肚'。"

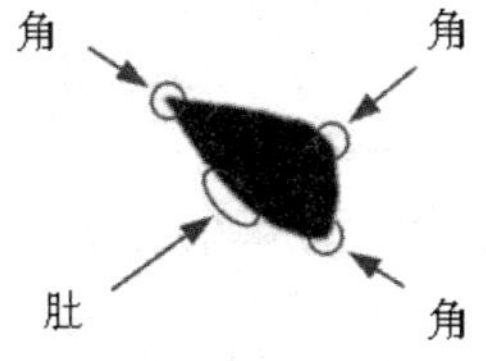

图 7-9　秘诀：三个角一个肚

看起来如此简单，但我负责任地告诉你，这虽然是汉字中最简单的笔画，想要稳定地一笔写下去"三个角一个肚"，不练上一个月，写上几千次，是练不出来的。

所以，我们经常听到的一句话就是"说起来容易，做起来难"，更调侃一点的就是"站着说话不腰疼"。

认知心理学研究表明，学习到陈述性知识后是无法立刻转化为程序性知识的，这种转化需要试着做很多次（相信你听说过神奇的数字7±2，一般人可能需要7次左右），除非我们已经具备了类似的程序性知识；反之亦然，程序性知识也无法轻易地转化为陈述性知识。

总之，现实中不仅"说起来容易做起来难"，而且"做起来容易说起来也难"！

7.3.3　仅阅读本书远远不够

理解了程序性知识和陈述性知识的转化，你是否感觉难过？但这就是事实。

1. 成长与知识金字塔

我把人们在成长中习得知识（既包括陈述性的，也包含程序性的）的过程定义为5个层次，我将其称为"成长与知识金字塔"，如图7-10所示。

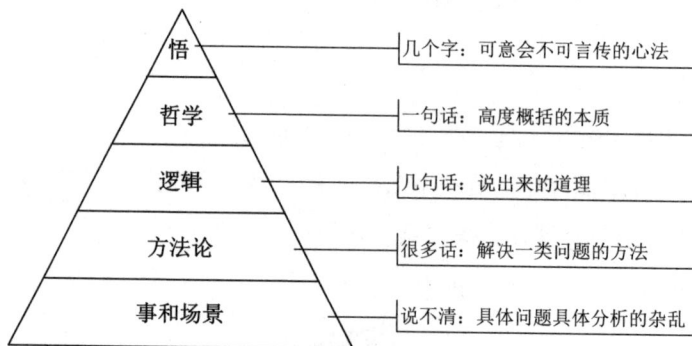

图 7-10　成长与知识金字塔

对于任何人而言，现实中我们一开始遇到的都是一个个具体的事和场景，这些都是事物的局部和细节，自然每次情况就都不尽相同，而且人们无法或者很难穷举出来。实际上，一种事可能有36种情景，即便能穷举出来，也不能把36种情景都试一遍（人的一生没有那么多时间）。所以，这些事和场景的最典型特点是每次都不尽相同，需要具体问题具体分析。

随着遇到的事和场景的数量逐步增加，一般人都会发现同类事件的某些共性，终于通过总结找到了某一类问题的解决办法——方法论，这些方法论可以说出来，但一般由很多话来表述。

后来，人们总结的方法论越来越多，一些人会发现这些方法论之间还是有规律的——逻辑，这些逻辑基本可以总结为可以用几句话说出来的道理。

再后来，少数人发现，其实逻辑背后也是有章可循的，于是，他们进一步提炼为哲学，这就是用一句话高度概括的本质。

最后，只有极少数人能开悟，也就是升华为几个字的心法——可意会不可言传！到这一步，我等普通人大多难以企及。

图 7-11 对成长与知识金字塔进行了说明。

	阶段	主体	表述	特征	
越往上越抽象	悟	极少数人	几个字	可意会不可言传的心法	越往上越无招胜有招
	哲学	少数人	一句话	高度概括的本质	
	逻辑	一些人	几句话	说出来的道理	
越往下越具体	方法论	一般人	很多话	解决一类问题的方法	越往下越寄希望于工具
	事和场景	所有人	说不清	具体问题具体分析杂乱	

图 7-11 对成长与知识金字塔的说明

> 年少时，我们总是觉得父母说的都是大道理（还时不时叛逆地怼上一句"你说的过时了，现在时代变了"），后来自己长大了，经历了一些事后发现长辈说得很对。

在现实中，无论工作还是生活，在信息传递时，专家与初学者思维方式是不同的。专家往往着眼于事物的模式和全局，而新手往往注重局部和细节。现在你肯定明白了，初学者在做工作时，遇到的都是具体的事和场景，要完成这些工作需要的大部分知识（如果不是全部的话）是程序性的，但专家们能告诉你的，是以陈述性为主的知识（方法论及其以上的部分：方法论、逻辑、哲学、心法）。更麻烦的是，一个专家的水平越高，他们说出来越会上升并接近于哲学、逻辑和心法。

至此，我相信你已经明白了以下事实。

（1）成人和孩子产生代沟是必然的，孩子遇到的都是具体的事和场景，父母告诉他的总是经过总结提炼的方法论及其以上的道理和哲学。孩子用到的是程序性的，而父母告知的是陈述性的。事经历得太少，连鸡毛蒜皮都是烦恼。

（2）越是好书字越少，越是好书案例越少（甚至没有）。因为每一个案例都是具体的，这就直接导致一个结果——仅反映事物的一个侧面，以至于你总是觉得"我们有自己的特殊情况"。

2. 为什么还要学习陈述性知识？

通过学习得到的知识基本上是陈述性知识的集合，如果仅仅学习，即便你全部清楚了这些知识也未必能把事做好！问题来了，既然如此，那还要学习这些知识干什么？

如前所述，把学到陈述性知识转化为程序性知识，一般需要试几次，悟性好的人需要的次数少一点，悟性差的人需要的次数多一点。如果一个人不学习这些陈述性知识，尽管也可以通过不断试错最终掌握相应的程序性知识，但试错次数将大为增加，因为需要经历各种情景才能总结其中的一般规律。也就是说，尽管我们不能按照他人所教立即做出来，但这可以大大减少试错次数，从而节省试错成本，这就是学习的价值。

无论如何，现在我们需要的是，回去按学到的知识进行实践、总结、再实践、再总结，唯有此才能真正成为自己的能力。否则，就仅仅是知道了一些道理。一句话，仅听教练讲，自己不下水是学不会游泳的。

到这里，也到了我必须严肃敬告你的时间了！

正如图 7-8 所示，要提升自己的职业高度和情商，实现真正的双赢，需要很多陈述性和程序性知识，虽然我做了二十余年的实践，但这本书也不是完美的。一方面，我也会犯专家们的共同错误，不自知地假定你已经具备了很多相关知识；另一方面，在所有的知识中我能说出来的也只有一部分。总之，这本书里仅包含我想讲出来的、能讲出来的，且可以被理解的部分。很显然，仅阅读本书是不够的，即便是你背下来也不行（我终于为自己开脱了）。

项目管理精品图书

序号	书名	书号	定价
1	高效通过 PgMP®考试	978-7-5198-5162-0	88.00 元
2	项目管理：创造源来的价值	978-7-5198-5044-9	88.00 元
3	虚拟团队领导力	978-7-5198-4900-9	88.00 元
4	白话国际工程项目管理	978-7-5198-4568-1	78.00 元
5	项目经理枕边书	978-7-5198-4849-1	45.00 元
6	跨国项目管理	978-7-5198-4735-7	78.00 元
7	创业项目管理	978-7-5198-4734-0	78.00 元
8	PMP®考试口袋书	978-7-5198-4139-3	78.00 元
9	工程总承包管理理论与实务	978-7-5198-4419-6	108.00 元
10	工程咨询企业项目管理办公室（PMO）理论与实践	978-7-5198-4418-9	88.00 元
11	项目管理方法论（第 3 版）	978-7-5198-4580-3	78.00 元
12	看四大名著学项目管理	978-7-5123-7958-9	48.00 元
13	观千剑而后识器：项目管理情景案例	978-7-5198-4546-9	58.00 元
14	大数据时代政府投资建设项目决策方法	978-7-5198-2535-5	58.00 元
15	高老师带你做模拟题：轻松通过 PMP®考试	978-7-5198-2649-9	68.00 元
16	PPP 项目绩效评价理论与实践	978-7-5198-2970-4	68.00 元
17	全过程工程咨询理论与实施指南	978-7-5198-2918-6	108.00 元
18	企业项目化管理理论与实践	978-7-5198-2936-0	98.00 元
19	工程咨询企业信息化管理实务	978-7-5198-2935-3	98.00 元
20	岗位管理与人岗匹配（第 2 版）	978-7-5198-2973-5	68.00 元
21	非经营性政府投资项目究责方法与机制	978-7-5198-2536-2	58.00 元
22	卓尔不群：成为王牌项目经理的 28 项软技能	978-7-5198-0871-6	48.00 元
23	汪博士析辨 PMP®易混术语（第 2 版）	978-7-5198-3027-4	68.00 元
24	个人项目管理能力基准：项目管理、项目集群管理和项目组合管理（第 4 版）	978-7-5198-3141-7	78.00 元
25	政府和社会资本合作（PPP）项目绩效评价实施指南	978-7-5198-3301-5	88.00 元

序号	书名	书号	定价
26	不懂心理学怎么管项目	978-7-5198-3467-8	58.00 元
27	PMO 不败法则：100 个完美收工技巧	978-7-5198-3690-0	45.00 元
28	项目控制知识与实践指南	978-7-5198-3536-1	198.00 元
29	视线变远见——系统思考直击项目管理痛点	978-7-5198-3767-9	68.00 元
30	顺利通过 PMP®考试全程指南（第 3 版）	978-7-5198-3697-9	98.00 元
31	谁说菜鸟不能成为项目经理	978-7-5198-3931-4	78.00 元
32	电子商务项目管理	978-7-5198-2688-8	68.00 元
33	涛似连山喷雪来——薛涛解析中国式环保PPP	978-7-5198-2720-5	98.00 元
34	技法：提升绩效与改进过程	978-7-5198-2514-0	68.00 元
35	管法：从硬功夫到软实力	978-7-5198-2513-3	68.00 元
36	心法：顶级项目经理的修炼之路	978-7-5198-2506-5	68.00 元
37	区间型多属性群决策方法及应用	978-7-5198-2537-9	58.00 元
38	项目管理知识体系指南（PMBOK®指南）：建设工程分册	978-7-5198-2383-2	98.00 元
39	高效通过 PMI-ACP 考试（第 2 版）	978-7-5198-2099-2	68.00 元
40	论中国 PPP 发展生态环境	978-7-5198-2166-1	78.00 元
41	项目管理（第 10 版）	978-7-5198-2057-2	98.00 元
42	太极逻辑：项目治理中的中国智慧	978-7-5198-2061-9	58.00 元
43	项目治理风险的网络动力分析	978-7-5198-2055-8	68.00 元
44	电力监管：整体性治理的视角	978-7-5198-2021-3	98.00 元
45	PMP® 备考指南（第 2 版）	978-7-5198-2109-8	68.00 元
46	政府和社会资本合作(PPP)参考指南（第 3 版）	978-7-5198-2045-9	88.00 元
47	项目管理办公室（PMO）实践指南	978-7-5198-2034-3	45.00 元
48	高效通过 PMP® 考试（第 2 版）	978-7-5198-1859-3	98.00 元
49	高老师带你划重点：轻松通过 PMP®考试	978-7-5198-1860-9	69.00 元
50	工业项目建设与投运	978-7-5198-1736-7	88.00 元
51	依然惊奇：沃伦·本尼斯自传（珍藏版）	978-7-5198-0941-6	58.00 元
52	从关爱到挑战：领导力提升新路径（珍藏版）	978-7-5198-0936-2	68.00 元
53	让人信服：掌控领导力的九大支柱（珍藏版）	978-7-5198-0940-9	58.00 元